고요한 폭풍,
스피노자

BENEDICTUS
SPINOZA
1632
1677

고요한 폭풍, 스피노자

자유를 향한 철학적 여정

손기태 지음

글항아리

여러 해 전에 신학과 철학, 사회과학 근처를 배회하며 공부하
다가 우연히 만났던 스피노자는 내게 매우 강렬한 인상으로
다가왔다. 신의 존재를 한 번도 부정한 적이 없음에도 신을
부정했다는 이유로 파문당하고, 어느 철학자보다도 신을 사
랑할 것을 강조했지만 정작 유물론자들이 더 좋아하게 되었
던 철학자. 결코 남의 이목을 끄는 일에 관심을 두지 않았지
만 당대의 종교 지도자와 철학자들의 주요 표적이 되었고, 사
상과 표현의 자유를 옹호했지만 사상의 심판대 위에서 자신
을 단죄하려던 시도들로부터 자유로웠던 적이 없었던 철학자.
기존의 모든 도덕적 통념 및 낡은 신학적 태도들과 대결하고,
인간을 억압하는 정치질서에 맞서 자유로운 인간들의 자발적
결사체를 추구했던 철학자.

　스피노자는 내가 애초에 기대했던 모든 것을 훨씬 뛰어넘
는 그런 철학자였다. 그는 나에게 무궁무진한 사유의 가능성
들을 보여주었고, 나는 그가 열어놓은 길을 만날 때마다 그동

안 불분명했던 생각의 갈래를 하나씩 잡아갈 수 있었다. 그에게서 얻은 것은 이루 헤아릴 수 없다. 스피노자를 공부하면서 많은 용기를 얻었고 새로운 희망을 품을 수 있었다. 이 책은 내가 스피노자로부터 얻었던 수많은 것에 대한 고마움의 자그마한 표현이다.

'연구공간 수유+너머' 시절에서부터 지금의 '수유너머N'에 이르기까지 '수유너머'의 회원들과 함께 세미나를 하고 토론하며 강좌를 열었던 흔적이 이 책 안에 고스란히 담겨 있다. 이는 스피노자 철학에 관한 이론적 학습이었을 뿐만 아니라, 그의 사상을 몸소 하나의 활동으로, 그리고 삶으로 표현하는 또 하나의 실험이기도 했다. 이러한 활동들의 일부가 이렇게 한 권의 책으로 매듭짓게 되었다.

이미 오래전에 나왔어야 할 책이지만 필자의 게으름으로 인해 지각을 하고 말았다. 지금이라도 책을 낼 수 있었던 것은 그동안 원고를 쓰도록 독려해주었던 '수유너머N'의 동료들 덕분이다. 특히 일일이 원고를 읽어가며 수정해주셨던 이진경 선생님께 마음 깊이 감사를 드린다. 또한 이렇게 멋진 책으로 만들어준 글항아리 이은혜 편집장님, 일러스트레이터 고은이 씨에게도 고맙다는 말을 전한다. 이들의 수고로운 손길이 없었다면 이 책은 세상에 나오지 못했을 것이다.

2016년 새해 겨울, 연희동 수유너머N 연구실에서

1장 스피노자, 고요한 폭풍이여!

1.

추방된 자의 평화–
스피노자의 생애와 사상

스피노자는 흔히 비운의 철학자, 또는 고독과 은둔의 철학자로 소개된다. 스물네 살이 되던 해에 자신이 속했던 유대교 공동체로부터 추방된 이후 그는 평생토록 하숙생활을 해야만 했고, 안경 렌즈를 세공하면서 극히 간소하게 살았던 탓에 그의 생활은 결코 넉넉하다고 할 수 없었다. 이러한 그의 생애를 두고 니체는 스피노자를 '나약한 은둔자'라고 부르기도 했다. 당시의 거의 모든 종교 지도자나 철학자, 일반 대중까지도 그에게 온갖 모욕과 협박을 퍼부었다. 이처럼 스피노자만큼 사람들로부터 질시와 배척을 받았던 철학자도 없을 것이다.

하지만 그의 생애를 두고 은둔과 도피생활만을 떠올리는 것만큼 그를 오해하는 일도 없을 것이다. 간소하고 강도 높은 삶, 많지는 않았지만 진실하고 다정했던 친구들, 그리고 신에 대한 사랑과 삶에 대한 확신. 이 모든 것이 스피노자의 삶을 이루는 것이며, 자신의 삶과 하나가 되었던 그의 철학을 말해준다. 그는 이러한 것들을 향유하기 위해 많은 재산이나 대중의 찬사, 영예로운 지위가 필요하다고 생각지 않았다. 그는 누구라도 자유롭게 자신의 철학을 할 수 있으며, 누구라도 행복하게 살아갈 수 있다고 말한다. 그리고 그가 보여준 삶이 바로 그러했다. 스피노자만큼 삶을 확신하며 자유롭게 살았던 철학자도 없을 것이다.

많은 사람은 스피노자의 철학이 난해하다고 여긴다. 『에티카』 첫 장을 들춰본 독자라면 당장에 고개를 절레절레 흔들 것이다. 낯설어 보이는 개념들과 복잡하기 그지없는 온갖 공리와 증명은 우리로 하여금 이 책에 접근하는 것을 어렵게 만든다. 하지만 우리의 고민을 해결해줄 열쇠는 그리 먼 곳에 있지 않다. 신을 사랑하고 삶을 긍정하라는 것! 그것이 스피노자의 책에 쉽게 다가가도록 해주는 진정한 비결이라 할 수 있다.

이러한 스피노자를 도무지 납득할 수 없다고 여기는 한에서 그의 철학은 그저 까다롭게 여겨질 테지만, 반대로 그의 삶에 충분히 공감할 수 있다면 그는 우리에게 한없이 신기하고 풍요로운 선물 보따리를 풀어놓을 것이다. 왜냐하면 그의 철학은 그의 삶과 매우 밀접하게 연결되어 있기 때문이다. 이제 '고요한 폭풍'과도 같은 삶을 살았던 그의 생애 속으로 들어가보자.

16세기의 네덜란드는 주변 국가들에 비해 종교에 대해 비교적 관대한 입장을 취했는데, 이에 스페인과 포르투갈 등지에서 개종을 강요받으며 박해받았던 유대인들(그들은 통상 마라노marrano라 불렸는데, 이는 기독교인들이 그들을 경멸하는 의미에서 붙였던 명칭이다)은 종교의 자유를 찾아 대거 네덜란드로 이주하게 된다. 바로 스피노자의 선조가 되는 이들이다. 1632년 바뤼흐 스피노자Baruch de Spinoza는 암스테르담의 어느 상인의 아들로 태어난다. 그의 아버지는 유대인 사회에서 상당히 비중 있는 위치에 있었다. 자신의 아들이 유대교 랍비가 되기를 원했던 아버지의 바람에 따라, 스피노자는 유대인 학교에 입학하여 히브리어와 유대 및 아랍의 신학, 상업 등을 공부하게 된다.

　암스테르담의 유대인들은 종교의 자유를 찾아 그곳에 왔지만, 자신들 내부의 구성원들에게까지 그 자유를 확장시키지는 못했던 것으로 보인다. 무엇보다도 그들은 자신들의 옛 종교를 지키기 위해 전통적인 관습을 고수하고자 했다. 하지만 새로운 과학적, 철학적 조류들은 암스테르담의 유대인 사회를 17세기의 자유로운 분위기의 격랑 속으로 몰아넣고 있었다. 심지어 유대인들 가운데에는 기존의 전통적인 성서 해석과 교리를 거부하는 이들까지 나왔다. 그 와중에 우리엘 다 코스타

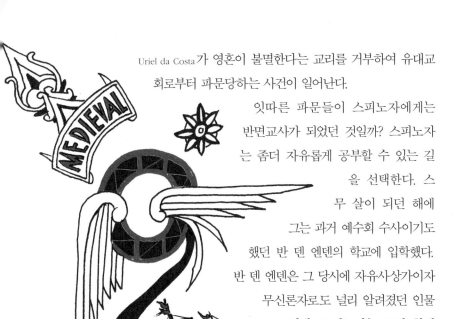

Uriel da Costa가 영혼이 불멸한다는 교리를 거부하여 유대교 회로부터 파문당하는 사건이 일어난다.

잇따른 파문들이 스피노자에게는 반면교사가 되었던 것일까? 스피노자는 좀더 자유롭게 공부할 수 있는 길을 선택한다. 스무 살이 되던 해에 그는 과거 예수회 수사이기도 했던 반 덴 엔덴의 학교에 입학했다. 반 덴 엔덴은 그 당시에 자유사상가이자 무신론자로도 널리 알려졌던 인물인데, 스피노자는 그와 함께 살면서 라틴어와 스콜라 철학 및 데카르트의 철학, 과학, 수학, 물리학 등을 배울 수 있었다. 그 학교는 이미 암스테르담에서도 가장 자유스러운 학풍으로 유명했고, 스피노자는 여기서 훗날 자신의 철학을 세우는 데 있어 중요한 이론적 기반을 다지게 된다. 아마도 이곳은 그에게 유대인 사회가 제공해주지 못한 자유와 학문을 선사해준 공간이었을 것이다.

스피노자는 반反교권적이고 비정통적인 입장에 서 있는 기독교도들과도 친분을 맺었다. 그들은 주로 재세례파 가운데 콜레기안파Collegiants와 메노파Mennonites 사람들로, 예수의 가르침에 따라 이웃에 대한 사랑을 실천하고 서로의 재산을 공유하면서 제도와 권위에 속박되지 않는 자유로운 신앙을 추구했다. 스피노자는 평생 동안 특정한 종교에 소속된 적이 없었지만, 어느 종교에 대해서도 그것을 무용한 것으로 여기거나 적대시하지 않았다. 스피노자가 이들과 가까워질 수 있었던 것은 무엇보다도 부富에 집착하지 않는 그들의 간소한 생활 방식과 비권위적 태도에 있었던 것 같다. 이들은 스피노자의 철학을 함께 나누는 평생의 친구가 되어주었고, 훗날 스피노자의 책이 세상에 나올 수 있었던 것도 이들의 노력 없이는 불가능했을 것이다.

유 대 교 가 거 부 한 유 대 인 철 학 자

유대교의 전통적 교리나 관습으로부터도 자유로웠던 스피노자의 생활 방식은 이미 유대인 사회의 골칫거리로 떠올랐다. 신을 신체가 없는 영적 존재로만 여기던 유대교의 전통적 견해에 대해서도 그는 이를 전혀 근거 없는 주장이라 하여 받아들이지 않았다. 이 때문에 그는 광신도로 보이는 자객으로부터 습격을 받게 된다. 그 사건 이후로 스피노자는 항상 자객의 단검에 찢긴 외투를 입고 다녔는데, 그것은 사람들이 언제나 사유를 사랑하는 것은 아님을 잊지 않기 위해서였다고 전해진다. 유대교 공동체는 스피노자를 이단으로 고발하고 그에게 회개할 것을 요구했다. 스피노자가 스물네 살이 되던 1656년, 그는 성서에 나오는 온갖 저주를 받으며 파문(헤렘)당한다. 그에게 내려진 판결문은 다음과 같다.

마하마드의 위원들은 (…) 바뤼흐 스피노자의 사악한 의견과 행실에 대해 오래전부터 알고 있었던바, 다양한 방법과 약속을 통해 그를 사악한 길에서 벗어나게 하려고 노력해왔다. 그러나 그를 개심시킬 수 없었으며, 오히려 그가 익히고 가르친 혐오스러운 이단적인 생각들과 그가 행한 소름 끼치는 소행들에 관한 더 많은 정보를 매일같이 접수하게 되었고 (…) 스피노자가 파문되어 마땅하며 이스라엘의 백성 가운데서 추방되어야만 한다고 (…) 결정하였다. (…) 낮에서 그에게 저주가 있을 것이고, 밤에도 저주가 있을지어다. 그가 앉아 있을 때에도 저주가 있을 것이고, 그가 일어나 있을 때에도 저주가 있을지어다. 그가 밖을 나가도 저주가 있을 것이고, 그가 안에 있어도 저주가 있을지어다. 주께서는 그를 용서치 않을 것이며, 주의 분노와 질투가 그자에게 벌을 내리실 것이고, 이 책

에 쓰인 모든 저주가 그를 덮칠 것이며, 주께서 하늘 아래에서 그의
이름을 지워 없애실 것이다.

이 판결 문서는 "누구도 그와 교제할 수 없다. 편지도 할
수 없고, 어떤 친절도 그에게 베풀 수 없으며, 같은 지붕 아
래서 그와 함께 머물 수 없고, 그와 가까운 곳에서 4큐빗 이
내에 있을 수 없다. 그리고 그가 작성하거나 쓴 논문들을 읽
을 수 없다"는 경고로 끝맺고 있다. 스피노자는 그에게 내려
진 판결들을 듣고 이를 담담히 받아들인다. 자신의 활동에 대
한 어떠한 미련이나 후회도 없었다. "나의 출발이 그 옛날 히
브리인들이 이집트에서 탈출했을 때보다 더 고결한 것
이 되리라는 위안과 더불어,
나는 나에게 열려 있는 길로 기
쁜 마음으로 들어서렵니다." 이후 스
피노자는 자신의 이름을 히브리어 바

뤼흐Baruch에서 라틴어 베네딕투스Benedictus로 바꾸게 된다.

만일 어느 한 집단이나 사회가 지닌 건강함을 측정할 수 있다면, 그것은 그 사회에 속한 사람들이 누리는 자유의 크기에 있지 않을까? 어느 종교라도 자유를 옹호하지만, 그럼에도 그것은 자신들의 정체성을 유지한다는 명분으로 너무나 손쉽게 포기된다. 스피노자의 파문 역시 종교가 자신의 자유를 포기한 또 하나의 사례일 것이다. 유대교 랍비들만이 아니라 심지어 개신교 칼뱅파 목사들까지 나서서 스피노자를 아예 암스테르담으로부터 추방시킬 것을 강력하게 요구했다.

파문으로 인해 스피노자는 형과 함께 운영하던 상점 일을 관두어야 했고, 이후 안경 렌즈를 세공하면서 생계를 이어가야만 했다. 물론 애초부터 그에게 재산이 전혀 없었던 것은 아니다. 그에게는 아버지가 남겨준 적잖은 유산이 있었다. 그러나 그것은 분란을 일으키는 빌미가 되었다. 그의 누이 레베카가 스피노자에게 남겨진 유산을 모두 가로채려 했던 것이다. 스피노자는 누이와의 재판에서 승소하여 자신의 상속권을 확인받았지만, 그는 곧바로 낡은 침대 하나만 남기고 누이에게 모든 유산을 넘겨주었다. 그로서는 부富가 제공해줄 수 있는 자유가 그리 크지 않다고 여겼기 때문이다.

파문이 스피노자에게 경제적 어려움을 가져다준 것은 분명했지만, 그는 그것을 자신의 삶을 자유롭게 만드는 기회로 바꾸었다. 스피노자는 무엇이 자기 삶을 자유롭고 풍요롭게 만드는지 잘 알고 있었다. 그는 1660년에 콜레기안파의 본거지 가운데 하나인 레인스뷔르흐로 거처를 옮긴다. 소모적인 분쟁들에 휘말리는 것을 꺼렸던 그는 자유롭게 자신의 연구에 전념할 수 있는 장소를 원했던 것이다. 하지만 스피노자의 명성은 파문되기 이전부터 자자했고, 레인스뷔르흐에 머무는 동안에도 그는 많은 사람의 방문과 편지를 받게 된다.

스 피 노 자 와 　 그 의 　 친 구 들

스피노자의 최초의 저작으로 알려진 『지성교정론』이 그즈음에 집필되는데, 그는 이 책의 서두를 인간의 진정한 행복과 기쁨이 어디로부터 주어지는지 물으면서 시작한다. 스피노자는 많은 사람이 생각하는 것처럼 부나 명예, 또는 쾌락(관능) 같은 것이 인간에게 진정한 행복을 선사해주는 게 아니라고 단언한다. 어쩌면 그것은 스피노자가 파문과 추방 등 일련의 사태를 겪으면서도 자신의 입장을 양보하거나 포기하지 않았던 이유를 말해주는 것이리라. 하지만 이는 흔히 말하는 '금욕주의'와는 다른 것이었다. 그는 빈궁이 아닌 검소함을, 화려함보다는 풍요로움을, 은둔이 아닌 평온함을 선호했다.

스피노자는 무엇보다 자신의 삶과 철학을 다른 모든 이와 함께 나누기를 바랐다. 그는 특히 우정을 강조한 철학자로도 유명하다. 그는 자신을 신봉하는 열광적 대중보다는 자신과 토론하고 생각을 나눌 친구들을 원했고, 그들과 더불어 자유로운 삶의 공간을 가꾸고 싶어했다. 1663년 스피노자는 헤이그 교외의 포르스뷔르흐로 옮기는데, 이곳에서 친구들의 제안에 따라 작은 토론 모임에 참가한다. 여기에는 안경업자, 상인, 의사, 출판업자, 정치인, 과학자, 신학자 등 다양한 출신과 직업을 가진 사람들이 속해 있었다.

스피노자는 그의 친구들과 매우 흥미롭고 새로운 학문적 실험을 시도한다. 이들이 다루었던 주제는 철학에만 국한되지 않았다. 기하학, 역학, 광학, 윤리학, 정치학, 신학 등에 이르기까지 각자가 지닌 학식과 경험들이 공유되었다. 이들 모두는 자신의 관심 분야에 관한 한 상당한 수준의 소양을 갖춘 사람들이었고, 각자가 관심을 갖고 있는 문제들에 대해 서로 기탄없는 비판과 충고를 아끼지 않았다. 스피노자는 이들과 함께 자신의 글을 토론할 기회를 가질 수 있었고, 서신을 통해서도 각자의 견해를 교환하게 된다. 그의 주저 『에티카』가 집필되는 것도 바로 이 시기다.

스피노자는 친구들의 초상화를 곧잘 그려주기도 했다. 그는 특히 광학에 관심을 보였는데, 모임의 일원 중에는 근대 광학의 창시자로 불리는 크리스티안 호이겐스가 있었다. 스피노자 자신이 안경 렌즈를 세공하는 장인匠人이었기에, 그는 호이겐스가 전해주는 새로운 광학의 법칙들을 쉽게 이해할 수 있었다. 또한 스피노자는 모임에 참가한 멤버 가운데 암스테르담 시장이었던 요한 후드를 통해 네덜란드의 총행정장관 요한 드 비트와도 친분을 맺게 된다. 스피노자는 공화파 인사들과의 지속적인 교류를 통해 정치 현안들에 대한 자신의 견해를 개진하고자 했다.

공 화 정 의   실 패 와   『신 학 정 치 론 』

스피노자는 1665년 『에티카』 집필을 잠시 중단하고 『신학정치론』을 기획한다. 여기서 우리는 혼란을 거듭하던 네덜란드의 정치적 상황을 주목할 필요가 있다. 당시의 네덜란드는 자국의 독립을 둘러싸고 정치적으로 매우 복잡한 양상을 보이고 있었다. 개신교 세력이 우세를 점하던 북부 지역에서는 칼뱅파와 유대인들이 스페인과 포르투갈에 맞서 오라녜가※를 비호하고 있었고, 특히 그들은 네덜란드의 해상무역을 주도하던 동인도회사와 경제적으로 유착되어 있었다. 중앙집권적 군주제를 추구하던 오라녜가의 호전적이고 감정적인 대응과는 달리, 요한 드 비트는 자유와 관용의 정신에 입각하여 합리적인 공화 정책들을 시행하고자 했다. 그는 네덜란드, 영국, 스웨덴의 삼국동맹을 이끌어냄으로써 프랑스의 장악 시도를 저지하고 잠정적인 평화 상태를 이끌어낸다.

하지만 평화의 시기는 오래가지 못했다. 대중은 요한 드 비트의 자유주의적이고 공화적인 평화 정책보다는 칼뱅파와 오라녜가의 호전적인 태도를 선호했다. 『신학정치론』에서 던지는 스피노자의 질문은 이것이다. 사랑과 기쁨을 가르치는 종교가 어째서 그토록 수많은 증오와 슬픔, 전쟁을 불러일으키는가? 어째서 대중은 그것이 마치 자신의 행복이라도 되는 양 스스로 '예속'을 욕망하는가?

1670년 이 책을 출간할 때 그는 익명을 썼지만, 사람들은 그 책의 저자가 누구인지 금방 알아차렸다고 전해진다. 네덜란드의 칼뱅파 목사, 유대교도, 심지어 데카르트주의자들까지도 그를 무신론자·이교도로 몰아세웠고, '스피노자주의자'라는 말은 일종의 욕설이자 유죄선고와도 같은 의미를 띠었다. 그들은 너도나도 앞 다투어 『신학정치론』에 대한 반박서를 내기에 이른다. 1672년 프랑스가 네덜란드를 침공하면서 상황은 오라녜가에 좀더 유리하게 전개되었다. 대중은 전쟁의 모든 책임을 요한 드 비트에게 돌리고 오라녜가의 윌리엄 3세의 집권을 요구했다. 결국 요한 드 비트와 그의 형 코르넬리우스 데 비트는 자신의 집에서 대중에 의해 찢겨 죽게 되며, 오라녜가는 쿠데타를 통해 집권에 성공한다.

이에 격분한 스피노자는 즉각 '극단적 야만'이라는 제목의 대자보를 붙이고자 했으나 친구들의 만류로 이를 실행에 옮기지는 못했다. 스피노자가 요한 드 비트에 대해 호의적인 태도를 보인 것만으로도 칼뱅파와 유대인 공동체, 그리고 대중으로부터 네덜란드의 반역자로 지목되는 데 충분했던 것이다. 그의 『신학정치론』은 1674년 '악마가 만들어낸 책'이라는 저주를 받으며 금서로 지정되고 불살라진다.

스 피 노 자 가 꿈 꾸 던 세 상

스피노자가 『신학정치론』을 집필하면서 강조한 것은 대중에게 신앙의 자유, 철학할 자유를 박탈하지 말라는 것이었다. 그것이야말로 네덜란드에 진정한 평화를 가져오리라 여겼던 것이다.

> 우리는 판단의 자유가 시민들 각자에게 완벽하게 허용되고 자기 마음에 드는 신을 숭배할 수 있으며, 자유 말고 그 어떤 것도 더 값지거나 더 소중한 것으로 존중되지 않는 그런 공화국에서 살게 되는 보기 드문 멋진 행운을 얻었기에, 나는 이러한 자유가 경건함과 공화국의 평화를 위험에 빠뜨리는 일 없이 허용될 수 있을 뿐만 아니라, 도리어 공화국의 평화와 경건함이 그러한 자유에 의존하고 있음을 증명함에 있어서 내가 배은망덕하거나 무익한 작업을 수행하는 것은 아니라고 생각한다.(『신학정치론』 서문)

하지만 사태는 정반대로 흘러갔다. 대중의 판단에 대한 자유를 제한하고 공포를 조장하여 그들을 광분하도록 만드는 것, 그것은 오라녜가의 쿠데타가 성공할 수 있었던 진정한 비결이기도 했다. 스피노자는 사람들이 더 나은 삶을 위해 숙고하고 협력해나가기를 희망했다. 그러한 사람들이야말로 스피노자가 추구했던 진정 자유로운 인간일 수 있었다. 스피노자는 자유로운 인간들이 함께 만들어가는 새로운 사회를 꿈꾸었다. 하지만 대중은 오라녜가에 맹목적으로 충성을 바치기를 원했고, 자신들에게 부여된 자유보다는 폭정에 예속되기를 열망했다.

만년의 스피노자를 둘러싼 상황은 점점 악화되기만 했다. 오라녜가와 칼뱅파의 온갖 위협 및 협박으로부터 자신을 보호해주던 공화파 인사들은 축출되었고, 안경 렌즈를 갈면서 들이마신 유리 가루로 인해 지병으로 앓고 있었던 폐결핵은 악화되었다. 『에티카』는 1675년에 완성되지만 스피노자는 이를 출판하려던 계획을 포기한다. 그의 책이 신의 존재를 부정하고 있으며 『신학정치론』보다 더 위험한 책이라는 온갖 악의적 추측과 비난은 세간에 널리 퍼져나갔다. 신학자들은 『에티카』가 출판되기도 전에 군주와 관리들에게 소송을 제기하도록 청원했다. 스피노자는 더 이상 『에티카』의 출판을 진행시키기 어렵다는 것을 알고 있었다. 대신 그는 곧바로 정치에 관한 또 다른 저서를 기획한다. 요한 드 비트의 시도가

좌절된 이유는 무엇인가? 자유주의적 공화정의 실패는 어디에서 연원하는가? 자유로운 인간들이 만드는 정치체는 어떻게 구성될 수 있는가? 이러한 질문들이 그의 마지막 저서인 『정치론』을 쓰도록 이끌었다.

스피노자는 이 책에서 여러 유형의 국가들을 보여준다. 그는 홉스처럼 국가가 대중의 공포에 기반하고 있다는 점을 환기시키지만, 홉스와는 전혀 다른 결론으로 나아갔다. 과연 홉스의 주장대로 국가란 만인의 전쟁 상태를 피하기 위해 불가피하게 요청될 수밖에 없는 것일까? 스피노자가 보기에는 전쟁의 공포를 피하기 위해 취해진 평화는 결코 참된 평화일 수 없다. 오히려 참된 평화는 전쟁과 공포의 부재로부터 오는 것이 아니라, 자유의 공간을 만들어가는 대중의 능력으로부터 나오는 것이다. 스피노자에게 있어 정치 문제는 국가의 통치 방식에 관계된 것이 아닌 대중의 자유와 능력을 확장시키는 문제였다! 하지만 아쉽게도 1677년 그의 죽음으로 인해 『정치론』은 민주주의를 다루는 마지막 장을 남긴 미완의 저서가 되고 만다.

고 요 한 폭 풍 과 도 같 았 던 삶

스피노자는 평생 동안 한 번도 공적인 지위를 가진 적이 없었다. 1673년에 그는 팔라틴 선제후로부터 하이델베르크 대학의 교수직을 제안받았었다. 물론 그것은 자신의 철학을 공개적으로 펼칠 좋은 기회가 될 수 있었겠지만, 스피노자는 이를 정중히 거절했다. 그 제안에는 기존의 종교 질서를 어지럽히지 않아야 한다는 전제 조항이 달려 있었기 때문이다. 스피노자는 자신의 자유로운 연구를 방해받고 싶지 않았을뿐더러 불필요한 논쟁이나 분란에 휘말리는 것을 원치 않았다. 그가 서신을 주고받을 때 사용하던 인장에는 '신중하게'라는 의미의 "caute"라는 글자가 새겨져 있었다고 한다.

1670년 헤이그로 이사한 이후로 스피노자는 1년에 300플로린이라는 극히 적은 수당에 의지해서 살아간다. 이는 시몬 드 브리스가 지급한 연금으로 이루어진 것으로, 애초에 그것은 500플로린씩 지급되기로 예정되어 있었다. 하지만 스피노자가 이를 너무 많은 액수라 하여 극구 사양한 까닭에 결국 300플로린만 지급하게 된 것이다. 또한 시몬 드 브리스는 스피노자를 자신의 상속자로 두고자 했지만 이 역시 스피노자가 완곡하게 거절했다. 자신에게 책을 헌정한다면 평생 동안 연금을 지급하겠다던 프랑스 국왕 루이 14세의 제안도 그는 받아들이지 않았다. 스피노자가 죽은 뒤에 그의 법적 상속인인 누이가 찾아왔을 때, 그에게 남아 있는 것이라고는 160여 권의 책뿐이었다.

스피노자의 작업은 강도가 아주 높은 것이었다. 때로는 몇 개월간 집 밖으로 나오지 않아 하숙집 주인이 직접 식사를 날라다주기도 했다. 그는 대중에게서 인기를 얻으려 하지 않았고 남의 이목에 관심을 두지도 않았다. 아무런 부나 재산도 갖지 않는 간소한 삶. 인간의 자유와 행복에 대한 변함없는 확신과 열정. 1677년 폐렴으로 숨을 거두기까지 스피노자의 이러한 생활은 한결같이 지속되었다. 그러나 그의 이런 모습은 사람들로부터 끊임없이 오해받고 비난당했다. 그는 속세에서 떠나 자신만의 세계 안에서 홀로 은둔하던 철학자가 아니던가? 세상사가 어떻게 돌아가든 그는 이 모든 것에 대해 무관심한 사람이 아니던가?

하지만 스피노자는 기존의 사회 질서와 가치 체계 안에서만 머무르려던 이른바 강단 철학자나 설교자들로부터 자신을 구분 짓고자 했다. 대중의 구미에 맞도록 적당히 가공된 철학들의 진열대 위는 자신의 철학이 있을 자리가 아니라고 보았다. 우리는 어떻게 기존의 질서와 가치들을 뛰어넘을 수 있는가? 새로운 삶과 철학이 자유롭게 자라날 수 있는 곳은 어디인가? 그의 오랜 하숙생활과 간소한 삶은 이러한 물음을 위한 작업실이자 실험실이었다. 때로 그는 공화주의자들과 손을 잡기도 했고, 콜레기안파 기독교도들과 함께 지내기도 했다. 스피노자의 문제의식에 공감했던 사람은 누구라도 그의 친구가 될 수 있었고, 그는 이들과의 자유로운 토론 속에서 자신의 구상을 다듬고 책을 써나갔다.

물론 스피노자의 이러한 시도는 당시 사회로부터 적잖은 반발과 위협을 감수해야만 하는 것이었다. 차분하고 합리적인 논조로 쓰인 그의 저서들 안에는 기존의 철학적, 종교적 견해들에 대한 매우 근본적인 비판이 포함되어 있었다. 그는 신을 재판장이나 군주처럼 생각해온 교회의 오랜 신념에 반문을 던졌고, 또한 대중의 약점과 공포를 악용하여 성직자나 국왕을 신의 대리자로 숭배하게끔 만드는 행태들을 고발했다. 교회는 그의 대담한 주장에 격노했고, 대중은 그에게 가혹한 처벌을 내리도록 요구했다.

파문에 이은 추방, 그리고 금서 조치. 사람들은 그의 삶과 철학을 세상으로부터 격리시키고자 했다. 하지만 그에게 있어 공포와 처벌에 의해 유지되는 사회의 자유와 평화란 오히려 허약하기 그지없는 것이었다. 스피노자는 사회 구성원들이 각자의 생각을 자유롭게 말할 수 있을 때 비로소 그 사회의 진정한 안녕과 평화를 보장받을 수 있다고 말한다. 스피노자가 맞섰던 것은 인간을 무능력하게 만들고 삶을 왜곡시키는 모든 것이었다. 온갖 종류의 미신과 편견, 그리고 대중의 지성과 자유를 제한하는 억압적인 체제들. 그는 이 모든 것에 짓눌려 살아가는 예속적 인간의 삶과 자유로운 인간들의 기쁨의 삶을 대비시킨다. 그는 단지 안경 렌즈만을 갈던 장인이 아닌, 삶과 철학을 만드는 장인이고자 했던 것이다.

2.

반시대적 사상가의 고독-
스피노자의 사상과 그 영향

잠시 스피노자가 살던 시대로 돌아가보자. 17세기 초 유럽은 종교개혁과 르네상스, 그리고 새로운 과학적 발견으로 인해 점차 중세적 세계상이 붕괴되던 때였다. 교회의 반대에도 불구하고 코페르니쿠스의 지동설은 점차 폭넓은 지지를 받았고, 프톨레마이오스의 천문학과 아리스토텔레스의 자연학은 이미 낡은 주장이 되어버렸다. 이는 신의 계시(성서)에 따라 모든 것이 설명될 수 있었던 한 시대가 역사의 저편으로 사라짐을 의미했다. 천지 창조에서부터 자연의 법칙, 인간의 생사고락 모두가 신의 계시에 따른다고 믿으며, 오직 하나의 계시, 하나의 교회, 하나의 권위만이 허용될 수 있었던 시대. 이러한 중세가 근대라는 새로운 시대에 그 자리를 내주게 된 것이다.

근대가 부여한 과제란 실로 당혹스러운 것이었다. 무엇보다도 진리에 대한 물음은 피할 수 없는 것이 되었다. 중세 스콜라 철학에서 더 이상 진리의 정당성을 찾을 수 없다면, 우리는 어디서 진리를 확인할 수 있는가? 우리가 '확실하다'고 말할 수 있는 기준은 무엇인가? 다시금 교회와 성서에 호소할 수도 없는 노릇이었다. 여기서 데카르트는 대단히 야심찬 기획을 세운다. 어떠한 의심에도 의심될 수 없는 가장 '확실한 것'을 찾아낸 뒤, 이를 기초로 중세 스콜라 학문을 대신할 새로운 보편 학문universal science을 설립하겠다는 것이다.

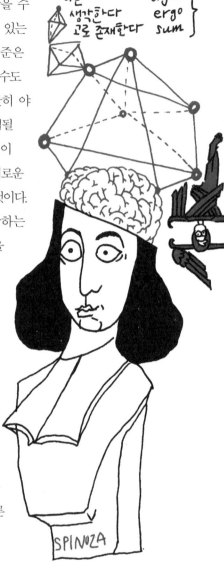

잘 알려진 대로 데카르트는 이를 '생각하는 나'에서 발견했다. 그가 보기에 모든 것을 의심해도 결코 의심할 수 없는 것이 있었다. 바로 '생각하는 나'가 존재한다는 사실이다. 그는 의심할 수 있는 모든 것을 의심하기로 했다. 만약 지금 내가 꿈을 꾸고 있거나 항상 속고 있다면 어떻게 진리를 확인할 수 있을까? 하지만 그렇게 꿈꾸고 속는 것조차 '나' 자신이 존재하지 않는다면 불가능하다. 그러므로 모든 것을 의심해도 결코 의심할 수 없는 것은 '생각하는 나'가 존재한다는 사실이다. 이에 그는 다음과 같이 결론

내린다. "나는 생각한다, 그러므로 존재한다Cogito, ergo sum."
이렇게 하여 데카르트의 철학은 '생각하는 나', 즉 인식 주체
Cogito를 중심으로 사유하는 근대 철학의 시발점을 이루게 된
다. 기존의 스콜라 철학이 경험적 세계에서 출발하여 신의 존
재와 자연 질서를 설명했다면, 데카르트는 '생각하는 나'에서
출발하여 신의 존재와 세계를 설명하기 시작했던 것이다.

하지만 이러한 사고방식은 자연이 오직 인간만을 위해 존재
하며, 인간은 자연과 동등하게 취급될 수 없는 특권적 존재라
는 신념을 더욱 공고하게 했다. 이제 모든 것은 '인식하는 인
간'(주체)과 '인식되는 자연'(대상)으로 분리된다. 여기서 자연
은 그저 인간의 손길을 기다리는 수동적인 대상이자, 인간을
위해 마음껏 가공되고 소비되어야 할 '자원'에 불과한 것이
된다. 과학의 새로운 성과들은 이러한 생각에 더욱 힘을 보태
주었다. 베이컨이 "아는 것이 힘Knowledge is power"이라고 말했
던 것처럼, 자연에 대한 지식knowledge은 곧 자연을 지배하는
힘power 자체였다. 이제 자연의 지배 아래 놓여 있던 인간의
유약하고 미성숙한 단계는 지나갔다. 과학이야말로 세계의 정
점에 올라선 인간의 위대함을 보여주는 것이리라. 인간은 세
상을 정복하고 지배하는 만물의 영장임을 선포하게 되었고,
신이 있던 자리에는 어느덧 인간이 들어서기에 이르렀다.

이러한 인간중심주의적 사고에 대한 가장 신랄한 비판은 데
카르트보다 30여 년 뒤에 태어난 스피노자에게서 나오게 된

다. 근대적 이성에 기초한 과학의 발전은 인간중심주의적 가치관을 유례없이 강화시켰다. 이것이 진정으로 의미하는 바에 대해 동시대 사상가들 가운데 스피노자만큼 멀리, 그리고 깊이 있게 통찰한 사람은 없었다. 그는 인간중심적 사고를 비판함으로써 스콜라 철학만이 아니라 데카르트의 철학, 나아가 서구 철학 전반에 걸쳐 있던 반자연주의적 경향까지도 넘어서고자 했다.

사람들은 모든 것을 자신의 이익에 준거하여 판단함에 따라 자연 만물이 인간을 위한 목적에서 존재하는 것이라고 생각했다. 하지만 어째서 자연이 인간을 위해 존재하는가? 어째서 유독 인간만이 자연과 구별되는 특권적인 존재란 말인가? 사람들의 이러한 신념은 신에 대해서도 왜곡된 상상을 일으켰다. 여기서 스피노자는 중세의 신 개념이 지닌 한계를 보여줌과 동시에, 이 개념을 완전히 새로운 의미로 변형시켰다. 신은 하늘 어딘가에 세상과 동떨어져 군림하는 초자연적이고 초월적인 인격체가 아니라, 인간을 비롯한 모든 자연 만물을 생성시키는 '자연' 자체라는 것이다. 따라서 스피노자에게서 자연은 더 이상 인간의 지배를 받아야 할 대상이 아니며, 오히려 인간을 포함한 모든 만물이 자연의 법칙에 의해 지배된다. 인간은 다른 모든 만물처럼 자연의 일부일 따름이므로, 인간만이 유독 특권적이어야 할 하등의 이유가 없는 것이다.

당시 스피노자의 이런 주장을 납득할 수 있는 사람은 그리

많지 않았다. 대부분은 그가 신을 자연이라고 주장한 것에 경악을 금치 못했고, 이후로 스피노자의 이름에는 언제나 저주받은 이단이자 무신론자라는 수식어가 따라다니게 되었다. 스피노자의 전기작가들에게조차 그의 인간적인 측면은 존경의 대상이었을지언정 그의 철학은 여전히 혐오의 대상이었다. 즉 너무도 소름끼치는 무신론이자 무미건조한 궤변이라는 것이다. 스피노자의 철학은 100년이 지나도록 정당한 평가를 받지 못했고, 레싱의 표현대로 사람들로부터 '죽은 개' 취급을 당해야만 했다.

이런 가운데 스피노자에게 가장 먼저 호감을 보였던 이들은 독일의 낭만파 시인들이었다. 그들에게 스피노자는 자연과의 합일을 통해 영혼의 원숙함을 추구하는 범신론자였으며, 그의 문헌들은 온 우주에 깃들어 있는 신비와 영감을 표현하고 있는 것으로 여겨졌다. 심지어 노발리스는 그에 대해 "신에 취한 사람"이라고까지 격찬해 마지않았다. 레싱과 야코비를 비롯하여 신학자 헤르더와 슐라이어마허, 그리고 괴테에이르기까지 스피노자는 그 누구보다도 신을 사랑했던 철학자로 평가받게 되었다. 하지만 이는 스피노자의 철학 자체에 대한 평가라기보다는, 다분히 그의 자연주의적 면모에 대한 호감에 가까웠다.

스피노자의 철학에 대한 좀더 본격적인 평가는 헤겔을 통해 이뤄진다. 헤겔 자신이 스피노자에 대한 지지자였을 뿐만 아니라, 그가 자신의 철학을 세우는 데 스피노자로부터 지대한 영향을 받았기 때문이다. 심지어 그는 "만약 철학자가 되고자 한다면, 우리는 다만 스피노자주의자가 될 수 있을 뿐이다"라고 말할 정도였다. 하지만 이러한 찬사는 결국 자기 자신을 위한 찬사에 불과했다. 모든 철학의 출발점이 스피노자라면, 그것의 종착점은 다름 아닌 헤겔 자신이기 때문이다. 그에게서 스피노자의 철학은 헤겔 자신의 철학으로 나아가는 예비적 단계로 취급된다.

HEGEL, GEORG
WILHELM FRIEDRICH
1770 - 1831

　헤겔 역시 스피노자처럼 신과 자연을 분리시키지 않고 설명하고자 했다. 하지만 그는 스피노자의 주장을 충분히 수용할 수 없었다. 그러기에는 헤겔 자신이 매우 신학적이고 종교적이었던 탓이다. 그에게 와서 신은 실체가 아닌 '절대정신'으로 뒤바뀌었다. 스피노자의 실체는 스스로 운동할 수 없는 고정적인 것이었고, 그것으로부터는 신과 자연의 상호 관계를 설명할 수 없는 것이었기 때문이다(나중에 살펴보겠지만, 이는 스피노자의 실체 개념에 대한 오해에 기인한 것이었다). 따라서 그는 스피노자의 신 개념을 전혀 다르게 변형시켰다. 즉, 신은 원래 '정신'으로 존재하지만 스스로 낮아져서 '자연 만물'로 자신을 외화外化시켰다는 것이다. 그리고 역사의 마지막에 이르러 신은 원래대로 '정신'으로 복귀하게 될 것이다. 그래서 헤겔이 말하는 신은 자기 자신에게로 복귀할 목적을 갖고 활동하는 주체, 즉 '절대정신'이 되며, 역사는 절대정신이 자신의 목적을 실현하기 위해 나아가는 과정을 의미하게 된다.

하지만 이는 스피노자의 신 개념에서 크게 후퇴한 것이었다. 스피노자에게서 신은 어떤 목적을 위해 존재하거나 활동하지 않는다. 만약 신이 어떤 목적을 위해 활동한다면 신에게 무언가 결여되어 있음을 의미하게 되며, 이로 인해 신은 결국 불완전한 존재가 되어버리기 때문이다. 이처럼 스피노자는 신을 목적론에 종속시키려는 모든 시도를 거부했지만, 헤겔은 도리어 이를 부활시킨 것이다. 게다가 스피노자의 신 개념은 헤겔의 주장처럼 단순히 '정신'만을 의미하지 않는다. 정신만이 아니라 신체까지도 포함하는 '자연' 자체인 것이다. 하지만 헤겔에게서 자연은 역사의 마지막에 이르러 정신 안에 해소될 부수적이고 열등한 것으로 전락한다. 이 역시 스피노자의 주장과는 정면으로 배치되는 것이다.

어쨌든 그 뒤로 스피노자의 철학은 헤겔의 예고편에 불과한 '미완의 철학'으로 폄하되었고, 이는 스피노자 해석의 지

배적인 경향으로 자리잡게 된다. 헤겔의 그늘에 가려져왔던·
스피노자가 새롭게 주목받기 시작한 것은 비교적 최근의 일
이다. 1960년대 후반 마르시알 게루를 필두로 이전까지 알려
지지 않았던 스피노자의 새로운 면모를 찾아내기 시작했다.
질 들뢰즈와 A. 마스롱, 그리고 에티엔 발리바르, 피에르 마
슈레, 안토니오 네그리 등이 그 뒤를 이었다. 스피노자의 철학

은 더 이상 데카르트 철학의 계승이거나 헤겔
의 전 단계에 불과한 것이 아니라, 오히려 데
카르트 이후 '코기토' 중심의 근대 철학과는
근본적으로 구별되는 '비근대적' 사유라는 것
이다. 알튀세르나 들뢰즈의 표현을 빌리면, 스
피노자야말로 이제까지 우리에게 알려지지 않
았던 새로운 유물론자다. "그는 신에서 시작
했지만, 실제로 그는 무신론자였다. (…) 그
는 마치 자기가 자신의 적인 양 거
기(적의 사령부)에 자리잡았고, 따라

ANTONIO
NEGRI

서 그들의 불구대천의 원수라는 혐의를 받지 않으
면서, 마치 점령군의 대포를 점령군 자신을 향해 돌
려놓는 것처럼 적의 이론적 요새를 완전히 놀려놓는
방식으로 재배치하였다."(알튀세르, 『철학과 마르크
스주의』) 이들에게서 스피노자의 철학은 삶을 왜
곡시키고 파괴하는 모든 초월적 가치와 도덕에 반

GILLES
DELEUZE
1925=1995

대하는 '내재성의 철학'(들뢰즈)으로, 그리고 대중 자신의 지성과 능력으로부터 자유의 공간을 확장해나가는 '구성의 정치학'(네그리)으로 새롭게 태어난다.

이렇듯 스피노자에 대한 상반된 평가와 논란을 통해, 그의 철학은 이제 고독과 은둔의 저주받은 오명에서 벗어나 우리의 사유 속으로 들어오게 된다. 하지만 신에 취한 철학자에서 극단적인 합리주의자, 또는 자연주의적 범신론자, 비근대적 유물론자에 이르기까지, 우리가 마주하게 된 스피노자는 그가 파문당했던 1656년 당시에나 오늘날까지도 여전히 독특한 '별종'으로 취급받는다. 스피노자의 이름이 우리에게 생소하게 들리는 이유도 이러한 사정과 무관하지 않을 것이다.

PIERRE MACHEREY 1938-

LOUIS PIERRE ALTHUSSER 1918-1990

ÉTIENNE BALIBAR 1942-

어째서 스피노자인가? 적어도 그것은 스피노자의 삶이 보여준 고결함이나 그의 사상이 갖는 독특한 측면 때문만은 아닐 것이다. 스피노자가 주는 매력은 무엇보다도 그가 자신의 주요한 철학적 논제들을 **우리 삶 자체로부터** 이끌어낸다는 데 있다. 그는 매우 신기한 표정으로 사람들을 관찰한다. 사람들은 어떻게 느끼고 생각하며 행동하는가? 사람들이 좋아하고 싫어하는 것은 어떤 것인가? 그의 눈을 통해 비춰진 인간의 삶이란 기쁨과 슬픔의 마주침으로 이루어져 있다. 놀랍게도 그는 여기서 슬픔에 기초한 가치들이 그저 미신적인 상상에 불과하다는 점을 보여준다.

여기서는 스피노자를 이러저러한 철학의 계보에 따라 줄 세우는 일은 하지 않을 생각이다. 또한 그의 철학을 암기하기 쉽게 요약하지도 않을 것이다. 스피노자를 읽는다는 것, 그것은 우리 삶에 대한 가장 단순한 질문을 던져보고, 우리 스스로 그에 대한 해답을 찾아보는 것이다. 이 책을 통해 그것을 시도하고 싶었다. 우리는 어떻게 행복한 삶을 살 수 있는가? 우리가 좋아하는 것은 무엇이며, 싫어하는 것은 무엇인가? 무엇이 우리 삶을 자유롭고 풍요롭게 만들며, 무엇이 우리 삶을 예속시키고 빈곤하게 만드는가? 스피노자와 함께 이러한 질문을 던지고 스피노자와 함께 그 해답을 찾아갈 것이다.

2장 신은 어떻게 자연이 되는가?

█████████████ 스피노자의 철학을 이해하기 위해 처음부터 까다로운 철학 서적들을 뒤적일 필요는 없다. 그가 다루려는 것은 결코 난해하거나 복잡한 문제가 아니기 때문이다. 그는 누구라도 한번쯤은 궁금하게 여길 법한 가장 단순한 문제에서 출발하고 있다. '어느 누구나 행복한 삶을 바라지 않는 이는 없다. 이러한 기쁨과 행복은 어디에서 얻을 수 있는가?' 스피노자의 최초의 저작으로 알려진 『지성교정론』은 다음과 같은 문장으로 시작된다.

나는 일상에서 늘 일어나는 모든 것이 공허하고 부질없다는 것을 경험으로부터 배운 이후로, 그리고 공포의 원인이나 대상이던 모든 것이, 그것에 의해 마음이 동요되는 한에서가 아니라면, 그 자체로는 선도 악도 아니라는 것을 알게 된 이후로, 나는 마침내 다음과 같은 것을 찾아보기로 결심했다. 과연 그 자체로 알려질 수 있는 참된 선이라는 것이 존재하는가, 여타의 모든 것을 거절하고 그것만으로도 마음을 감동시킬 수 있는 것이 존재하는가, 그리고 한번 발견하여 그것을 얻게 되면 지속적으로 최고의 기쁨을 영원히 누릴 수 있는 어떤 것이 존재하는가.

스피노자의 주저인 『에티카』의 마지막 5부는 최고의 행복, 즉 지복至福, beautitude에 이르는 길을 제시하면서 끝맺고 있다. 그의 저서를 통해 인간의 최고 행복에 이르는 길을 발견한다면, 우리는 아마도 그 어떤 스피노자 전공자보다도 그의 철학을 가장 잘 이해했다고 말할 수 있을 것이다. 과연 우리는 어떻게 하면 행복해질 수 있는 것일까?

스피노자는 사람들이 흔히 행복을 가져다준다고 여기는 것부터 하나씩 열거하고 있다. 이를테면 재산이나 쾌락, 명예 등이 대표적인 사례다. 이러한 것이 과연 우리에게 진정으로 행복을 선사해줄까? 재산을 많이 소유하는 것이 사람들을 행복하게 해주는가? 재산 때문에 부모와 자식이 맞서며, 오랜 친구가 원수로 변한다. 재산으로 인해 일어나는 무수한 분쟁은 그것이 결코 참된 행복을 보장해주지 못한다는 것을 입증한다. 관능적 쾌락은 어떨까? 이 역시 사람들에게 커다란 쾌락을 가져다주지만, 이후에는 쉽게 후회하게 되어 깊은 상실감을 안겨주곤 한다. 가장 큰 기쁨을 주던 대상이 가장 큰 슬픔을 일으키는 것이다. 그렇다면 명예에는 뭔가 다른 게 있지 않을까? 명예 역시 대중이 통상적으로 추구하는 것을 추구해야만 유지될 수 있는 것이다. 하지만 대중 모두를 만족시키기란 얼마나 까다로우며, 대중은 또 얼마나 변덕스러운가? 그들로부터 얻는 인기란 얼마나 변화무쌍한가?

유의할 점은 스피노자가 재산이나 쾌락, 명예를 모두 무용하거나 사악한 것으로 여기지는 않았다는 사실이다. 사람들은 때때로 그것들에 대한 집착으로 인해 패가망신하거나 위험에 빠지곤 한다. 그는 참된 행복이 재산이나 쾌락, 명예 같은 것에서 주어지지는 않으리라고 보았다. 그러한 것은 사람들에게 항구적인 기쁨을 제공해주지 못한다. 이 모두는 언젠가 소멸할 수밖에 없는 유한한 것이며, 유한한 것에만 집착하는 사람은 일희일비하는 삶으로부터 벗어날 수 없다.

하지만 존재하지 않을 수 없는, 그래서 영원하고 무한한 존재에 대한 사랑은 어떨까? 그것은 일시적으로 얻는 기쁨과 달리, 우리에게 영원한 기쁨을 부여하며 어떠한 슬픔으로부터도 멀리 떨어져 있을 것이다. 그것이야말로 사람들에게 참된 행복을 선사해주는 것이리라. 그렇다면 영원하고 무한한 존재가 과연 실제로도 존재하는지, 그리고 존재한다면 어떻게 찾을 수 있는지 알아보는 일이 급선무가 될 것이다.

미완성 논문인 『지성교정론』에서 던진 질문은 『에티카』로 이어진다. 여기서 스피노자가 말하는 영원하고 무한한 존재란 어떤 것일까? 그것은 다름 아닌 '신神'이다. 그가 『에티카』 1부를 쓰면서 신에서 출발하는 이유도 여기에 있다. 신은 다른 그 무엇으로부터 창조되지도 않았고, 자신이 아닌 다른 어떤 것에 의존하지도 않는다. 신만이 모든 자연 만물을 생성하고 변화시키는 원인이며, 그 자신은 결코 소멸될 수 없는 영원하고 무한한 존재인 것이다. 그렇다면 인간에게 참된 행복을 가져다주는 것은 영원하고 무한한 존재에 대한 사랑, 즉 '신'에 대한 사랑에 있을 것이다. 그는 『에티카』의 마지막 5부에서 '신에 대한 사랑'에 인간의 최고 행복, 즉 지복이 있다고 결론짓고 있다.

여기까지만 살펴본다면, 우리는 스피노자가 어째서 교회로부터 그토록 비난과 핍박을 받으며 파문당했는지 납득하기 어렵다. 당시의 신학자나 철학자들도 신을 사랑하라고 말하며, 그것으로부터 인간의 최고 행복이 주어진다고 주장하기 때문이다.

하지만 스피노자는 여태껏 신에 대해 생각하고 말해온 방식에 문제가 매우 많다고 보고 있다. 그가 기존의 철학적 전통과 결정적으로 갈라서게 되는 것도 바로 이 지점이다. 스피노자는 신에서 출발하지만 그가 내린 결론은 신에 대한 전통적인 생각을 모조리 뒤집어놓는 '대형 사고'에 가까웠다. 사람들은 그동안 신에 대해 어떻게 생각해왔으며, 여기에는 어떤 문제가 있다는 것일까?

스 피 노 자 의 목 적 론 비 판

일반적으로 '신'은 세계를 창조하고 다스리는 최고의 존재로 여겨져왔다. 특히 기독교에서는 신이 자신의 형상을 따라 인간을 창조하고, 인간에게 세계를 정복하며 지배하는 사명을 부여했다는 견해를 취해왔다. 많은 사람은 자신이 해결하기 어려운 문제에 맞닥뜨릴 때마다 신에게 호소한다. 그리고 납득하기 어려운 일이 일어날 때마다 이를 신의 기적이라거나 악마의 소행이라고 한다. 하지만 과연 그럴까? 여기에 스피노자가 지적하고자 하는 몇 가지 중요한 사항이 있다.

우선 스피노자는 『신학정치론』의 서문에서 사람들이 생각하는 '신'이 어떻게 '미신'과 곧잘 혼동되어왔는지를 예리하게 지적한다. 여기서 우리는 대부분의 사람이 미신에 희생되기 쉬울 수밖에 없다는 사실을 감안해야 한다. 자신을 둘러싼 환경을 완벽하게 통제할 수 있는 사람은 없다. 만약 사람들이 자기가 마음먹은 대로 환경을 지배할 수 있다면, 그들은 굳이 신에게 호소할 아무런 이유가 없었을 것이다. 하지만 세상사가 인간에게 꼭 유리하게 움직이는 것은 아니다. 미신이 힘을 발휘하는 곳은 바로 이 지점이다.

운명이 그들에게 미소를 보내는 경우에는, 대다수 인간이, 설령 일에 익숙하지 않다고 해도, 지혜가 넘쳐서 그들에 대한 어떤 조언도 모욕으로 간주되는 반면, 어찌할 바를 모르는 역경에 처했을 경우에는 사방에서 조언을 구한다. 그리고 그때에는 너무 어리석거나 헛된 것이어서 따르지 않을 조언이란 없다. 그때는 가장 하찮은 원인이라 할지라도 그들의 희망을 불러일으키거나 내동댕이치기에 충분하다. 왜냐하면 만약 그들이 공포에 사로잡힌 동안, 과거에 좋았거나 나빴던 어떤 것을 생각나게 하는 일이 일어나는 것을 본다면, 이것이 행복하거나 불행한 결과를 예보한다고 믿으며, 따라서 그들은 설령 그것이 수백 번이나 기대를 저버린다 해도, 이것을 좋거나 나쁜 조짐omen이라고 부르기 때문이다. 또 만약 그들이 어떤 범상치 않은 현상에 대한 경이로움에 사로잡힌다면, 이것이 신들이나 신의 분노를 나타내는 조짐이라고 믿으며, 따라서 비록 그것들이 미신의 영향을 받기 쉽고 종교에 반대되기는 하지만, 희생과 맹세에 의해 악을 피하는 것이 경건한 의무라고 간주한다. 그들이 상상하는 전조의 종류에는 한이 없으며, 마치 자연 전체가 그들 광기의 파트너인 양 자연 속에서 이상한 것들을 읽어낸다.(『신학정치론』 서문)

때로 사람들은 난데없는 불행을 겪기도 하며, 생각지도 못했던 행운을 만나기도 한다. 특히 행운에 탐욕스럽게 집착하는 사람일수록 미신에 쉽게 이끌린다는 것을 알 수 있다. 그들은 곤경에 처할 때마다 무엇이든 너무 쉽게 믿으려 하며, 신에게든 점술가에게든 호소하면서 그야말로 지푸라기라도 잡으려고 애쓰게 된다. 그들은 자신이 만들어낸 온갖 터무니없는 상상을 신의 계시, 징표sign로 간주하고, 인간의 이성과 지혜는 오히려 헛된 것이라고 여기는 것이다.

이처럼 미신은 인간의 나약함에 자리하고 있으며, 이는 초자연적 악령의 장난이 아니라 지극히 '인간적인' 현상이라는 것이 스피노자의 판단이다. 인간은 자신의 운명을 지배할 수 없으며 자기 앞날을 알지 못한 채 동요하는 존재일 수밖에 없다. 그렇다면 인간은 미신으로부터 진정 자유로울 수는 없는 것일까? 여기에 답하려면 먼저 인간 본성에 대해 이해할 필요가 있다. 과연 인간은 어떤 방식으로 생각하고 행동하는 것일까?

스피노자는 자연 안에 존재하는 만물들이 자신의 존재를 유지하고자 한다고 말한다. 인간도 예외는 아니다. 어느 누구도 자신의 존재를 유지하려 하지 않는 사람은 없으며, 자신에게 유익한 것을 추구하지 않는 사람은 없다. 이 때문에 사람들은 사물들에 대해 판단할 때, 그것이 자신들에게 유용한가의 여부를 따지려 한다. 스피노자는 이에 대해 『에티카』 1부 부록에서 다음과 같이 설명하고 있다.

> 나아가 그들은 자기들의 이익을 추구하는 데 매우 도움이 되는 많은 수단, 예를 들어 보기 위한 눈, 씹기 위한 이, 음식을 위한 식물과 동물, 빛을 위한 태양, 물고기를 기르기 위한 바다 등을 자신들의 안과 밖에서 발견한다. 따라서 그들은 모든 자연물을 자신의 이익을 위한 수단으로 여긴다.(『에티카』 1부 부록)

하지만 태양은 인간에게 빛을 비추기 위해 존재하지 않으며, 동식물들이 인간의 먹이가 되기 위해 존재하는 것은 아니다. 우리는 습관적으로 좋은 날씨와 나쁜 날씨를 구분하지만, 그것은 어디까지나 인간에게 얼마나 유리한가의 여부에 따른

자의적인 구분일 따름이다. 비바람이 치는 날씨는 인간에게 궂은 날씨겠지만, 식물들에는 '좋은' 날씨임에 분명하다. 마찬가지로, 사람들은 곤충에 대해서도 '해충'과 '익충'을 구분하지만, 애초부터 '해충'이라는 게 별도로 존재하는 것은 아니다. 그저 인간에게 유익한가, 해로운가에 따라 그렇게 이름을 붙인 것일 따름이다. 모든 자연 만물은 인간에게 유용한 것을 제공하기 위한 목적으로 존재하지 않는다. 자연은 인간이 자연에 부여한 '목적'과는 무관하게 존재한다.

> 내가 여기서 밝혀보려고 하는 모든 편견은 다음의 한 가지 편견에 의거한다. 사람들은 통상적으로, 인간이 그러는 것처럼, 모든 자연물도 어떤 목적을 위해 작용한다고 추측하며, 게다가 그들은 신이 모든 만물을 어떤 특정한 목적에 따라 이끈다고 확신한다. 왜냐하면 그들은 신이 인간을 위해 모든 만물을 만들었으며 신을 숭배하도록 하기 위하여 인간을 만들었다고 말하기 때문이다. (…) 자연은 자신에게 아무런 목적도 설정하지 않으며, 모든 목적인目的因은 인간이 만들어낸 허구fictions에 불과하다는 것을 보여주기 위해서는 그리 많은 설명이 필요하지 않을 것이다.(『에티카』 1부 부록)

사실 스피노자가 비판하고 있는 이러한 목적론적 사고는 아리스토텔레스로부터 토마스 아퀴나스, 그리고 헤겔에 이르기까지 서구 철학사 내에서 매우 빈번하게 등장했던 테마다.

그들이 보기에 자연 안에 존재하는 그 어느 것도 저절로 생겨
나지 않았다. 가위가 존재하는 이유는 무언가를 자르기 위함
이며, 신발은 발을 보호하기 위해 존재한다. 꽃은 피어서 열매
를 맺어야 하며, 어린이는 자라서 어른이 되어야 하는 것이다.
사물들이 존재하는 목적이 바로 그것의 본질이 된다. 신발의
본질을 안다면 우리는 그것을 오직 발에다 신는 데 사용할 것
이다.

　목적론적 사고 속에서 사물은 언제나 하나의
고정된 본질만을 가지며, 그러한 본질을 향해
나아가고 있는 미완의 존재들로 간주된다. 사물
의 변화는 오직 본질을 실현하기 위한 모든 과정
으로 설명되며, 이로부터 벗어난 것은 비본질적이
고 비정상적인 것일 따름이다. 씨앗에서 우리는 그것의
본질이 무엇인지 알지 못한다. 그것은 아직 '가능
적'인 상태에 머물러 있다. 하지만 그 씨
앗이 자라나서 커다란 나무가 될 때,
그 씨앗의 본질이 무엇이었는지 명
확히 알게 된다. 마찬가지로 사물
의 본질은 마지막에 완성된 이후
에야 분명하게 드러날 것이다. 모
든 사물은 오직 최종적인 완성,
즉 본질의 실현을 향해 나아가고

있는 불완전한 존재들인 것이다!

사실 이러한 목적론적 사고가 갖는 위험성은 때로 그것이 인종주의나 제국주의 침략 등을 정당화하는 논리로 쉽게 전용될 수 있다는 데 있다. 헤겔의 역사철학이 그 대표적인 경우인데, 헤겔은 절대정신이 자신을 스스로 '외화'시켜 자연, 사회, 역사 등의 객체가 된다고 보았다. 사회나 역사로 외화된 절대정신은 역사의 발전 과정을 통해 자기 자신에 대한 인식에 도달하게 된다. 이러한 절대정신의 변증법적 운동을 통해서 역사는 완성을 향해 나아간다. 그는 절대정신의 자기 전개로서의 역사의 완성이 하나의 민족국가를 통해 이루어질 것으로 보았다. 그 이상적인 국가가 바로 '독일'이라는 것이다.

히틀러는 헤겔의 역사관과 국가론을 자신들의 나치즘 체제를 정당화하는 논리로 활용하고 인종주의를 강화하는 수단으로 삼았다. 역사의 발전을 담당하는 우월한 게르만족이 열등한 민족을 지배하는 것은 역사의 필연적 법칙으로 간주되었다. 그리고 열등한 인종인 유대인이나 장애인, 집시 등을 도태시키는 것(인종 청소) 또한 역사의 발전을 위한다는 명분하에 정당화될 수 있었던 것이다. 서구 제국주의 국가들의 식민 지배 논리가 바로 이러한 목적론적 사고와 밀접한 관계에 놓여 있는 것이다. 그런 점에서 스피노자의 목적론 비판은 오늘날 정치적으로도 매우 중요한 의미를 지닌다.

스피노자는 이러한 목적론적 사고의 바탕에 깔려 있는 것이 다름 아닌 '인간중심적인' 사고임을 보여준다. 서구 사상사에서 모든 존재의 목적은 신에게 있다. 신이 부여한 질서와 법칙에 의해 모든 자연 만물의 존재 의미가 밝혀지기 때문이다. 서구 사상사에서 가장 중심적인 지위를 갖는 존재는 바로 신이었다. 하지만 스피노자가 보기에, 사람들이 그동안 지녀왔던 신 개념에는 문제점이 아주 많았다. 세상의 모든 자연 만물은 어디로부터 왔을까? 그것들은 분명 인간 자신이 만들어낸 것은 아니다. 그렇다면 인간에게 유용한 것을 제공해주는 어떤 전능한 존재가 있는 것은 아닐까? 그렇지만 사람들은 신이 어떻게 생겼고 어떤 능력을 지니고 있는지 직접 확인할 길이 없었다. 그래서 신에 대해서도 '인간적인' 잣대를 통해 판단할 수밖에 없었다. 이제 사람들은 자연을 창조하고 지배하는 신이 마치 근엄하고 전능한 군주나 왕과 같은 존재일 것이라고 여기게 된다. 신은 백성을 지배하는 군주와도 같이, 인간으로부터 숭배를 받기 위하여 인간을 만들었을 것이다. 또한 세상 만물은 바로 신과 가장 흡사한 피조물인 인간을 위해 지어진 것이리라. 그들로서는 이렇게 생각하는 것이 신과 자연 만물에 대해 가장 손쉽게 이해하는 방식이었던 것이다.

하지만 문제는 이로부터 자연의 질서는 온통 거꾸로 이해되며, 신에 대한 온갖 미신적인 숭배가 발생하게 된다는 점이다. 사람들은 각자가 신이 자신만을 특별히 선택하여 총애해주기를 바라면서 신에게서 좀더 많은 축복을 받아내기 위한 각종 미신적 행태를 고안해낸다. 폭풍우와 지진, 질병 등이 생겨날 때 사람들은 그것을 신의 분노에 의한 것이라고 확신한다. 신의 분노를 사는 자는 저주를 받을 수밖에 없다. 분노한 신을 달래기 위해 각종 제의가 행해지고, 심지어 인간을 제물로 삼아서라도 신에게 용서를 받고자 애쓰게 된다.

결국 사람들은 자연의 질서와 본성에 대해 이해하기보다는, 이를 신의 재량에 의해 이루어진 것으로 판단하고자 한다. 신은 자신이 마음먹은 대로 모든 것을 행할 수 있는 존재가 아니던가? 자연 안에서 일어나는 모든 일은 신의 임의적인 '의지'에 의한 것이다. 따라서 그들은 자연에 일어나는 현상들의 진정한 원인을 찾으려는 시도를 불경건한 짓이라며 비난하고, 자연 현상들 속에서 '신의 의도'를 담고 있는 온갖 징조를 발견하는 데 몰두하게 된다.

예컨대 만일 지붕 위의 돌이 머리에 떨어져서 어떤 사람이 죽었다면, 그들은 돌이 그 사람을 죽이기 위해서 떨어졌다고 여기고 이렇게 증명할 것이다. 만일 돌이 신의 의지에 따라 그러한 목적을 위해 떨어진 것이 아니라면, 어떻게 그렇게 많은 사정이(왜냐하면 주변의 많은 사정이 흔히 동시에 일어나기 때문에) 우연히 일치할 수 있겠는가? 바람이 불었기 때문에, 그리고 그 사람이 그곳을 지나갔기 때문에 그렇게 되었다고 대답한다면, 그들은 또 이렇게 반박할 것이다. 왜 바람이 마침 그때 불었는가? 왜 그 사람은 마침 그때 그곳을 지나갔는가? (…) 이렇게 그들은 원인의 원인을 물어서 끝내는 신의 의지, 곧 무지의 피난처에 도피할 때까지 그렇게 끝없이 물을 것이다.(『에티카』 1부 부록)

하지만 스피노자가 보기에 이 모든 미신적인 행태와 편견은 사물의 진정한 원인, 즉 그 본성으로부터 이해할 수 없도록 만든다. 그것은 사람들이 자연 현상으로부터 단지 '자극' 받은 대로 상상해낸 것에 불과하다. 스피노자에 따르면, 인간은 태어날 때부터 사물의 원인을 제대로 알고 있는 것이 아니다. 뿐만 아니라 사람들이 사물을 파악하는 방식 역시 그것이 자신에게 유리한가의 여부에 따라 충동적으로 이뤄진다. 따라서 그들은 사물의 본성이 무엇인지를 파악하려 하기보다는 그것의 유용함에만 관심을 가질 뿐이며, 사물의 원인이 무엇이며 그것이 어떤 질서에 따라 작용하는지에 대해서는 무관심하다.

하지만 스피노자는 이렇게 묻고 있다. 세상에는 인간의 상상을 뛰어넘는 것이 무수하게 존재하지 않는가? 인간에게 유리하다고 해서 그것이 더 완전하다거나 선한 것이라고 말할 수 없고, 반대로 인간에게 불리하다고 해서 그것이 불완전하다거나 악하다고 말할 수는 없지 않은가? 그렇다면 우리는 이로부터 다음과 같이 말할 수 있을 것이다. 자연에는 '인간중심적인 사고'의 '외부'가 존재하지 않겠는가?

문제는 우리가 어떻게 '외부'를 발견할 수 있느냐에 놓여 있다. 과연 우리는 인간중심적 사고에서 벗어나 사물의 참된 원인을 알아낼 수 있을까? 우리가 인간인 이상 애초부터 인간중심적인 사고를 벗어날 순 없지 않을까? 우리가 인간인 이상 미신으로부터 벗어난다는 것은 불가능한 일이 아닌가? 하지만 스피노자는 사람들이 사물로부터 자극받은 대로 상상한다는 점을 보여줌과 동시에, 사물의 본성으로부터 이해할 수 있는 길을 함께 제시하고 있다. 스피노자는 우리가 인간중심적 사고를 벗어나 그 '외부'를 사유할 수 있다는 것을 확신했다.

이를 위해 스피노자는 기존의 스콜라 철학의 개념들과 데카르트 철학, 그리고 근대의 기하학적 방법을 십분 활용한다.

『에티카』의 첫 장을 펼치면 신에 대한 몇 가지 정의와 증명이 등장하는데, 우리는 이를 통해 그가 어떻게 전통적인 신 개념으로부터 벗어나게 되는지를 알 수 있다. 이제 스피노자가 말하는 '신'에 대해서 살펴보자.

신을 자연이라고 부르는 스피노자

서구에서 '자연nature'이라는 용어에는 '태어나다' '자라나다' '생산하다'라는 의미가 담겨 있다. 그리스어로는 physis(퓌지스)이고, 이를 라틴어로 번역하면 natura(나투라)가 된다. nature라는 단어는, 애초에 존재할 때부터 타고난 것이라는 점에서 '본성nature'을 의미하기도 한다.

고대 그리스인들에게서 자연이란 오늘날처럼 인간의 손길에 의해 처분되기만을 기다리는 수동적인 대상이 결코 아니었다. 그것은 무엇보다도 살아 움직이는 것을 뜻했다. 변화무쌍하게 생성하고 소멸하며 운동하는, 그야말로 생명 자체를 가리키는 것이었다. 고대 그리스 철학자들에게서 가장 중요한 사유의 대상은 바로 이러한 자연이었다. 흔히 자연철학자라고도 소개되듯이, 그들에게 있어서 철학이란 자연에 대한 탐구와 별개가 아니었다. 철학은 자연 만물에 대한 탐구만이 아니라 세계가 움직이는 원리나 기원에 대한 연구까지 포함했다.

철학이란 곧 자연학physics이었던 것이다. 그들에게는 인간이나 신이나 자연 만물 모두 똑같이 자연의 일부로 간주되었다. 자연은 어떤 무無의 상태로부터 생겨난 것이 아니다. 자연은 그 자체로 스스로 존재하는 것이었다.

하지만 중세로 접어들면서 자연은 그 자체로 존재하는 것이 아니라, 신에 의해 창조된 피조물이자 인간에 의해 지배를 받아야 할 사물로 격하되었다. 자연은 스스로 존재하는 것이 아니라 신에 의해 창조된 것이다. 자연 위에는 초자연적 존재인 신이 존재한다. 그리고 인간은 신의 형상을 닮은 존재로서 자연 위에 군림하는 자연의 지배자, 관리자가 되었다. 따라서 인간은 더 이상 자연의 일부가 아니게 된 것이다.

기독교 세계관에 충실했던 중세 철학은 고대 그리스 철학을 수용하는 데 있어서 초월적인 신 개념을 지니고 있지 않았던 고대 자연철학보다 플라톤과 아리스토텔레스 등의 철학을 받아들였다. 세상을 제작한 장인匠人으로서의 데미우르고스와 중세 기독교의 신은 세상을 만들고 움직이는 창조주라는 점에서 공통점이 있었던 것이다. 이를 통해 중세는 자연과 초자연, 초월적 신과 자연 만물을 분리시켜 사유하는 전통을 만들어냈다. 인간의 지위도 자연보다 격상되었다. 또한 중세에는 모든 자연 만물이 어떤 목적에 따라 움직이는 것으로 보았다. 그 어떤 것도 우연히 주어진 것은 없으며, 제각기 신에 의해 부여된 나름의 목적을 향해 움직인다는 것이다. 이러한 중세적 자연 개념이 근대 이후로도 그리고 오늘날의 자연 개념에까지 그대로 이어지고 있는 것이다. 스피노자는 서구의 이러한 자연 개념에 대해 매우 비판적인 입장에 서 있다. 특히 플라톤, 아리스토텔레스, 그리고 중세 이후로 이어져오는 서구적 자연 개념에 대해 매우 근본적인 지점에서부터 문제를 제기하고 있음을 볼 수 있다.

이러한 서구적 전통에 거슬러서 스피노자는 신을 아예 자연으로 규정하고 있다. 물론 우리가 유념해야 할 사실은 그가 신과 자연 만물을 동일시하는 것은 아니라는 점이다. 그는 신을 '능산적 자연natura naturans'으로, 자연 만물을 포함한 모든 양태를 '소산적 자연natura naturata'으로 부르고 있다.

> 즉, 우리는 산출하는 자연을 자신 안에 있으면서 자신에 의해 이해
> 되는 것, 또는 영원하고 무한한 본질을 표현하는 실체의 속성, 즉
> 자유로운 원인으로 고려되는 신으로 이해해야만 한다. 반면, 나는
> 산출된 자연을 신의 본성이나 신의 어떤 속성의 필연성에 따라 나
> 오는 모든 것, 즉 신 안에 존재하며 신 없이는 존재할 수도 없고,
> 이해될 수도 없는 양태로 이해한다.(『에티카』 1부 정리 29 주석)

스피노자가 신을 자연으로 규정한 것에 대해 당시의 신학자나 철학자들은 격앙된 반응을 보였다. 신이 세상을 창조했다는 전통적인 견해를 거부한 것은 당시로서는 상상도 못 할 엄

청난 주장이었던 것이다. 그들은 스피노자가 신의 존재를 부정했을 뿐만 아니라, 신을 어떤 자연 만물과도 같은 존재로 규정했다며 비난했다.

하지만 스피노자는 자신이 신을 자연 만물과 동일시했다는 세간의 비난에 대해 사람들이 자신을 오해하고 있다고 말한다. "내가 『신학정치론』에서 신과 자연(사람들은 이 단어를 어떤 질량이나 물질로 이해하고 있습니다)을 동일시한다고 보는 어떤 이들의 관점에 대해서 말하자면, 그들은 커다란 오해를 하고 있는 것입니다."(73번째 편지) 그에 따르면 신은 우리가 숭배할 어떤 초자연적인 대상도 아니며, 자연 안에 존재하는 사물들도 아니다.

스피노자가 '신 즉 자연Deus, sive Natura'이라고 할 때의 자연Nature이란 결코 어떤 질량을 갖는 물체를 일컫는 것이 아니다. 오히려 '인간의 본성nature', 또는 '나무의 본성nature'이라고 할 때의 바로 그 본성nature을 지칭하는 것으로 이해해야 한다. 특히 스피노자가 대문자 N으로 시작되는 자연Nature을 언급하는 경우는 다른 모든 본성의 일반화를 가리킨다. 즉, 만물의 자연적인 본성, 혹은 다른 모든 자연적인 본성을 바로 그렇게 만들어주는 본성인 것이다. 따라서 스피노자가 신을 '능산적 자연'이라고 부를 때 이는 모든 자연 만물을 산출하는 원인으로서의 신적 본성, 즉 속성을 가리킨다. 반면 '소산적 자연'이라 부를 때, 이는 신, 즉 능산적 자연에 의해 산출된 결과로서의 자연 만물, 즉 양태들을 지칭하는 것이다.

따라서 신을 의미하는 자연Nature과 자연 만물을 의미하는 자연nature은 서로 원인과 결과의 관계 속에 놓여 있다. 스피노자의 이러한 신 개념이 기존의 전통적인 기독교 신학과 다른 점은 원인으로서의 신과 그 결과인 자연 만물이 동일한 자연이라는 것이다. 전통적인 기독교 신학에서의 신 개념은 자신의 피조물, 즉 자연 만물에 대해 '초월적으로' 존재하는 원인이었다. 자연 만물 또한 신으로부터 동떨어져 나와 현실세계에 존재하는 결과들이었다. 이처럼 신과 자연 만물은 서로 인과관계에 놓여 있더라도 존재의 지위에 있어서는 결코 좁혀질 수 없는 격차가 가로놓여 있었던 것이다.

하지만 스피노자에게 와서 신은 자연 만물 바깥 어딘가에 존재하는 것이 아니라 자연 만물에 내재하는 원인, 즉 초월적 원인이 아니라 내재적 원인이 되었다. 또한 자연 만물도 신 바깥에 동떨어져 있지 않고 신 안에 자리하게 되었다. 그런 점에서 원인과 결과는 동전의 양면처럼 일치하게 된다. 즉, 신은 자연 만물을 산출하는 원인이면서, 동시에 그 결과인 자연 만물로 이루어져 있는 존재가 되는 것이다. 스피노자에게는 신이 곧 자연이었던 것이다. Deus, sive Natura!

중세의 스콜라 철학자들은 '있음'에 대해 논리적으로 해명하고자 했다. 그들은 '있음', 즉 '존재'의 두 가지 방식을 구분 짓는다. 스스로 존재하는 것과 스스로 존재할 수 없는 것. 세상에는 자립적으로 존재하는 것과 의존적으로 존재하는 것이 있다. 스스로 존재하는 것은 불변하고 영원히 존재하지만, 의존적으로 존재하는 것은 끊임없이 변화하며 언젠가는 소멸될 수밖에 없다. 그들은 전자를 가리켜 실체substance라 부르고, 후자를 양태mode라 불렀다. 실체가 원인이라면, 양태는 그 결과라 할 수 있다.

실체는 자립적으로 존재하는 개별적 실재로서, 주술관계에서 술어가 아닌 주어subject에 해당된다. 주어에 대해 이러저러한 다양한 특성이 서술될 수 있겠지만, 주어에 해당되는 실재는 오직 하나이다. 주어에 대해 다양한 방식mode으로 서술되는 실재들은 양태에 해당된다. 예를 들어 나무는 계절에 따라 다른 양상mode으로 존재하지만, 그러한 양상들 이면에 있는 나무라는 실체는 동일하다.

실체에 해당되는 것에는 무엇이 있을까? 가장 먼저 신을 떠올릴 수 있다. 신은 다른 외적인 것에 의존해서 존재하지 않으며 소멸될 수도 없기 때문이다. 따라서 우리는 신을 실체라고 부를 수 있다. 반면 인간을 포함한 모든 자연 만물은 언제나 변화하며 소멸될 수밖에 없는 운명에 처해 있다. 그렇다면 이들은 양태에 해당된다고 할 수 있다. 그러므로 모든 자연 만물의 원인이 다름 아닌 신이며, 신은 모든 원인의 원인인 제1원인이라고 말할 수 있을 것이다. (하지만 데카르트는 무한 실체와 유한 실체를 구분하고, 인간의 정신과 신체를 각기 서로 다른 실체로 규정했는데, 이에 대해 스피노자로부터 실체에 관한 정확한 규정이 아니라는 비판을 받게 된다.)

스피노자 역시 이러한 스콜라 철학의 개념들을 그대로 사용하고 있다. 그가 말하는 실체, 양태 등의 개념도 위의 설명과 크게 다르지 않다. 스피노자 역시 신을 실체라 부르며, 자연 만물을 양태라 부르기 때문이다. 하지만 문제는 전통적으로 이해되어온 신 개념에 있다. 그에 따르면 기존의 신학자나 철학자들은 신에 대해 아주 잘못 이해하고 있다.

우선, 실체 개념의 정의에 따르면 실체는 창조된 세계와 분리될 수 없다. 만약 실체와 별개로 존재하는 창조된 세계를 상정하게 된다면, 실체는 더 이상 자립적으로 존재할 수 없게 된다. 이 경우 실체는 창조된 세계와 양립하면서 영향을 주고받는 상호적 관계에 놓이게 되는데, 이는 실체가 다른 외적 원인에 의해 제한을 받게 됨을 의미하기 때문이다. 이렇게 되면 실체가 자신에 의해서만 존재한다는 실체 자신의 본성에 어긋나는 사태가 발생한다. 따라서 실체와 창조된 세계는 별개로 존재할 수 없으며 서로 분리될 수 없는 하나의 존재라는 결론이 나온다. 실체에 대한 스피노자의 이러한 설명은 서구에서 전통적으로 내려온 창조주로서의 신 개념에 대한 비판이기도 하다. 이상하게 들릴지 모르겠지만 우리가 신을 창조주로, 그리고 자연을 창조된 세계로 가정할 때, 신은 자연으로부터 동떨어진 존재가 되며 더 이상 스스로 존재하지 못하는 유한한 존재가 되는 딜레마에 빠지고 만다.

뿐만 아니라 창조주로서의 신 개념은 좀더 복잡하고도 중요한 문제를 야기한다. 우선 창조주 개념은 신이 피조물이 존재하는 방식과는 다르게 존재한다는 것을 의미한다. 신이 자연 만물을 창조했다면, 신은 자신이 창조한 자연 만물과 동등한 차원에서 비교될 수 없다는 것이다. 다시 말해 신은 자연 만물과는 동일시될 수 없는 '초자연적'이고 '초월적인' 존재라는 것이다. 이로부터 세상에는 두 가지 상이한 질서, 즉 자연적인 질서와 초자연적인 질서가 존재하게 된다. 그리고 창조주 신은 바로 이 두 가지 질서 모두를 주관하는 전능한 존재라는 것이다. 하지만 스피노자에게서 그러한 신 개념은 결코 철학적으로 지지될 수 없는, 신에 대한 미신적인 인식으로 간주되었다.

특히 여기서 문제가 되는 것은 신과 자연이 서로 다른 방식으로 존재한다는 가정에 있었다. 이러한 가정은 창조주와 피조물이 동등하게 존재할 수 없다는 신념에 의해 지탱되고 있었다. 신은 자연 만물과는 달리 '탁월한eminent' 방식으로 존재한다는 것이다. 이는 단순히 창조주와 피조물 간의 우열을 가리는 문제가 아니다. 자연의 질서와는 전혀 다른, 이른바 '초월적인' 질서가 모든 것에 선행하여 우선적으로 존재한다는 것이다.

만일 그렇다면 우리는 신이 자연 만물의 원인이라는 것을 어떻게 설명할 수 있을까? 이 경우 과연 '초월적'인 신이라는 존재가 실존하는지, 그리고 어떤 방식으로 자연 만물을 움직이게 하는지 설명할 길이 전혀 없다. 우리가 유한한 피조물로 존재하는 한, '초월적인' 질서에 속한 무한한 신을 아는 방법은 신의 '초월적'인 은총에 의해서만 가능하기 때문이다. 이를 종교적인 차원에서 받아들일 수 있을지는 몰라도, 철학적으로나 이성적으로 설명할 수는 없다는 것이다. 그렇다면 신을 모든 사물의 제1원인으로 삼아왔던 서구 형이상학은 그 근거를 완전히 상실하게 된다.

중세 후반에 이르러 이런 문제를 제기한 사람이 있었으니, 바로 둔스 스코투스라는 철학자였다. 존재가 일의적─義的, univocal으로 설명되어야 하느냐, 아니면 이의적異義的, equivocal으로 설명되어야 하느냐고 질문을 던진 것이다. 예를 들어 우리는 동물이나 식물의 무늬에서 나타나는 기하학적 구조를 발견하고서 이를 '완전하다'고 말하며, 어려움에 처한 사람을 돕는 모습을 보면서 이를 '선하다'고 말한다. '완전하다'거나 '선하다'는 표현은 우리가 자연 안에서 발견하는 어떤 것을 가리키는 표현이다. 그런데 신에 대해서도 우리는 최고로 완전한 존재, 또는 최고로 선한 존재라는 표현을 쓰곤 한다. 이때 '완전하다' 혹은 '선하다'는 표현을 신에게 적용해도 되는 것일까? 만일 신이 자연 만물과 동일한 방식으로 존재한다면, 이러한 표현을 적용해도 문제될 것이 없다. 동일한 의미로, 즉 일의적으로 사용할 수 있다. 반면 신이 자연 만물과 서로 다른 방식으로 존재한다면, 이런 표현을 신에게 적용할 순 없다. 우리가 신에 대해 '완전하다'고 표현할 때와 자연 만물에서 발견되는 어떤 현상에 대해 '완전하다'고 말할 때의 의미는 서로 다른 것이다. 즉, 이의적인 것이다.

결국 둔스 스코투스가 일의성과 이의성을 통해 제기하는 질문은 신과 피조물이 동일한 방식으로 존재하는가, 아니면 다른 방식으로 존재하는가이다. 전통적으로 기독교에서는 신의 창조주로서의 지위를 고수하고자 했기 때문에 신이 존재하는 방식과 피조물이 존재하는 방식이 서로 다르다는 것, 즉 존재의 이의성을 원칙으로 삼았다. 하지만 이 경우에 문제가 되는 것은 신에 대해 어떠한 용어로 설명하고 규정할 것인지에 대한 방안이 전혀 없다는 점이다. 신에 대해 '완전하다' 혹은 '선하다'고 표현하는 것은 더 이상 신에 대해 적용할 수 없게 된다. 그야말로 신에 대한 불가지론不可知論에 빠질 수밖에 없는 것이다.

반대로 신과 자연 만물이 서로 동일한 방식으로, 즉 일의적으로 존재한다고 하면 어떻게 될까? 당연히 우리가 사용하는 언어를 통해 신에 대해 설명하고 규정할 수 있게 된다. 여기에는 아무런 논리적 모순이 없다. 문제는 신과 자연 만물이 서로 동등한 차원에서 비교될 수 있게 된다는 점이다. 즉, 신이 더 이상 창조주로서의 '초월적' 지위를 유지할 수 없는 사태가 일어나는 것이다. 이것이 중세 철학에서 존재의 일의성을 받아들일 수 없었던 가장 결정적인 이유였다. 차라리 존재의 이의성을 주장하여 논리적 모순을 감수할지언정 신의 초월성을 포기할 수는 없었던 것이다.

중세 스콜라 철학의 대부인 토마스 아퀴나스도 이 문제를 잘 알고 있었다. 하지만 그는 이를 애매모호한 방식으로 처리해버렸다. 그것을 이른바 '유비analogy'로 이해하자는 것이다. 신과 자연의 존재 방식에는 서로 '유사성'이 있으리라 가정하고, 이에 근거하여 그렇게 주장한 것이다. 즉, 신과 자연 만물이 존재하는 방식은 다르지만 어느 정도(?) 유사성이 있으며, 이를 통해 신에 대해서도 설명하고 규정할 수 있다는 것이다. 이를테면 신이 '완전하다'는 것과 어떤 동식물에 대해 '완전하다'고 하는 것은 서로 다른 의미이지만, 어느 정도의 유사성이 있다고 가정하여 이를 사용할 수는 있다는 것이다. 따라서 토마스 아퀴나스가 신을 제1원인으로 설명할 수 있는 근거 또한 단지 '유사성'에 따른 추측일 뿐이었다. 물론 아퀴나스의 그런 애매한 대답이 해결책이 될 수는 없었다. 그리하여 스피노자는 둔스 스코투스에 이어 그 문제를 본격적으로 제기하기에 이른 것이다.

이제 스피노자는 아예 신과 자연 만물의 관계에 있어 신을 '초월적' 원인이 아니라 '내재적immanent' 원인으로 정의한다. 신과 자연 만물의 관계를 '일의적'으로 설명될 수 있도록 만든 것이다. 그가 신을 자연이라 정의한 것도 마찬가지 이유에서였다. 신과 자연은 서로 분리되어 있지 않으며, 신이 존재하는 것과 똑같은 방식으로 자연이 존재한다는 것이다. 그래서 스피노자는 우리가 자연의 질서에 대한 지식을 많이 가질수록, 그만큼 신에 대해서도 더 잘 알게 된다고 말했던 것이다. 이처럼 스피노자는 위의 논증을 통해 기존의 신학자와 철학자들에 의해 유지되어온 초월적 신 개념이 더 이상 지지될 수 없음을 증명하고자 했다. 여기서 스피노자가 제기하는 문제는 아주 간명하다. 세상은 어떻게 존재하는가? 창조되었는가, 아니면 이미 그 자체로 존재하는가? 『에티카』 1부 앞부분에서 전개되는 실체와 양태에 대한 그의 복잡한 증명 과정은 이러한 결론을 위해 할애되었다. 스피노자가 신을 자연이라고 말할 때, 그는 더 이상 신을 세상을 창조한 초월적인 존재로 여길 수 없음을 말하고 있는 것이다.

신 에 게 는 '자 유 의 지'가 없 다 ?

스피노자가 거듭 강조하고 있는 점은 신의 본성과 인간의 본성을 혼동하지 말라는 것이다. 하지만 사람들은 여전히 신에게 인간적인 특성을 부여하고, 신의 본성과 인간의 본성을 혼동한다. 신의 본성에 대해 우선적으로 고려하는 데서 출발하기보다는 사람들이 감각적으로 받아들인 것에서 출발하는 오류를 범하고 있다.

> 그들은 이것에 관해 확실한 견해를 갖고 있지 않았다. 내가 보기에 그렇게 되는 원인은 그들이 철학적 질서를 지키지 않았기 때문이다. 왜냐하면 신적 본성은 인식에서나 본성에서나 최초의 것이어서 무엇보다도 앞서서 고찰되어야 함에도 불구하고 그들은 이것을 인식의 질서에서 최후의 것으로 믿었으며, 감각의 대상이라고 일컫는 것을 모든 것에 선행한다고 믿었기 때문이다.(『에티카』 2부 정리 10 주석 2)

신에게 '자유의지'가 있다는 생각도 마찬가지다. 만약 신이 어느 시점에 갑자기 "세상을 창조해야겠다"며 자유의지에 따라 결의한다면, 이는 신이 인간과 마찬가지로 임의로 결정을 내리고 행동함을 뜻하게 된다. 하지만 신이 자신이 예전에 가졌던 의지와는 다르게 갑자기 그런 결정을 내린다면 어떻게 신이 전지전능하고 완전한 존재일 수 있을까? 그것은 신이 자신의 본성과는 다른 의지를 지녔음을 인정해야 하고, 더 이상 신을 완전한 존재라고 말할 수 없게 되는 것이다.

특히 스피노자의 이러한 지적은 데카르트의 신 개념을 겨냥하고 있었다. 데카르트는 신을 자유의지를 지닌 존재로 간주했다. 신이 세상을 창조할 수도 있었고, 창조하지 않을 수도 있었다는 것이다. 신은 심지어 1+1=2와 같은 논리적 법칙마저도 자기 마음대로 '자유롭게' 바꿀 수 있는 전지전능한 존재라는 것이다. 동시대인이었던 라이프니츠의 신 개념 역시 크게 다르지 않았다. 신은 자기 마음대로 결정할 수 있긴 하나 어디까지나 이성적인 결단에 따른다. 세상은 무한한 방식으로 창조될 수 있었겠지만, 신의 이성적 결단에 따라 가능한 한 최선의 세상을 창조하기로 선택했다는 것이다. 하지만 스피노자가 보기에 이런 주장들은 신의 본성과 인간의 본성을 혼동한 것에 불과하다.

스피노자가 보기에 인간의 의지는 결코 '자유롭지' 않았다. 그것은 다만 이러저러한 충동에 자극을 받아 좌충우돌하는 것에 불과했다. 그에게 있어서 각종 다양한 충동과 자극에 무작위로 반응하는 데 대해 '자유롭다'고 하는 것은 너무나 부당한 오인이었다. 이런 의미에서 그는 단언한다. 자유의지란 자기 행위의 이유를 모르는 데서 오는 착각이라고. 진정으로 자유로운 행위라면 외적 자극에 따라 수동적으로 반응하는 것이 아니라 내적 능력으로부터 능동적으로 행하는 것이라고. 따라서 스피노자에게 있어서 '자유'는 어떤 '임의의 의지'를 갖는 것이 아니다. 외적 자극이나 충동에 영향을 받고 그것에 의해 행하는 수동적인 것이 아니라, 내적인 능력으로부터 자신의 행위를 결정짓는 능동적인 것을 가리킨다. 따라서 스피노자는 신이야말로 가장 자유로운 존재라고 여겼다. 신에게 '임의의 의지'를 부여하고서 이를 '자유의지'라 부른 데 대해 스피노자가 그토록 강하게 반발했던 것도 이런 이유에서였다. 그것은 인간의 본성과 신의 본성을 혼동하는 것이며, 인간의 무능함을 신의 능력과 동일시하는 궤변일 따름이다.

따라서 스피노자는 신이 세상을 임의로, 즉 '자유의지'로 만들어낸 창조주가 아니라고 단언한다. 신이 존재하고 활동하는 방식은 자유의지에 따른 것이 아니라 자기 자신의 신적 본성에 따른 것일 뿐이다. 신이 자신을 양태로 표현하는 방식은 무한하다. 신이 자유롭다는 것은, 그에게 절대적으로 무한한 능력이 속함을 뜻한다. 그래서 신이 다른 어떤 것에도 의존하지 않고 모든 만물의 원인이 된다는 것으로 이해되어야 한다. 신은 무한한 능력으로 다양한 속성에 따라 자신을 변용시키며, 그러한 변용의 결과들이 다름 아닌 자연 만물이다. 따라서 신은 임의로 세상을 창조한 것이 아니라, 자신의 절대적으로 무한한 능력을 표현함으로써 필연적으로 자연 만물이 존재하는 것이다.

우리가 익히 아는 대로, 스콜라 철학의 중심에는 언제나 신이 자리잡고 있다. 철학을 '신학의 시녀'라고 여겼던 스콜라 철학의 전통은 바로 그들의 신앙적 태도이기도 했다. 그리고 그 신은 세상을 창조한 초월적인 존재였던 것이다. 하지만 스피노자는 이 모든 전통적인 견해를 근저부터 뒤흔들어놓았다. 그것도 스콜라 철학의 개념을 통해서, 그것도 이를 엄밀하게 규정하라고 요구하면서 그랬던 것이다. 그것은 마치 씨름의 기술을 구사하듯 상대방의 힘을 이용해 상대를 넘어뜨리는 것이었기에, 스피노자는 우리를 더더욱 놀라게 만든다. 그는 자기 철학의 중심에 신을 위치시키고 그것에 천착하여 기존의 전통적인 신 개념을 완전히 허무는 데까지 나아갔던 것이다.

스피노자에게서 '스스로 존재하는 신'이라는 규정은 스콜라 철학만이 아니라 데카르트의 철학까지도 넘어서는 결정적인 단서였다. 그가 보기에 기존의 신학자나 철학자들은 신이 스스로 존재한다는 것이 함의하는 바를 제대로 파악하지 못했다. 신이 스스로 존재한다는 것은 신이 다른 어떤 것에 의존하여 존재하지 않는 것을 의미한다. 따라서 그는 신을 '자기원인'이라고 말하고 있다.

스콜라 철학에서 '스스로 존재하는 신'이라는 규정은 "나는 스스로 존재하는 자다"(「출애굽기」 3장 14절)라는 성서의 구절에 근거로 두고 있다. 전통적으로 중세 형이상학은 신의 본질과 실존이 일치한다고 보았다. 신은 단지 우연적으로 존재하는 것이 아니라 필연적으로 존재해야 하기 때문이다. 유한하고 가변적인 양태들과 달리 신은 항상 존재하지 않으면 안 된다. 따라서 이러한 규정은 신이 실존을 자기 본질로 삼고 있으며, 필연적으로 존재할 수밖에 없음을 의미한다.

반면 피조물은 '스스로' 존재할 수는 없는 유한한 존재들이다. 이들은 가변적이며 언젠가는 자신의 실존을 잃을 수밖에 없다. 따라서 신을 제외한 그 어떤 피조물도 자신의 본질과 실존이 일치할 수 없다. 즉, 피조물들은 실존을 자기 본질로 삼지 못한다. 스피노자는 중세 형이상학의 전통을 따라 "신의 본질essence은 실존existence을 포함한다"(『에티카』 1부 정리 7 증명)고 말한다. 반면 피조물들은 스스로 존재할 수 없다. 따라서 "신에게서 산출된 사물의 본질은 실존을 포함하지 않는다."(『에티카』 1부 정리 24)

여기서 우리가 주목할 점은 스피노자가 신의 본성에 대해 강조하고 있는 부분이다. 그는 우리가 신에 대해 이러저러한 개념으로 규정하기 전에 신의 본성에서 출발해야 한다고 단언한다. 신은 실존을 자기 본성으로 삼고 있는 존재이므로, 우리가 신의 존재를 규정하고자 할 때 다른 어떤 개념으로부터 출발하는 것은 부당하다는 말이다. 그런 점에서 '자기원인'인 신을 정의하기 위해서는 다른 어떤 개념을 필요로 하지 않는다. 그는 이를 "자신 안에 있으면서 자신에 의해 이해되는 것"(『에티카』 1부 정의 3)이라고 말한다.

스피노자가 보기에는 스콜라 철학자들이나 데카르트는 신을 규정할 때 그 본성보다는 신에 대해 자신들이 상상하는 것을 앞세웠다. '전지전능' '영원함' '완전함' '최고선' 등의 용어가 그것이다. 그들은 신이 최고로 완전한 존재이므로 필연적으로 존재할 수밖에 없다고 말한다. 왜냐하면 만약 신이 존재하지 않는다면 최고로 완전한 존재일 수 없게 되기 때문이다. 따라서 신은 필연적으로 존재한다. 하지만 스피노자는 신의 존재에 대한 이런 방식의 증명이 신의 본성이 아닌 특성 property에 기반하고 있을 뿐이며, 인간적인 정서를 신에게 부여하여 묘사하는 것에 불과하다고 비판한다.

따라서 스피노자는 신의 본성에서 직접 출발하고자 한다. 신이 선하다거나 전지전능하다는 식으로 특성으로부터 추상된 개념을 통해 신의 존재를 증명한다면, 우리는 여전히 신의 본성과 인간의 본성을 혼동하게 될 것이다. 또한 그러한 추상적 개념들은 신의 존재가 '무엇'인지 우리에게 아무것도 알려주지 못할 것이다. 따라서 자기원인으로서의 신은 다른 어떤 외적인 개념에 의해서 추상적으로 혹은 매개적으로 정의되어서는 안 된다. 오히려 신의 본성으로부터 다른 개념들이 정의되어야 한다. 스피노자는 『에티카』 1부 정리 1에서 정리 10까지의 짤막한 과정을 통해 '자기원인'이라는 신의 본성을 근거로 신이 '절대적으로' 무한하게 존재한다는 점을 논증한다. 즉, 자기원인으로서의 실체는 무한히 다양한 속성을 통해 자신을 표현하기에, 신은 절대적으로 무한하게 존재한다.

이제 스피노자는 이런 신이 만물의 초월적 원인인 아니라 내재적 원인임을 밝혀낸다. 신은 결코 자연과 동떨어진 존재일 수 없다. 위에서 살펴본 대로, 신을 초월적인 존재로 가정할 때 신은 자신이 만든 세계에 의해 제한될 수밖에 없기 때문에, 이러한 방식으로 스피노자의 신 개념에 의해 스콜라 철학의 불분명한 규정들은 쇄신된다. 그것은 또한 초월적 존재로서의 신 개념이 인간적인 상상에 따라 요청된 것에 불과했음을 규명하는 것이기도 했다.

변용으로서의 양태

사람들은 신이 자연 만물에 대해 초월적인 존재이듯이, 인간이라는 존재도 자연 만물과는 다른 우월한 존재라고 여겨왔다. 특히 신이 인간을 창조할 때 여느 피조물과는 달리 인간에게 신의 본성을 부여함으로써 신과 유사하게 창조했다는 것이다. 인간은 신의 전지전능한 능력과도 유사한 지적인 능력을 소유했으며, 창조된 세상을 주관하는 신처럼 인간도 세계를 정복하고 지배하는 존재라고 여겨왔다. 하지만 스피노자라면 이를 인간들만의 자화자찬이라고 생각하지 않았을까?

　스피노자는 인간을 포함하여 모든 자연 만물을 신의 변용affections 또는 변양modification이자 양태라고 보았다. 신이 자연과 별도로 존재하지 않으므로, 모든 것은 신 안에 있으며 신의 일부로 이해된다. 자연 만물이 신의 변용이라면, 이 모든 것은 신이 자의적으로 만들어낸 것이 아니라 신의 본성에 따라 필연적으로 존재하게 되었음을 의미한다. 그러므로 여기서는 여타의 자연 만물과는 달리 인간에게만 각별하게 신적인 능력이 부여되었다고 여길 아무런 근거가 없음을 알 수 있다. 그렇다면 신이 유독 인간에게만 그러한 능력을 부여했다는 생각은 인간의 자기중심적인 발상에 불과한 것이 아닐까?

　스피노자는 양태들의 발생에 대해서 신의 무한한 능력으로부터 설명하고 있다. 자연 안에 존재하는 것은 신이 양태화modification되어 존재함을 뜻하고, 이는 자신을 무한히 다양한 양태로 표현하는 신의 능력이 펼쳐진 것을 의미한다. 반대로 존재하지 않는 것은 아무런 능력도 표현되지 않은 것이라고 할 수 있다. 따라서 존재하는 모든 것은 이미 신의 무한한 능력이 필연적으로 표현된 것이다. 그러므로 자연 만물이 생겨나는 것은 그것이 무無에서 유有로 갑자기 우연하게 탄생된 것이 아니다. 그것은 신의 무한한 능력에 따라 무한히 다양한 변용으로 표현된 것이다.

　하지만 실체로서의 신과 양태가 본성상 서로 다르다는 점에 유의해야 한다. 신은 자기원인으로서 어떠한 외적 원인에 의해서도 제한되거나 영향을 받지 않는다. 그런 점에서 신은 완전히 '능동적'인 존재라고 할 수 있다. 하지만 양태는 자기 원인이 아니다. 양태들은 서로 다른 양태에 의해 영향을 주고 받는 외적 원인의 관계 속에 놓여 있다. 따라서 양태는 부분적으로는 능동적이지만 또 부분적으로는 수동적일 수밖에 없다. 양태의 실존을 결정짓는 것은 바로 양태들 간의 외적인 관계다. 다른 양태와의 외적 관계가 상실된다면 그것은 더 이상 실존하기를 멈추게 될 것이다.

여기에 변용의 두 번째 의미가 있다. 첫 번째 의미에서 양태들은 신의 무한한 속성의 변용으로서 존재한다면, 두 번째 의미에서 양태들은 양태들 간의 무한한 외적인 인과관계에 의해 규정된다. 나무를 예로 들어 살펴보자. 여기서 우리는 같은 나무라 하더라도 다른 양태들과의 관계에 따라 무수히 변용하게 됨을 쉽게 알 수 있다. 나무가 가구 공장과 만나면 의자와 옷장이 되고 불과 만나면 숯 덩어리로 변한다. 숯은 서예가의 손에 의해 먹으로 바뀌며, 땅에 묻히면 거름이 되어 토양을 비옥하게 만든다. 따라서 양태들의 본질은 우선적으로는 신의 무한한 능력이 표현된 것이지만, 또한 그것은 다른 양태들과의 관계에 의해 규정되는 것이다.

그런 점에서 플라톤의 주장처럼 애초부터 의자나 숲의 이데아 같은 것이 별도로 존재하지 않는다. 만일 각각의 이데아가 초월적인 세계로부터 현실세계에 나타나게 된 것이라고 한다면, 우리는 나무의 이데아만이 아니라 의자, 티슈, 일회용 물수건 등의 이데아에 이르기까지 그때그때마다 각각의 이데아를 새롭게 가정하지 않을 수 없다. 하지만 양태들의 본질은 이처럼 초월적인 세계에서 예정되어 있는 것이 아니다. 그것들은 다만 양태들 간의 관계에 따라 신의 무한한 변용으로 표현된 것을 의미할 따름이다.

한편 말, 사람 등의 보편 개념들은 그 자체로 양태의 본질을 말해주지 않는다. 그것은 무수한 사물로부터 자극받은 여러 이미지를 한꺼번에 적용한 것에 불과하다. 따라서 사람들은 같은 사물에 대해서도 그들이 자극받은 대로 서로 다르게 상상하게 된다.

예를 들면, 매우 빈번하게 인간의 자태를 경탄하면서 관찰한 사람은 인간이라는 명칭 아래서 직립한 자세의 동물로 이해한다. 이에 반하여 인간을 다르게

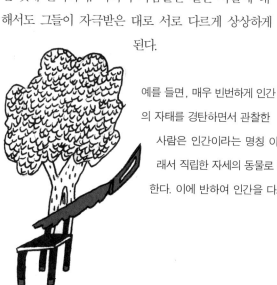

관찰하는 데 습관이 든 사람들은 인간에 관하여 다른 공통된 이미지를 형성할 것이다. 즉, 인간을 웃을 수 있는 동물, 두 발을 가진 날개 없는 동물, 이성적 동물이라고 할 것이다.(『에티카』 2부 정리 40 주석 1)

따라서 양태들에 대해 이러한 보편 개념을 적용할 경우, 우리는 양태들의 본질을 모호하게 인식할 수밖에 없다. 하지만 우리가 각각의 변용에 유념한다면 그것은 각각의 양태에 대한 좀더 적합한 지식을 형성하게 된다. 이를테면 동일한 말이라도 경주용 말과 짐을 나르는 말의 변용은 서로 일치하지 않는다. 변용 능력에 따라 구분하자면, 경주용 말은 스포츠카에, 그리고 짐을 나르는 말은 수레에 더 가깝다. 또한 동일한 의자라도 취조실의 의자와 식당 의자 역시 변용상 서로 다르다고 할 수 있다. 우리는 식당 의자가 그릇이나 수저 등과 좀더 적합하게 연결됨을 알 수 있다. 또한 취조실의 의자는 경관의 수갑 및 유치장과 더 잘 연결된다.

이처럼 스피노자가 말하는 양태들은 보편 개념이 아니라, 각각의 변용에 따라 정의되는 개념이다. 다시 말해 양태들의

본질은 유類와 종차種差에 따른 보편 개념이나 이데아에 의해
서가 아니라, 다른 양태들과의 관계에 따른 변용에 의해 정의
되는 것이다. 이를 통해서 우리는 스피노자가 양태들에 대해
단지 명목적으로나 추상적으로 파악하기보다는, 실제적이고
질적인 차이를 통해서 파악하고자 한다는 것을 볼 수 있다.

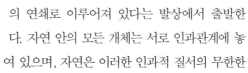

내 재 성 , 양 태 들 의 바 다

스피노자는 세상에서 일어나는 모든 일이 인과관계에 따라
설명될 수 있으며 따라서 오직 필연만이 존재하고 우연이란
있을 수 없다고 보았다.

> 필연적으로 그리고 무한하게 존재하는 모든 양태는, 필연적으로
> 신의 어떤 속성의 절대적인 본성에서 생기거나 아니면 필연적으로
> 무한하게 존재하는 일종의 양태적 변용으로 양태화한 어떤 속성에
> 서 생기지 않으면 안 된다.(『에티카』 1부 정리 23)

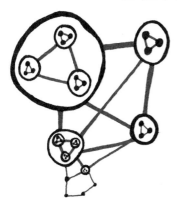

스피노자의 이러한 설명은 자연 전체가 외적인 인과관계
의 연쇄로 이루어져 있다는 발상에서 출발한
다. 자연 안의 모든 개체는 서로 인과관계에 놓
여 있으며, 자연은 이러한 인과적 질서의 무한한

연쇄로 이루어져 있다. 개체들은 인과 법칙의 필연성에 따라 생성되거나 소멸하게 되며, 운명이 결정지어진다. 원을 둥글지 않도록 만들 수 없는 것처럼, 신은 자연 만물을 필연적 인과관계에 따라 생산한다. 이러한 인과관계의 질서에는 자연 법칙을 벗어난 어떠한 우연이나 초자연적인 기적이 끼어들 틈이 없다.

여기서 스피노자가 말하는 필연은 모든 것이 결정되어 있어서 어떠한 새로운 일도 생겨날 수 없다거나, 혹은 장래에 일어날 일까지 모두 운명적으로 이미 정해져 있다는 식의 주장과는 거리가 멀다. 또한 어떤 총체적인 법칙이나 프로그램이 있어서 그에 따라 동일한 결과가 반복적으로 산출되도록 결정되어 있다는 의미도 아니다. 스피노자에게 있어 세상에서 일어나는 모든 일은 인과적 현상들로 이해된다. 자연 전체가 무수한 개별적인 인과관계의 연결망으로 이루어져 있으며, 이런 무수한 원인이 서로 중첩되고 교차하면서 무한히 다양한 결과들을 산출한다는 것이다.

하지만 이러한 인과관계들의 연결망이 만들어내는 결과 모두를 예측하고 파악하는 것은 사실상 인간 인식 능력의 범위를 넘어선다. 인간의 눈에는 그저 우연처럼 보이겠지만, 그럼에도 이는 자연의 인과 법칙에 따른 필연적 결과라는 것이다. 가령 날씨의 변화는 우리가 아무리 정교하게 분석해도 정확하게 예측하기란 쉽지 않다. 기압과 온도, 풍향, 풍속 등 무수한 변수가 동시에 원인으로 작용하기 때문이다. 물론 날씨가 자연 법칙과 무관하게 일어나는 현상은 아니다. 날씨는 다양한 변수가 원인이 되어 만들어진 필연적 결과인 것이다. 시시각각으로 변화무쌍하게 변하는 구름, 불규칙하게 흔들리는 불꽃, 계곡 급류의 흐름 등 자연 전체가 매우 불규칙적이고 예측 불가능하며 카오스적인 복잡성에 의해 서로 작용하거나 작용받는 상황 속에 있다고 할 수 있다. 그런 점에서 무한히 복잡한 외적 인과관계의 한가운데 놓여 있는 양태들은 극도의 우연성에 의해 지배된다. 스피노자는 이러한 우연적이고 복잡한 현상들의 이면에 어떠한 초자연적인 기적이나 개입도 없는, 오로지 수학적이고 물리적인 인과 법칙만이 작용하고 있다고 말하는 것이다. "우리는 바람에 일렁이는 파도처럼 수많은 방식으로 외적 원인에 의해 휘몰리며, 우리의 운명과 결과를 알지 못한 채 동요한다."(『에티카』 3부 정리 59 주석)

이처럼 유한한 개체들이 단지 신의 필연적 변용일 뿐이라면, 양태들은 자신의 어떤 능력도 표현할 수 없는 무기력한 존재가 되는 것은 아닐까? 유한한 개체들은 신의 본성에 따라 필연적으로 산출되었을 뿐이며, 자신들의 능력을 자유롭게 표현할 순 없다는 것일까? 하지만 스피노자는 유한한 개체들이 자신들의 본질에 고유한 특정한 능력을 갖고 있다고 말한다.

스피노자에게서 이 모든 개체는 신의 무한한 능력이 표현된 결과들이기도 하다. 신은 자신의 능력을 무한한 방식으로 표현하지만, 그것은 언제나 특정한 속성의 양태들로 표현되는 방식으로만 이루어진다. 양태들은 스스로 존재할 수 없으므로 양태들이 실존하는 것은 신의 능력에 의한 것임이 분명하다. 양태들이 갖는 능력은 신의 능력의 일부이지만, 이는 신의 능력이 우리의, 즉 양태들의 본질을 통해서 펼쳐지는 한에서 신의 능력의 일부라는 것이다. "인간의 능력은 인간의 현실적 본질을 통해 펼쳐지는 한에서, 신 또는 자연의 무한한 능력, 즉 그것의 본질의 일부다."(『에티카』 4부 정리 4 증명) 따라서 양태들은 자신들의 본질에 고유한 능력을 갖고 있다는 것이다.

하지만 이러한 양태들의 고유한 능력은 다른 양태들과의 관계 속에서만 표현될 수 있다. 양태들은 다른 양태들과의 관계 속에서 비로소 실존하게 되며, 이러한 양태들 간의 무한한 인과관계로부터 자신의 존재 여부가 결정된다. 양태들은 자신의 고유한 능력의 정도에 상응하는 외연적 관계를 갖지 않고서는 결코 실존하지 못한다. 스피노자는 이를 '운동과 정지의 관계'로 규정하는데, 이러한 '운동과 정지의 관계'로부터 개체의 발생 원리를 설명하고 있다.

개체를 운동으로부터 설명하려는 시도는 이미 데카르트에게
서도 발견된다. 데카르트는 물체를 갈릴레이의 관성의 법칙에
따라 설명하고자 했는데, 즉 운동하고 있는 물체는 계속 운동
을 지속하려 하고 정지하고 있는 물체는 계속 정지하려 한다
는 것이었다. 여기서는 물체 자체에 어떠한 운동력도 존재하
지 않는다. 물체가 운동하려면 별도로 외부 힘이 가해져야만
하는 것이다. 따라서 그는 물체들의 최초의 운동 원인이 외부
의 존재, 즉 '초월적 신'으로부터 주어지는 것으로 생각했다.
모든 물체의 운동은 초월적 신의 개입에 의해 일어난다는 것
이다. 물체들 간의 작용에 의해서 나타나는 운동들도 신의 협
력에 의해 일어나는 것으로 간주되었다. 결국 데카르트에게서
물체의 운동은 자연 자체의 인과관계의 필연성이 아니라, 초
월적 신의 임의적인 개입으로부터 우연적으로 일어나는 현상
으로 규정되었던 것이다.

　한편 스피노자는 물체의 운동에 대해 초월적 신의 개입에
의한 우연적 현상이 아니라, 물체들 간의 역학관계에 따른 자
연학적 현상으로 설명하고자 했다. 스피노자에게서 물체들의
운동과 정지는 실체의 본성으로부터 직접적으로 나온다. 달
리 말하면, 실체는 필연적으로 자연 만물을 산출하는데, 이
는 '운동과 정지'라는 방식으로 모든 물체를 생산한다는 것

이다. "연장에는 운동과 정지 외에 다른 변용은 없다. 모든 물체는 운동과 정지의 일정한 비율일 뿐이다."(『신, 인간, 그리고 인간의 행복에 관한 소론』) 데카르트에게서 물체들은 정지 상태에 놓여 있고, 초월적 신의 개입에 의해서만 운동이 가능했다. 하지만 스피노자에게서 물체들은 그 자체 안에 운동과 정지라는 역동적인 힘을 지니고 있다. 즉, 운동과 정지가 모든 개별 물체의 발생과 변화를 설명하는 내적 원리로 자리하게 된 것이며, 자연 만물은 제각기 특정한 운동과 정지의 비율에 따라 필연적으로 산출된다.

이로부터 개체가 갖는 매우 중요한 특성이 제시된다. 즉, 개체들은 특정한 운동과 정지의 비율에 따라 구분된다는 점이다. A라는 물체와 B라는 물체는 그들이 지닌 운동과 정지의 특정한 관계의 차이에 따라 구분된다. 사자와 호랑이가 다른 점은 그들의 신체를 이루고 있는 개체들의 운동과 정지의 비율이 서로 다르기 때문이다. "물체들은 운동과 정지, 빠름과 느림의 관계에 따라 구분되는 것이지, 실체의 관계에 따라 구분되는 것이 아니다."(『에티카』 2부 정리 13 공리 2 보조정리 1) 또한 개체들은 운동과 정지의 비율이 유지되는 동안에 자신의 실존을 유지할 수 있겠지만, 그 비율이 바뀐다면 더는 실존을 유지할 수 없게 된다. 운동과 정지의 비율이란, 바꿔 말하면 다른 개체와 맺는 관계를 의미한다. 각 개체는 다른 개체와의 관계에 의해 발생하거나 소멸하고 자신의 실존을 유지하거나 잃어버리게 된다.

크기가 같거나 다른 몇몇 물체가 다른 여러 물체의 압력을 받아서
서로 접합거나, 혹은 몇몇 물체가 같은 속도로 혹은 다른 속도로
움직여서 자신의 운동을 어떤 특정한 관계로 서로 전달할 때 우리
는 그 물체들이 합일되어 있다고 말하며, 또한 모든 것이 하나의 물
체 또는 하나의 개체를 합성한다고 말한다. 그리고 이 개체는 이러
한 합일에 의하여 다른 물체와 구별된다.(『에티카』 2부 정리 13 정의)

스피노자에게서 개체는 가장 단순한 물체들the simplest bodies
로 합성된 개체, 그리고 여러 개체로 합성된 개체로 구분된
다. 우선, 가장 단순한 물체들로 합성된 개체부터 살펴보자.
스피노자는 가장 단순한 물체들에 대해 "운동과 정지, 빠름
과 느림의 관계에 따라 구분되지, 실체에 따라 구분되는 것이
아니"라고 설명한다.(『에티카』 2부 정리 13 공리 2 보조정리 1)
여기서 말하는 가장 단순한 물체들은 원자와는 전혀 다른 것
이다. 원자가 모든 물체의 기본 단위로서 더 이상 쪼개질 수
없는 것을 가리킨다면, 가장 단순한 물체들은 특정한 운동과
정지의 관계에 따라 무한한 집합의 양상으로 존재하는 것을
가리킨다. 그런 점에서 가장 단순한 물체들은 언제나 단수單數
가 아닌 복수複數로 존재한다. 원자론에서는 정지해 있는 원자
와 그것에 운동력을 부여하는 제3의 원인을 상정해야만 한다.

하지만 스피노자에게서 운동과 정지는 개체의 발생 원리이므로 별도로 제3의 원인을 상정할 필요가 없다. 운동과 정지는 가장 단순한 물체들이 존재하기 위한 전제 조건인 것이다.

두 번째로 개체들의 합성으로 이루어진 개체에 대해 살펴보자. 이는 본성이 서로 다른 개체들의 합성에 의해 만들어진 개체를 가리키며, 이런 개체들이 하나의 개체를 이룰 때, 이를 단일한 물체singular thing라고 부른다. 스피노자는 개체의 합성에 대해 다음과 같이 설명한다.

> 개체의 각 부분이 여러 물체로 합성되어 있으므로, 각 부분은 개체의 본성을 전혀 변화시키지 않고, 어떤 때는 느리게, 어떤 때는 빠르게 움직이며, 그리하여 자신의 운동을 다른 부분에 더 빠르게 또는 느리게 전달할 수 있기 때문이다. 그러므로 만일 우리가 이러한 제2의 종류의 개체로 조직된 제3의 종류의 개체를 생각한다면, 우리는 그러한 개체가 자신의 형상에 아무런 변화도 없이 다른 많은 방식으로 움직일 수 있음을 발견할 것이다. 그리고 이렇게 계속해서 무한히 나아간다면, 우리는 자연 전체가 하나의 개체라는 것을, 그리고 그 부분들 즉 모든 물체가 전체로서의 개체에는 아무런 변화도 미치지 않고 무한한 방식으로 변화한다는 것을 쉽게 알게 된다.(『에티카』 2부 정리 13 보조정리 7 주석)

스피노자에게서 개체는 여러 개의 개체를 부분으로 삼아

하나의 전체를 이룬다고 할 수 있다. 예를 들어 물(H₂O)은 두 개의 수소(H)와 산소(O)로 이루어져 있다. 물(H₂O)이라는 하나의 개체는 수소(H)와 산소(O)라는 각기 다른 개체의 합성으로 이루어진 것이다. 물(H₂O)은 그 자체로 하나의 개체이면서, 수소(H)와 산소(O)에 대해 하나의 전체가 된다. 다시 말해 합성된 개체가 하나의 전체라면, 여러 개의 개체들은 전체의 부분이 되는 것이다. 그리고 물(H₂O)은 다른 개체들과 합성하여 또 다른 개체를 이루게 되는 것이다. 그것은 또 다른 개체의 일부로 합성되어 더 큰 개체를 이루게 되며, 이렇게 무한히 나아가게 된다. 이러한 인과관계가 무한한 연쇄로 이어지면서 자연 전체를 구성하게 되는 것이다.

그런 점에서 자연 자체가 하나의 커다란 개체라고 할 수 있다. 자연을 구성하는 부분들인 각각의 개체는 인과 작용에 따라 무한히 변화하지만, 자연이라는 전체는 부분들의 이러한 무한한 변화를 품고서 자신의 존재를 변함없이 유지하고 있다.

어째서 윤리학인가?

스피노자의 주저인 『에티카』의 본래 제목은 '기하학적 질서에 따라 증명된 윤리학'이다. 철학 책에 기하학이라는 용어가 붙어 있는 것도 그렇거니와, 기하학적으로 증명된 윤리학이

라는 제목만으로는 그 내용을 짐작하기가 여간 난감하지 않
다. 스피노자 자신도 이러한 방식의 서술이 사람들에게 매우
낯설게 여겨질 것으로 생각했다. "인간의 악과 불합리함을 기
하학적 방식으로 다루는 일에 착수하겠다는 것은 의심할 여
지 없이 이상해 보일 것이다."(『에티카』 3부 서문) 하지만 여기
서 『에티카』의 이러한 독특한 서술 방식이 앞서 언급한 대로
'인간중심적 사고'를 벗어나 그 '외부'를 사유하는 하나의 전
략이라는 점을 기억할 필요가 있다.

　우리는 이 책에서 스피노자가 각각의 개념을 극히 엄밀하게
정의하고 또 그것을 기하학적 질서에 따라 차례로 증명해나가
는 것을 보게 된다. 그것은 자연의 질서를 파악하는 데 있어
가급적 인간의 상상이나 충동적 정서에 영향받지 않도록 하
기 위해 고안된 것이었다. "나는 정서의 본성과 힘, 그리고 정
서에 대한 정신의 힘을 이전 장에서 신과 정신을 다루었던 방
법과 동일한 방법으로 다룰 것이다. 그리고 인간의 행동과 욕
구를 마치 선, 면, 물체에 대한 문제인 것처럼 고찰할 것이다."
(『에티카』 3부 서문) 여기서 그가 사용하고 있는 스콜라 철학
과 데카르트 철학의 개념들, 그리고 수학적 증명 방식 등은
이를 위한 매우 적절한 수단이었다. 물론 그 모든 개념은 스피
노자에 의해 전혀 새로운 의미로 변형되지만 말이다.

　통상적으로 도덕moral과 윤리학ethics은 좋은 것과 나쁜 것,
올바른 것과 그른 것에 대한 가치 규범들을 가리킨다. 이 둘

의 차이점은 도덕이 개인의 내면세계를 향해 양심과 죄책감에 호소하는 일종의 초월적 계율을 지칭한다면, 윤리학은 인간이 다른 개체들과 맺는 관계 속에서 고려해야 할 내재적 규칙들을 지칭한다는 점이다. 스피노자가 자신의 책 제목을 도덕이 아닌 윤리학으로 정한 이유도 인간이 자연 속의 하나의 개체로서 다른 개체들과 어떤 관계를 맺으며 살아가야 하는지에 대해 말하려는 데 있었다.

여기서 스피노자가 인간중심적 사고를 비판하는 것은 각별한 의미를 지닌다. 우선 인간은 더 이상 자연에 대해 특권적 지위를 갖지 못한다. 자연을 정복하고 지배하는 것이 신으로부터 부여받은 사명이라는 기존 통념에 대해, 그는 인간을 자연의 일부라고 말할 따름이다. 인간을 포함해 자연 속의 모든 개체는 다른 개체들과 어떤 관계를 맺느냐에 따라 전혀 다른 존재 양상을 갖게 된다. 더 유능한 개체가 되거나 더 무능력한 개체가 되기도 하며, 생존하느냐 마느냐의 여부가 결정되기도 한다. 심지어 이전과는 전혀 다른 개체로 변화하기도 한다. 따라서 스피노자의 윤리학은 개체들 간의 관계에 대한 존재론적이고 자연학적인 분석이자, 하나의 개체가 자신과 다른 개체들과 어떤 관계를 맺어야 하는가에 대한 규범들을 만들어내는 것이기도 하다.

하지만 인간의 삶에는 이러한 개체들이 맺는 관계의 질서를 왜곡하는 일들이 존재한다. 스피노자는 미신적 편견과 그것을 악용하는 정치권력을 그 주범으로 지목했다. 온갖 종류의 미신적 편견들, 그리고 대중의 약점을 이용해 통치자를 숭배하도록 만드는 정치권력은 사람들에게 노예의 삶을 강요하고 있다. 스피노자는 삶을 무능력하게 만들고 인간의 자유로운 삶을 가로막는 것에 대해 맞서고자 했다. 그는 노예의 삶으로부터 벗어나 자유로운 인간들이 만들어가는 새로운 사회체를 꿈꾸었다. 그리고 이를 위한 삶의 '윤리학'을 제시하고자 하는 것이 『에티카』의 주된 의도라고 할 수 있다.

우리는 무수한 기하학적 정의와 증명으로 가득한 그의 책에 어째서 '윤리학'이라는 제목이 붙여졌는지 충분히 짐작할 수 있다. 『에티카』에서 다뤄지는 전통적인 신 개념에 대한 비판은 신과 세계의 관계에 대한 사람들의 사고가 전도顚倒되어 있을 뿐만 아니라 사람들의 미신적인 태도와 결부되어 있다는 점을 보여준다. 또한 인간의 정신과 신체, 정서에 대한 기하학적인 분석은 인간이 얼마나 쉽게 정념에 예속되는 존재인지를 보여준다. 나아가 스피노자는 이러한 분석을 바탕으로 인간이 불리한 조건에서 출발하지만 어떻게 진정한 자유에 도달할 수 있는지 개인에서부터 사회, 정치적인 수준에 이르기까지 구체적인 방안들을 제시하고자 한다.

이를 위해 그가 던지는 질문은 다음과 같다. 우리는 어떻게 미신과 편견으로부터 자유로울 수 있으며, 또한 노예의 삶으로부터 벗어나 자유롭고 풍요로운 삶을 살아갈 수 있는가? 사람들은 어째서 쉽게 정념에 사로잡히는가? 그리고 어떻게 신에 대한 참된 인식에 이를 수 있는가? 나아가 어째서 인간의 최고 기쁨은 신을 인식하는 데 있는 것인가?

스피노자의 이러한 문제의식은 비단 철학적인 주제에만 국한시킬 수 없었다. 그는 이를 위한 삶의 규칙들이 개인에게만이 아니라 사회체를 구성하는 데에도 적용되어야 한다고 보았다. "인간에게는 교제하며, 그들 모두를 하나로 만들기에 가장 알맞은 유대를 결속하는 것, 절대적으로 말해서, 우정의 강화에 도움이 되는 행위가 무엇보다도 유익하다."(『에티카』 5부 부록 7) 그리고 이로부터 『에티카』는 자유롭고 풍요로운 삶을 위한 정치학으로 새롭게 태어나며, 또한 그의 이러한 정치학은 다시금 신에 대한 참된 인식에 도달하는 인간의 지성적 능력에 대한 철학으로 나아가게 된다.

3장 신체 없는 정신과 정신 있는 신체
　　: 신체 없는 정신은 자유로운가?

흔히 인간에게는 다른 동물들이 갖지 못하는 이성이 있으며, 이로부터 동물들과는 구별되는 인간만의 우월함이 있다고 여겨지곤 한다. 언어를 사용하며 도구를 만드는 능력은 다른 동물들이 가질 수 없는 인간만의 우수한 능력이 아닌가? 하지만 스피노자라면 이에 대해 인간이 여타 동물들과는 '다른' 능력을 가졌음을 의미할 따름이지, 그 자체로 어떤 우위를 갖지 않는다고 말할 것이다. 인간이 고래처럼 바다 속에서 살 수 없다고 해서 그것을 인간이 열등한 이유로 여기지 않는 것처럼 말이다.

앞에서도 살펴봤지만, 스피노자는 인간에게 그 어떤 특권적인 지위도 부여하지 않았다. 그에게서 인간이 만물의 영장이라든가, 다른 자연 만물로부터 구분되는 우월한 존재라는 생각은 찾아볼 수 없다. 모든 자연 만물은 신의 능력이 각기 다른 방식으로 표현된 양태일 뿐이며, 인간만이 유독 특권적일 이유는 전혀 제시되지 않는다.

신체와 정신의 관계에 대한 서구의 오랜 전통적 사고는 신체에 대한 정신의 우위를 강조하는 것이었다. 어리석고 무절제한 신체는 우수하고 영리한 정신에 의해 지배되어야 한다는 것. 인간을 진정으로 '인간이게' 해주는 것은 신체가 아니라 정신이라는 것이다. 하지만 스피노자는 기존의 이러한 전통적인 사고에 대해 강력하게 의문을 던지고 있다. 어째서 정신이 신체보다 우월하단 말인가?

1. 신체 없는 정신은 자유로운가?

스피노자가 거듭 지적하는 바는 인간이 자연 속에서 결코 예외적 존재가 아니라는 점이다. 인간의 정신을 신체보다 우월하다고 여기는 태도 역시 인간을 자연 만물에 대해 특권적이고 예외적인 존재로 간주하는 데서 기인한다. 신이 자연에 대해 우월한 지위를 점하는 것과 마찬가지로, 인간은 자신들도 자연 만물에 대해 우월한 지위를 점한다고 생각했다. 인간의 신체와 정신의 관계도 이와 다르지 않다. 인간의 신체만 보자면 자연 만물과 차이 나지 않는다. 인간의 정신은 신체에 명령을 내리고 조종한다. 인간이 자연 만물에 대해 우월한 지위에 놓여 있는 것처럼, 정신은 신체보다 우월한 지위에 놓여 있다는 것이다.

인간의 자유의지에 대한 사람들의 생각도 이와 다르지 않다. 그들은 인간의 자유의지를 어디에도 속박되지 않는 무한한 것으로 간주한다. 신체는 유한하며 다른 많은 것에 속박되어 있지만, 의지는 이와 달리 상상의 나래를 마음껏 펼칠 수 있는 것이다. 데카르트는 이러한 인간의 자유의지야말로 신이 지닌 완전함과 다르지 않다고 추켜세웠다. 이것이야말로 다른 동물들과 구별되는, 신의 형상을 닮은 인간만의 우월한 특성이라는 것이다.

한편 스피노자는 이러한 통념에 대해 강력하게 비판한다. 인간에 대한 온갖 편견과 오류는 인간을 자연의 일부가 아닌 특권적이고 예외적인 존재로 간주하는 데서 기인한다. "사실 그들은 자연 안에 있는 인간을 국가 속의 국가로 파악하는 것처럼 보인다. 왜냐하면 인간이 자연 질서를 따르기보다는 어지럽히고, 자신의 활동에 대한 절대적 능력을 지니며, 자신에 의해서만 규정된다고 믿기 때문이다."(『에티카』 3부 서문) 인간은 결코 '국가 속의 국가'가 아니다. 인간의 신체가 자연법칙의 지배 아래 놓이듯이, 인간의 정신 또한 자연법칙의 지배 아래 놓여 있다는 것이다.

인간의 신체와 정신을 구분하고 신체에 대한 정신의 우위를 말하는 것은 실로 서구의 오랜 전통이라 할 수 있다. 고대의 세계관에 의하면, 하늘은 영원한 존재들이 살아가는 곳이며 땅은 유한하고 소멸될 존재들이 살아가는 곳이다. 육체는 언젠가 땅에 묻히지만, 영혼은 하늘로 올라가 영원히 살게 된다. 육체는 소멸될 수밖에 없는 유한한 존재이지만, 영혼은 영원한 존재이며 불멸한다는 것이다. 그래서 인간의 육체는 열등하고 유한한 것으로, 반면 인간의 영혼은 좀더 고귀하고 영원한 것으로 받아들여졌다.

고대 철학자들에게서도 이러한 생각을 충분히 엿볼 수 있다. 플라톤은 인간의 영혼이 원래 이데아의 세계에 속하는 것이라고 보았다. 이 영혼이 지상에 내려와서 육체 안에 잠시 갇히게 된 것일 뿐이다. 여기서 인간의 영혼은 인간의 육체를 통제하고 명령하는 역할을 맡는다. 즉 인간의 육체가 배船라면, 영혼은 배를 조종하는 선장과도 같다. 즉 육체는 영혼이 이끄는 대로 움직이게 된다는 것이다. 육체란 영혼의 그림자에 불과하다. 그에게는 육체야말로 인간으로 하여금 온갖 욕정과 근심으로 가득 채우게 만드는 주범이었다. 육체의 모든 감각기관은 사람들에게 헛된 욕망을 불어넣는다. 하지만 인간의 영혼은 육체의 이러한 유한성을 극복하고 참된 진리의 세계로 이끄는 인도자라 할 수 있다. 영혼이야말로 인간을 진정 '인간답게' 만들어줄 수 있다. 이 영혼은 육체와 같이 사멸하지 않는다. 인간이 죽게 될 때 영혼은 비로소 육체의 감옥에서 벗어나게 되며, 다시금 영원한 이데아의 세계로 귀환한다는 것이다.

중세의 기독교는 플라톤의 이러한 사고를 폭넓게 수용했다. 아우구스티누스 역시 인간이 육체와 영혼으로 이루어져 있다고 생각했다. 인간의 육체는 언젠가 사멸하고 우리로 하여금 죄를 짓게 만들지만, 영혼은 신의 은총을 입어 영원히 살아가게 될 존재라는 것이다. 여기서도 영혼은 육체를 지배하는 이성적 실체로 규정되며, 육체를 수단이나 도구로 사용하고 있다. 인간과 다른 동물을 구분 짓는 것은 영혼의 유무에 있다. 그는 동물에게 영혼이 존재하지 않는다고 보았다. 그들에게는 이성적인 능력을 갖는 영혼이 없고, 단지 감각하는 능력만을 지닌 혼spirit이 있을 뿐이다. 동물들은 육체가 사멸할 때 그들의 혼까지 함께 사멸한다. 반면 인간에게는 불멸하는 영혼이 있으며, 영혼이 갖는 이성적 능력은 인간만이 가질 수 있는 특권이다.

우리는 여기서 다음과 같은 질문을 던져야 한다. 위의 주장들은 어쩌면 인간만이 다른 자연 만물보다 우월하다는 생각에서 고안해낸 발상이 아닐까? 모든 동물과 마찬가지로 인간은 유한한 육체를 갖고 있다. 인간을 동물로부터 구분해주는 것은 바로 정신이었다. 그리고 인간은 이성적 능력을 부여해주는 영혼을 통해서 불멸한다. 그렇지만 여기서 우리가 정신이 신체보다 우위에 있는 것은 아니라고 본다면, 인간이 다른 동물보다 월등하다고 여길 어떤 근거도 찾을 수 없게 되지 않을까?

스피노자가 인간의 정신이 신체보다 우위에 있다는 견해를 비판했을 때, 사람들은 그의 주장이 인간의 지위를 크게 손상시키는 것으로 받아들였다. (물론 훨씬 나중의 일이지만, 인간이 다른 동물들과 마찬가지로 진화의 결과로 인해 최근에 출현한 존재

라는, 즉 인간은 원숭이의 후손이라는 다윈의 주장 역시 마찬가지
의 반응을 얻었던 사실을 기억하자.) 스피노자와 동시대를 살았
던 데카르트는 전통적인 입장에 서 있었다. 그는 인간의 영혼
을 이성적인 능력으로 규정하고, 인간의 신체는 이성의 명령
에 따라 지배되어야 한다고 보았던 것이다.

데 카 르 트 가 보 는 신 체 와 정 신

데카르트 또한 인간의 정신과 신체에 대한 전통적인 견해를
확신하고 있었다. 그가 말했던 "나는 생각한다. 그러므로 존
재한다"는 명제에서 '생각하는 나'는 다름 아닌 인간의 '정
신'을 의미했다. 그로서는 인간의 정신이 신체보다 우선한다
는 것은 추호도 의심할 수 없는 명백한 사실이었다. 그의 유명
한 '방법적 회의'가 여기에 적용된다. 어떠한 의심에도 불구
하고 결코 의심될 수 없는 사실은 무엇인가? 그것은 바로 인
간의 '정신'이 존재한다는 것이었다.
　무엇보다도 데카르트에게 인간의 정신은 독립적인 실체여야
했다. 여기서 인간의 신체는 정신과 혼동되어서는 안 된다. 따
라서 그는 신체를 정신과는 독립하여 존재하는 실체로 규정
한다. 그는 이를 사유의 속성에 해당되는 실체(정신)와 연장의
속성에 해당되는 실체(신체)로 말하고 있다. 즉, 인간은 정신과

신체로 이루어진 존재다.

여기서 흥미로운 사실은 데카르트가 실체를 '스스로 존재하는 것'으로 보면서도, 신체라는 실체는 매우 불완전한 존재로 보았다는 점이다. 그는 인간의 신체가 무수한 것들로 합성되어 있으며, 또한 무수하게 분할될 수 있다고 말한다. 또한 신체는 변화하며 언젠가는 소멸한다. 반면에 정신은 그렇지 않다. 정신은 결코 분할될 수 없으며 단일하다. 만약 인간의 영혼이 분할되어 여럿으로 나뉜다면, 과연 영혼의 어떤 일부분만이 신으로부터 구원을 받는단 말인가? 그렇다면 우리가 어떻게 인간의 영혼이 불멸한다고 말할 수 있겠는가? 데카르트에게서 그런 일은 도저히 상상할 수도, 있을 수도 없는 것이었다.

그래서 데카르트는 인간의 정신이 단일하며 신체보다 완전하다고 말하고 있다. (하지만 데카르트의 이러한 주장은 나중에 스피노자에게 조목조목 비판을 받는다. 스피노자는 인간의 정신이 신체와 마찬가지로 다양한 것으로 합성되어 있다고 말한다. 이러한 생각은 무의식 개념과도 관련지어 생각해볼 수 있다. 이는 뒤에 가서 살펴보기로 하자.) 데카르트로서는 인간의 정신, 즉 '생각하는 나'가 가장 확실한 것이어야 했다.

데카르트는 '생각하는 나'의 확실성을 신의 존재와 결부시켜 증명하고자 했다. 우리는 우리 자신이 생각하는 것이 확실하다는 것을 어떻게 증명할 수 있을까? 예를 들어 '생각하는 나'가 속임을 당하고 있다고 치자. 그럼에도 속임을 당하고 있는 '나'는 여전히 존재한다. 그렇지 않으면 결코 '나'는 속을 수가 없는 것이다. 따라서 '생각하는 나'는 존재할 수밖에 없다. 뿐만 아니라 '나'에게는 '가장 완전한 존재'에 대한 관념이 있다. 이러한 관념은 '나'보다 더 완전한 '신'에 의해 부여된 것이지, 내 자신이 임의로 만들어낸 것일 수 없다. 나는 완전한 존재가 아닌데, 불완전한 존재로부터 완전한 존재에 대한 관념이 나올 수 없기 때문이다. 완전한 존재에 대한 관념은 완전한 존재인 신으로부터 주어진 것일 수밖에 없다. 따라서 '가장 완전한 존재'인 신은 존재하며, 신은 '생각하는 나'에게 이성의 확실성을 보증해준다. 결국 어떠한 의심에도 의심될 수 없는 것은 '생각하는 나'의 존재였고, 우리는 더 이상 아무런 의혹을 가질 필요 없이 마음 놓고 이성을 사용할 수 있는 것이다.

그렇다면 정신과는 다른 연장된 실체, 즉 신체나 다른 물체들은 어떠할까? 데카르트는 그것들이 항상 변화하고 언젠가 소멸할 수밖에 없으며, 무수한 것들로 합성되어 있다고 말한다. 따라서 그것들은 인간의 정신과는 달리 불완전할 수밖에 없다. 인간의 신체를 예로 들어보자. 인간의 신체는 다양한 감각기관을 가지고 있으며, 이로부터 온갖 종류의 정념passion이 발생한다. 이는 인간의 신체가 갖고 있는 동물적인 정기spirit가 작용하는 것으로, 이들은 쉽게 통제되지도 않으며 매우 격정적인 성질을 지니고 있다. 그리고 언젠가 그것들은 땅에 묻혀 소멸될 운명에 놓여 있다. 이처럼 인간의 신체는 불완전하기 그지없는 존재다.

데카르트는 인간의 신체나 동물, 여타의 모든 자연 만물을 '기계'라고 부른다. 그것들은 단지 신의 의지에 따라서 움직여지는 일종의 '자동기계automaton'라는 것이다. 시계를 예로 들어보자. 시계는 스스로 움직이도록 명령하는 어떠한 독립적인 정신도 갖고 있지 않다. 하지만 우리가 시간에 맞춰 태엽을 감아주면, 스스로 정확하게 시간을 헤아리고 때를 측정할 수 있도록 해준다. 데카르트는 세상의 다른 모든 자연 만물도 이와 같이 움직인다고 여겼다. 즉, 신이 태엽을 감아주듯, 세상은 신의 의지에 따라 움직이는 기계들이다.

인간의 신체나 여타의 모든 동물도 이와 다르지 않다. 데카르트는 동물에게 어떠한 의지나 정신도 존재하지 않는다고 보았다. 동물들은 기관의 배치에 따라 작동하는 기계일 뿐이다. 동물의 내장기관에서 이루어지는 각종 신진대사활동이나 각종 감각기

관들을 보면, 그것은 시계와 같이 정확하게 맞춰져 움직이고 있지 않은가? 인간의 신체도 마찬가지다. 그것은 바로 인간의 이성의 명령에 따라 움직이는 자동기계다. 정신이 신체에게 밥을 먹으라고 명령하면, 신체는 수저를 들고 밥을 먹기 시작한다. 앉으라고 명령하면 앉고 누우라면 눕는 것이다.

그러면 무엇으로 인간과 동물을 구분할 수 있는가? 그것은 바로 이성의 유무에 있다. 동물들은 아무런 정신이나 이성을 갖고 있지 않으므로 어떠한 감정도 느낄 수 없다. 그들은 단순한 기계에 불과한 존재다. 하지만 인간에게는 정신이 있으며, 다른 무엇보다도 인간은 이성을 소유한 존재다. 그러므로 인간은 동물들과 달리 자유의지에 따라 자신의 행동을 선택하고 결단한다. 인간에게 이성이 없다면 우리에게는 인간과 동물을 구별할 수단이 전혀 없는 것이다.

결국 데카르트는 인간을 '인간이게' 하는 결정적인 근거를 바로 정신에서, 그것도 인간의 정신 안에 들어 있는 '이성'에서 발견한다. 이성이 없는 인간은 인간일 수 없고, 단지 겉모양만 인간과 닮은 동물에 불과한 것이다. (그렇다면 데카르트에게는 혼수상태에 놓여 있는 사람이나 식물인간, 무뇌아 등은 더 이상 인간이라는 범주에 속하지 않는 동물에 불과하게 된다. 우리는 그들을 대체 무엇이라고 불러야 하는 걸까?)

하지만 데카르트의 이러한 정신과 신체의 '이원론'은 그다지 성공을 거두지 못했다. 그의 제자들은 인간의 정신이 어떻게 신체를 지배하는지 해명하고자 두고두고 골머리를 앓았지만 좀처럼 해결이 나지 않았다. 여기서 데카르트가 남긴 문제를 간략히 정리하면 다음과 같다. 데카르트의 주장대로 인간에게 정신과 신체라는 각기 독립된 두 실체가 있다고 치자. 정신이 신체를 지배할 수 있다면, 이는 어떻게 가능한가? 적어도 이 두 실체 사이에 어떤 연결점이 있어야 하지 않는가? 그렇다면 우선 정신과 신체가 어떻게 일치하는지 입증하는 일이 급선무가 될 것이다.

만약 정신과 신체라는 각기 독립적인 두 실체가 일치하지 못한다면, 인간은 마치 무관한 두 개체가 공생하는 '지킬 박사와 하이드'처럼 될 수밖에 없다. 인간은 이 가운데 어느 것이 과연 자기 자신인지 알 수 없게 되며, 정신과 신체는 동시에 제각기 활동함에 따라 통제 불능의 상태로 빠질 수밖에 없다. 적어도 정신과 신체가 서로 명령을 주고받으려면 그들을 일치시킬 어떤 공통적인 것을 가지고 있어야 하는 것이다.

여기서 데카르트는 인간에게 무언가 공통된 게 있으리라고 가정했다. 그것은 인간의 뇌에 자리하는 '송과선pineal gland'이라는 존재였다. 데카르트는 인간 신체의 모든 동물적인 정기가 이 송과선을 통해서 인간의 정신에 전해질 것이라고 보았다. 그리고 정신은 이를 이성의 통제를 거쳐 다시금 신체로 되돌려 내보낸다는 것이다. 그렇게 하여 데카르트는 인간의 정신이 신체의 모든 정념을 지배할 수 있으리라고 여겼다.

하지만 아쉽게도 그가 말한 송과선의 기능은 오늘날까지 입증된 바 없다. 설령 그것이 입증되더라도 문제는 고스란히 남는다. 데카르트는 우선 이 송과선이라는 존재가 정신에 속하는지, 혹은 신체에 속하는지 해명해야만 한다. 그리고 그가 이 둘 가운데 어느 것을 선택하든지 문제는 원점으로 되돌아오게 된다. 정신은 어떻게 신체를 지배할 수 있는가?

신 체 와 정 신 은 평 행 하 다

여기서 데카르트가 가져온 난점은 좀더 중요한 문제를 일으킨다. 정신과 신체가 두 개의 독립된 실체라면, 인식하는 '주체'(정신)와 인식의 '객체'(신체)가 분리되어 있음을 뜻하기 때문이다. 정신과 신체가 일치한다는 것을 보여줄 수 없었던 데카르트는 이 문제에서도 동일한 어려움에 봉착한다. 주체와 객체, 관념과 대상은 어떻게 서로를 보증하는가? 정신 안에 갖

는 '사과'라는 관념과 실제로도 존재하는 '사과'가 일치한다
는 것을 어떻게 검증할 수 있는가? 만일 관념과 대상이 일치
되지 않는다면, 우리는 그 어느 것에 대해서도 참과 거짓을
판단할 수 없게 되는 것이다.

데카르트는 이로부터 결국 정신과 신체가 아닌, 제3의 초월
적 근거를 개입시킬 수밖에 없었다. 이제 그는 신에게 긴급 구
조 요청을 하게 된다. 신은 인간을 자신의 형상을 따라 지으
셨고, 인간에게는 신으로부터 부여받은 이성적 능력이 있다.
신이 최고로 완전한 존재라면, 신이 인간에게 부여한 이성이
야말로 가장 확실한 것이 아니겠는가? 최고로 완전한 존재인
신은 결코 인간이 기만당하도록 내버려두지 않을 것이다. 결
국 그의 논리적 난점을 일거에 해결해주기 위해 신의 존재가
'요청'되기에 이른 것이다.

지금부터 살펴보게 될 스피노자의 '평행론'은 데카르트의
이러한 난점으로부터 완전히 벗어나 있다. 그는 관념과 대상
을 일치시킬 필요가 전혀 없었고, 제3의 초월적 근거를 개입
시킬 필요도 없었다. 인간의 정신과 신체는 애초부터 동일한
존재의 두 가지 표현, 즉 동일한 존재가 연장과 사유라는 두
가지 속성으로 표현된 것이기 때문이다.

스피노자는 데카르트처럼 인간에게 사유와 연장이라는 두
가지 속성이 있다고 보았다. 하지만 데카르트가 정신과 신체
를 두 가지 독립된 실체로 본 것과는 달리, 스피노자에게서

인간의 정신과 신체는 두 가지 속성으로 표현된 양태를 의미했다. 따라서 스피노자에게는 정신과 신체 가운데 어느 하나가 다른 하나보다 우월하지 않다. 인간의 정신과 신체는 동등하며 평행하다. 이것이 스피노자의 그 유명한 '평행론'이다.

우선 여기서 말하는 '평행'이라는 단어에서 두 개의 철로 같은 것을 떠올리지 말기 바란다. 각각의 속성은 평행하여 영원히 만날 수 없는 운명에 놓여 있다는 식으로 이해하지는 말라는 것이다. 오히려 스피노자의 평행론이 강조하려는 것은 모든 속성의 동등성이다. 신은 무한한 속성들로 자신을 표현하며, 각각의 속성은 동일한 존재의 서로 다른 표현이다. 그리고 이러한 속성들은 제각기 질적으로 다르며, 그것들은 또한 지위상 동등하다는 것이다.

> 따라서 사유하는 실체와 연장된 실체는 동일한 실체이며, 그것은 때로는 이런 속성으로 그리고 때로는 저런 속성으로 파악된다. 또한 연장의 양태와 이 양태의 관념은 동일한 것이며, 그것은 단지 두 가지 방식으로 표현되어 있을 뿐이다.(『에티카』 2부 정리 7 주석)

예를 들어 우리가 어떤 밧줄을 갖고 있다고 가정해보자. 누군가 이에 대해 '이 밧줄의 길이는 10미터다'라고 말하고, 또 다른 사람은 '이 밧줄의 무게는 10킬로그램이다'라고 말하고 있다. 이때 우리는 두 사람이 동일한 밧줄에 대해 서로 다른 방식으로 설명하고 있음을 알 수 있다. 즉 두 사람이 무엇에 대해 말하든, 그들이 동일한 밧줄을 가리킨다는 것을 알 수 있다. 마찬가지로 스피노자가 인간의 정신과 신체를 말할 때, 그것은 동일한 존재에 대해 두 가지 방식으로 표현한 것이다. 따라서 정신과 신체는 처음부터 분리되지 않고 일치될 수밖에 없다.

여기서 우리는 '10미터'와 '10킬로그램' 가운데 어느 것이 더 우월한지 말할 수 없다. 그것들은 단지 동일한 것에 대해 서로 다른 방식(길이와 무게)으로 말한 것일 뿐이기 때문이다. 마찬가지로 우리는 인간의 정신과 신체 가운데 어느 것이 더 우월한지에 대해 말할 수 없다. 그것은 동일한 존재가 서로 다른 방식(사유와 연장)으로 표현된 것일 뿐이기 때문이다.

따라서 스피노자로서는 데카르트처럼 '관념'과 '대상'을 일치시킬 필요가 전혀 없었다. 우리가 뜨거운 물에 손을 담갔을 때 뜨겁다고 느끼는 것은 손이지 손에 대한 관념이 아니다. 마찬가지로 뜨거운 물에 대한 관념은 결코 뜨겁지 않으며 손을 담글 수도 없는 것이다. '관념'과 '대상'은 서로 다른 속성의 양태이기 때문이다. 스피노자의 말대로 원이라는 관념은 둥글지 않으며, 설탕이라는 관념은 달지 않다. 이처럼 스피노자는 관념을 사물에 대응하여 일치시키거나, 사물을 관념에 대응하여 일치시키는 것 모두를 거부한다.

이는 애초부터 동일한 것에 대한 서로 다른 방식의 표현이므로, 이들은 하나의 동일한 질서와 연결에 따라 진행된다. 그래서 스피노자는 "관념의 질서와 연결은 사물의 질서와 연결과 동일하다"(『에티카』 2부 정리 7)고 말했던 것이다. 우리 정신이 갖는 관념은 우리 신체에 일어난 변용에 대한 관념이므로 서로 일치할 수밖에 없다. 우리가 자신의 신체, 자신의 정신을 인식하게 되는 것은 이러한 관념들을 통해서다. 신체와 정신이 서로에게 작용하는 것이 아니다. 우리 신체에 일어나는 변용에 따라, 즉 신체의 변용에 상응하여 정신은 이에 대한 관념을 갖는 것이다. 손이 뜨겁다고 느끼게 된 원인은 뜨거운 물이며, 손이 뜨겁다는 관념의 원인은 뜨거운 물에 대한 관념이다. 9.11 사태에서 빌딩 붕괴의 원인이 비행기라면, 빌딩 붕괴에 대한 관념의 원인은 비행기에 대한 관념이다. 사물들은 자신의 질서와 연결에 따라 이어지며, 관념들도 역시 자신의 질서와 연결에 따라 이어진다. 이 모든 질서는 각각의 속성에 따라 서로 다른 방식으로 진행되지만, 사실 그것들은 동일한 존재의 표현이므로 여기에는 하나의 단일한 질서만 있을 뿐이다.

따라서 스피노자의 평행론은 데카르트가 처했던 어려움으로부터 완전히 자유롭게 벗어나도록 해준다. 그는 데카르트처럼 무리하게 제3의 초월적 근거를 필요로 하지 않았다. 데카르트라면 신체는 자연의 질서를 따르고 정신은 신적인 질서를 따른다고 했겠지만, 스피노자에게는 유독 정신만이 그러한 신적인 질서에 의해 초월적으로 보증될 이유가 없었던 것이다. 이미 신은 각각의 속성을 통해 자신을 표현하며, 각각의 속성 안에서 자신을 표현하는 '내재적' 원인이기 때문이다. 따라서 신체만이 아니라 정신 또한 동일한 하나의 질서, 즉 자연의 질서를 따르는 것이다.

인 간 이 라 는   이 름 의   '공 동 체'

우리는 흔히 정신과 신체가 '반비례' 관계에 놓인 것처럼 여기곤 한다. 정신적으로 뛰어난 사람은 상대적으로 신체적 능력이 뒤떨어지고, 반대로 신체적으로 뛰어난 사람은 정신적 능력이 뒤떨어지리라는 것이다. 이를테면 철학자라면 당연히 운동 능력이 뒤떨어질 것이며, 운동선수라면 철학적으로 사유하는 능력이 뒤떨어질 것이라고 본다. 데카르트라면 이러한 생각에 크게 공감했을 것이다. 데카르트에게 있어 정신은 능동적이지만 신체는 수동적이다. 따라서 그는 신체가 정신에 의해 지배되어야 한다고 보았다. 하지만 정신과 신체가 평행하다고 여긴 스피노자는 이런 통념에 대해 결코 동의할 수 없었다. 그에게서 정신과 신체는 동등하게 존재하므로 이들은 반비례 관계에 놓여 있지 않다. 정신이 능동적일수록 그의 신체 또한 능동적이게 되며, 신체가 능동적일수록 그의 정신 또한 능동적이게 된다.

즉 어떤 신체가 동시에 많은 작용을 하거나 많은 작용을 받는 데 다른 신체보다 유능하면 유능할수록, 그것의 정신 역시 동시에 지각하는 데 다른 정신보다 더 유능하다. 그리고 어떤 신체의 활동이 그 신체에만 의존하는 것이 많고 다른 신체들(또는 사물들)과 함께 활동하는 것이 적으면 적을수록, 그것의 정신은 뚜렷하게 인식하는 데 그만큼 더 유능하다.(『에티카』 2부 정리 13 주석)

이와 비슷한 사례는 우리의 일상적인 경험을 통해서도 쉽게 확인된다. 우리가 부상을 입어 병원에 입원하게 된다면, 우리는 자신의 신체만이 아니라 마음까지도 무겁고 우울해지는 것을 경험한다. 반대로 늘 슬프고 괴로운 생각을 하게 될 때 그의 신체 역시 무기력한 상태에 처한다. 의기소침하고 우울한 사람에게는 정신적인 도움만이 아니라 적절한 운동과 좋은 식사가 필요하다. 신체가 병든 환자에게는 물리적인 치료만이 아니라 정신적인 격려와 즐거움이 요구되는 것이다.

물론 신체적 능력이 뛰어난 운동선수가 철학자만큼 정신적인 능력을 지니지는 못한다. 반대로 정신적인 능력이 뛰어난 철학자가 운동선수만큼의 신체적 능력을 지니지는 못한다. 그렇다면 오히려 정신과 신체는 반비례 관계에 놓여 있다고 봐야 하지 않을까? 하지만 운동선수는 그의 신체적 능력에 부합하는 정신적 능력을 지니고 있어서, 자신의 신체적 변용에 따른 정신적 변용 능력을 지닌다. 따라서 철학자에게 운동선수와 같은 정신적 활동을 기대할 수 없는 것이다. 축구공이 날아올 때 철학자와 축구 선수가 갖는 변용의 관념은 전혀 다른 것이다. 마찬가지로 철학자도 그의 정신적 능력에 부합하는 신체적 능력을 지니고 있다. 학자의 신체적 구조와 운동선수의 신체적 구조는 다를 수밖에 없다. 운동선수에게 철학자와 같은 신체적 활동을 기대할 수 없는 것이다. 운동선수에게 철학자처럼 몇 시간이고 가만히 앉아서 책 읽고 글을 쓰라고 한다면, 책의 내용을 이해하기 어려운 것은 고사하고 좀이 쑤셔서 몇십 분 만에 자리에서 일어나고야 말 것이다. 이는 학자든 운동선수든 자신에게 고유한 신체적, 정신적 능력을 갖고 있다는 것을 의미한다. 데카르트의 생각처럼 인간의 정신만이 능동적일 수 있고 신체는 언제나 수동적인 것이 아니다. 오히려 인간의 정신은 신체 상태와 밀접하게 관련되어 있다.

경험은 신체가 활발하지 못할 경우 정신이 사유하는 데 적합하지 않다는 것을 가르쳐주지 않는가? 왜냐하면 신체가 잠들어 정지하고 있을 때, 정신도 동시에 신체와 함께 무의식 상태에 머물며, 깨어 있을 때처럼 사고하는 능력이 없기 때문이다. 그래서 정신이 동일한 대상에 대하여 사유하기에 항상 적합한 것이 아니라, 오히려 신체가 이 대상이나 저 대상의 이미지를 자신 안에 만들기에 적합함에 비례해서 정신도 이 대상이나 저 대상을 고찰하기에 적합하다는 것을, 모든 사람이 경험에 의해 알고 있으리라고 나는 믿는

다.(『에티카』 3부 정리 2 주석)

스피노자는 인간의 정신에 대해 알기 위해서는 인간의 신체에 대해 알 필요가 있다고 강조한다. "인간 정신이 어떻게 여느 정신과 다른지, 인간 정신이 어떻게 다른 정신보다 우월한지를 결정하기 위해서는 이미 말한 것처럼 그 대상의 본성을, 즉 인간 신체의 본성을 인식하는 일이 필요하다."(『에티카』 2부 정리 13 주석) 사람들은 인간의 신체가 단지 정신의 명령에 따라 움직이는 것으로만 여겨왔다. 하지만 이들은 '인간의 신체가 무엇을 할 수 있는지'에 대해 지금껏 아무것도 규정한 바가 없다.(『에티카』 3부 정리 2 주석) 따라서 스피노자는 인간의 신체가 어떻게 이루어져 있으며, 어떤 방식으로 작동하는지를 먼저 보여주고자 한다. 『에티카』 2부 정리 13에 있는 그의 설명 가운데 몇 가지를 옮겨본다.

요청 1. 인간의 신체는 각 부분이 매우 복잡한, 본성이 다른 매우 많은 개체로 합성되어 있다.
요청 3. 인간의 신체를 조직하는 개체, 즉 인간의 신체 자체는 외부의 사물로부터 극히 다양한 방식으로 자극받는다.
요청 4. 인간의 신체는 자신을 유지하기 위해서 대단히 많은 다른 사물들을 필요로 하며, 이들에 의하여 계속해서 재생된다.
요청 6. 인간의 신체는 외부의 사물을 많은 방식으로 움직일 수 있으며, 또한 많은 방식으로 정리할 수 있다.

    일단 여기서 우리에게 매우 생소하게 들리는 것은 인간의 신체가 본성이 서로 다른 무수한 개체들individuals로 이루어져 있다는 주장이다. 앞에서도 언급한 것처럼, 모든 개체는 다른 개체와의 합성으로 이루어진 복합적인 존재다. 인간 또한 하나의 단일한 본성만을 지닌 단일한 개체가 아니라, 무수히 다른 본성을 가진 개체들이 한데 모여 있는 합성된 개체라는 것이다.

    인간의 신체를 생각해보자. 이것을 이루는 장기들은 각기 독자적으로 활동하면서도 하나의 전체를 이루며 작동한다. 각각의 장기에 있어 인간이라는 개체는 전체가 되며, 각각의 장기는 인간 신체의 부분을 이루는 개체가 된다. 눈은 각막과 망막, 시신경에 하나의 전체가 되며, 각막과 망막, 시신경은 전체를 구성하는 개체들이다. 각각의 부분은 독자적으로 움직이면서도 전체와 보조를 맞춘다. 그 각각은 특정한 운동과 정지의 관계에 따라 자율적으로 움직이고 있는 것이다. 그래서 심장이나 폐 등의 장기들은 자율적으로 움직이면서도 신체 전체의 리듬에 맞춰 움직인다. 만약 심장이나 폐가 마음대로 멈추거나 느리게 움직인다면, 인간은 생명을 유지하기 어려울 것이다.

    또한 인간의 신체가 기존 운동과 정지의 비율을 일정하게 유지한다면 신체의 어떤 부분을 잃더라도 본성상 큰 변화를 겪지 않는다. 만약 누군가 사고를 당해서 손이나 발을 잃더라도 운동과 정지의 비율이 유지된다면 전보다는 온전하지 못하겠지만 어느 정도 예전의 삶으로 되돌아갈 수 있다. 반대로 독극물처럼 신체의 작은 변화로 인해 신체 전체의 운동과 정지의 비율이 바뀌게 된다면 그는 자신의 생명을 유지하지 못하고 죽음에 이르게 될 것이다.

때로 인간의 신체 일부분이 마치 다른 개체의 부분처럼 작용하여 문제를 일으키기도 한다. 들뢰즈는 이와 관련하여 우리에게 흥미로운 사례를 소개하고 있는데, 이른바 '자가면역증'이라고 부르는 질병이다. 인간의 신체는 면역 체계를 통해서 외부 신체의 침입에 대항하여 공격하고, 이를 통해 자신을 방어한다. 하지만 자가면역증은 우리 신체의 다른 부분들이 기존의 고유한 면역 체계를 저버리도록 유도한다. 즉, 자신의 신체를 다른 외부 신체로 인식하고 이를 공격하는 것이다. 류머티즘이나 루푸스, 베체트병 등이 대표적인 자가면역증이다.

개체들은 다른 개체들과의 관계(외적 원인)에 의존(연결)하면서 무한한 인과 계열을 형성한다. 개체들의 이합집산에 따라 인간을 이루는 개체들은 끊임없이 변화하며 자신의 존재를 유지하거나 상실하게 된다. 그런 점에서 인간은 무수히 많은 개체로 이루어진 하나의 '집합'이라고 할 수 있다. 각각의 개체 없이는 인간이라는 개체가 결코 존재하지 않는다. 우리가 '죽음'이라고 부르는 것은, 우리 신체가 새로운 관계 아래 놓임으로써 또 다른 개체로 '변용'되는 것을 의미할 따름이다.

그런 점에서 스피노자의 개체 개념을 좀더 확장시켜 이해하자면, 인간이라는 개체는 이미 하나의 공동체라고 할 수 있다. 개체는 이미 가장 단순한 물체 혹은 각기 다른 개체들의 합성으로 이루어진 공동체적 존재이기 때문이

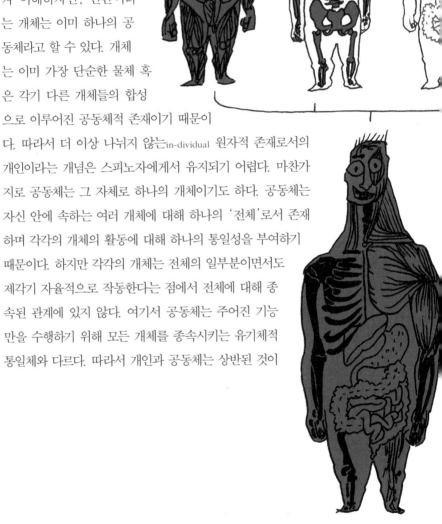

다. 따라서 더 이상 나뉘지 않는in-dividual 원자적 존재로서의 개인이라는 개념은 스피노자에게서 유지되기 어렵다. 마찬가지로 공동체는 그 자체로 하나의 개체이기도 하다. 공동체는 자신 안에 속하는 여러 개체에 대해 하나의 '전체'로서 존재하며 각각의 개체의 활동에 대해 하나의 통일성을 부여하기 때문이다. 하지만 각각의 개체는 전체의 일부분이면서도 제각기 자율적으로 작동한다는 점에서 전체에 대해 종속된 관계에 있지 않다. 여기서 공동체는 주어진 기능만을 수행하기 위해 모든 개체를 종속시키는 유기체적 통일체와 다르다. 따라서 개인과 공동체는 상반된 것이

아니다. 스피노자에게서 개인과 공동체에 대한 통념, 즉 결코 나뉠 수 없는 최소 단위로서의 개인이라는 개념과 이러한 개인들의 합으로 이루어진 통일체로서의 공동체라는 통념은 모두 뒤바뀌게 되었다.

영 혼 은   과 연   불 멸 하 는 가 ?

스피노자의 평행론은 신체와 정신이 동일한 질서와 연결을 갖는다는 것을 보여주었다. 인간의 신체를 구성하는 질서와 연결은 고스란히 인간 정신에 적용된다. 즉, 인간의 신체와 마찬가지로 인간의 정신도 본성이 다른 여러 관념의 집합으로 구성된다고 할 수 있다. 데카르트에게 있어 인간의 정신은 분할될 수 없는 것이어야 했다. 만약 인간의 정신이 신체와 마찬가지로 무수하게 분할될 수 있다면, 인간의 정신이 신체보다 우월하다고 말할 아무런 근거도 제시할 수 없게 되는 것이다. 어떻게 인간의 영혼이 분할된다고 상상조차 하겠는가! 정신이란 분할될 수 없는 단일한 존재라는 생각은 데카르트에게서 결코 양보할 수 없는 것이었다. 하지만 스피노자에게서 인간의 정신은 신체와는 별개의 초월적인 질서를 갖지 않는다. 정신은 신체와 마찬가지로 하나의 동일한 질서에 따라 작용하고 작용받는 것이다. 그러므로 인간의 정신은 신체와 마찬가지로 무수한 관념으로 이루어져 있다.

여기서 스피노자는 인간의 정신을 합성하는 관념이 무엇보다 신체 변용에 따라 형성된다는 점에 주목한다. 만약 우리가 신체를 잃게 된다면 그 어떤 관념도 가질 수 없다는 것은 지극히 당연하다. 다시 말해 죽은 사람은 아무 생각도 할 수 없는 것이다. 그리고 우리는 외부 사물에 대해서도 동일한 방식에 따라 그것을 파악한다. 즉 외부 사물이 우리 신체에 가한 자극에 따라 그에 대한 관념을 갖는 것이다. 그런 점에서 인간의 신체가 갖는 관념은 신체의 변용에 대한 관념이다.(『에티카』 2부 정리 19) 어떤 사물이 우리 신체에 아무런 영향을 줄 수 없다면, 우리는 그것에 대해 어떤 관념도 가질 수 없다. 그러므로 청각을 상실한 사람은 소리가 우리 신체에 가한 변용의 관념을 가질 수 없고, 시각을 잃은 사람 역시 색상이 가져다주는 신체 변용의 관념을 갖지 못한다. 이를테면 태어날 때부터 청각을 갖지 못한 사람에게 피아노 소리에 대한 글을 읽어주어도 아무런 관념을 가질 수 없고, 태어날 때부터 시각을 갖지 못한 사람에게 무지개 빛깔의 아름다움에 대해 말해줘도 아무런 관념을 가질 수 없는 것이다. "인간 정신을 합성하는 관념의 대상은 신체이거나, 또는 오직 현실적으로 존재하는 어떤 연장의 양태일 뿐이다."(『에티카』 2부 정리 13)

그렇다면 인간의 신체가 무수한 개체로 이루어져 있는 것처럼, 인간의 정신 역시 무수한 관념으로 이루어질 수밖에 없다. 왜냐하면 인간의 정신은 신체 변용에 대한 관념이기 때문이다. 예를 들어 동일한 하나의 얼음에 대해서도 신체는 여러 방식의 자극을 받게 된다. 눈에 자극된 얼음에 대한 관념과 손에 자극된 얼음에 대한 관념은 다르다. 하나는 얼음에 대해 맑고 투명한 사물로 파악된 관념이고, 다른 하나는 차갑고 딱딱한 사물로 파악된 관념이다. 이는 얼음이 인간 신체에 서로 다른 방식으로 자극되어 갖게 된 관념들인 것이다. 이처럼 인간은 신체의 변용에 따라 무수한 관념을 갖게 되며, 정신은 바로 이러한 관념들로 이루어진 '집합'이라 할 수 있다.

또한 하나의 관념도 그 자체로 존재하는 것이 아니라 무수한 관념의 합으로 존재한다는 것을 알 수 있다. 예를 들어 '집'이라는 관념은 그 집이 있는 장소에 대한 관념, 창문이나 주방·침실 등 집을 구성하는 요소들에 대한 관념, 그 집에 거주하는 사람들에 대한 관념, 그 집과 얽힌 여러 추억에 대한 관념 등 무수한 관념의 합으로 이루어져 있는 것이다. 따라서 인간의 정신을 이루는 관념들 또한 무한한

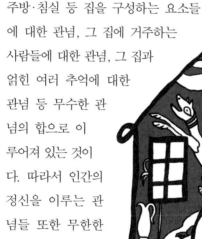

관념들로 합성된 것이라 할 수 있다.

여기서 우리는 어떤 당혹스러움을 느끼게 된다. 인간의 정신이 관념들의 집합에 불과하다니! 영혼의 불멸을 믿었던 데카르트가 스피노자의 이러한 주장을 들었다면 아연실색하지 않았을까? 스피노자의 주장대로라면, 인간의 영혼 역시 신체의 해체와 함께 해체될 뿐이다. 따라서 영혼은 결코 불멸하는 존재가 아니다. 불멸하는 존재가 있다면, 오직 신일 따름이다.

스피노자의 이런 주장을 '무의식'과 관련지어 생각해본다면 매우 흥미로운 지점들을 만날 수 있다. 인간에게는 자신도 의식하지 못하는 무수한 관념이 존재한다. 프로이트가 보여준 것처럼 평소에는 느끼지 못하지만, 우리는 최면이나 꿈, 각종 연상 작용을 통해서 무의식의 세계가 존재한다는 사실을 확인하게 된다. 꿈속에서는 스피노자와 승용차를 타고 드라이브를 할 수도 있고, 영화 속 등장인물들과 함께 식사를 할 수도 있다. 혹은 최면을 통해서 전혀 기억나지 않던 뺑소니 차량의 번호를 떠올려내 범인을 찾아내기도 한다. 우리는 따분한 모임에서 자신도 모르게 손을 만지작거리기도 하고, 웃음을 멈추려 할수록 더 웃음이 나와 곤혹스러운 상황에 처하기도 한다.

스피노자라면 '무의식'에 대해 인간의 신체가 본성이 다른 다양한 개체로 이루어져 있기 때문에 생겨난 것이라고 답할 것이다. 만약 손과 발이 어느 순간 무의식적으로 움직였다면,

그것은 그들이 제각기 다른 개체였기 때문에 가능하다. 꿈 역시 마찬가지다. 잠이 든다고 해서 인간의 정신 전체가 멈추지는 않는다. '의식'에 포함되지 않는 무의식은 여전히 깨어 있는 상태에서 신체의 여러 부분의 활동에 따라 다양한 방식으로 만들어지고 있는 것이다. 그렇다면 우리가 스피노자를 무의식의 철학자로 보는 것도 그리 무리는 아닐 듯싶다. 스피노자는 인간의 정신을 결코 '이성'이나 '의식'으로만 환원시킬 수 없다는 것, 그리고 그것은 매우 다양하고 풍부한 활동들로 이루어짐을 보여주었던 것이다.

허위 또는 거짓 관념이란 관념의 혼동에 불과하다

인간의 정신이 서로 다른 본성의 관념들로 구성되어 있다면, 우리는 어떻게 참된 인식에 도달할 수 있을까? 이를 데카르트의 방식으로 질문해보자. 우리가 아는 것은 과연 참인가, 거짓인가? 우리는 과연 진리에 대해 확실하게 인식할 수 있는가? 어떠한 의심에도 의심될 수 없는 확실한 것은 존재하는가? 하지만 스피노자는 이런 방식의 질문에 문제가 있다고 보았다. 어떠한 의심에도 의심될 수 없고 가장 확실한 것이란 어디까지나 '심리적'인 확실성에 불과하다. 또한 의심을 통해 무한히 거슬러 올라가야 한다면, 그렇게 의심하는 방법 역시 의심되지 않으면 안 된다. 의심될 수 있느냐의 여부에 따라서 구분하는 것은 충분하지 못하다는 것이다.

또한 '참된 관념'과 '거짓 관념'으로 구분하는 것만으로는 참된 인식을 제공해주지 못한다. 참과 거짓의 구별이란 실재적 구별이 아니라 다만 이성의 구별에 불과하기 때문이다. 즉, 우리의 정신 속에서 어떤 관념에 대해 인정하거나 거부하는 것일 따름이기 때문이다. 따라서 우리는 참된 관념을 실재적인 원인에 대해 설명하는 관념으로 만들어야 한다. "나는 이 한 가지 규칙, 곧 실재에 대한 관념이나 정의는 그것의 작용 원인을 표현해야 한다는 규칙을 따릅니다."(50번째 편지) 다시 말해 사물의 원인 혹은 내적 본질을 설명하는 '적합한 adequate' 관념으로 만들어야 한다는 것이다. 그러면 원인을 설명하는 관념, 적합한 관념이란 어떤 것일까?

우선 논리적으로만 보자면, 적합한 관념은 원인을 통해 설명되는 관념이다. 양태들의 존재 조건을 고려해야만 어떻게 적합한 관념을 형성할 수 있는지 그 방법이 파악 가능하다. 모든 유한한 양태는 무한한 외적 인과관계의 계열 속에 놓여 있으므로, 적합한 관념을 갖는다는 것은 양태를 이러한 인과관계의 질서에 따라 파악하는 것을 의미한다. 물론 인간은 신이 아니므로 이러한 인과관계의 질서 전체를 다 알지는 못한다. 하지만 무엇이 해당 양태의 원인으로 작용하는지는 인식할 수 있다.

적합한 관념은 사물의 발생적 원인을 설명하는 실재적 정의로 규정될 수 있다. 스피노자는 그것이 사물의 특성만을 지시하는 추상 개념이나 보편 개념과는 다르다고 설명한다. 이를테면 '원(圓)'에 대한 참된 관념, 혹은 적합한 관념은 어떤 것일까? 원에 대해 '중심으로부터 동일한 거리에 있는 점들의 집합'이라고 규정하는 것은 원에 대한 실재적 정의가 아니다. 그것은 어디까지나 원의 특성만을 지시하는 명목적인 개념에 불과하다. 이것만으로는 실제로 원을 만들 수 없다. 스피노자는 원의 정의를 이렇게 바꾸고 있다. '한 끝이 고정되고 다른 한 끝이 움직이는 선에 의해 그려지는 도형.' 원에 대한 명목적이고 추상적인 정의가 아니라 실재적이고 발생적인 정의. 이러한 실재적 정의는 어떤 주어진 결과에 대해 원인으로부터 설명될 수 있도록 한다. 이렇듯 원인을 통해 결과가 설명되는 관념이 바로 적합한 관념이라는 것이다.

우리가 지니고 있는 관념들의 대부분은 원인에 대한 인식이 아니라 결과들에 대한 인식이다. 자신이 받아들인 부분적인 결과를 거꾸로 원인으로 간주하는 것으로부터 부적합한 관념, 즉 오류가 생겨난다. 스피노자는 우리가 오류라고 부르는 것이 단지 관념들의 혼동에 불과하다고 말한다. 앞서 보았듯이, 인간은 자신의 신체에 자극받은 다양한 관념을 갖고 있다. 그러한 관념들 자체에는 아무런 오류가 없다. 우리가 다양한 관념 각각에 주의를 기울이지 않고 그것들을 한꺼번에 받아들이면서 매우 혼란스럽게 파악하게 되는 것이다. 그래서 무엇이 결과이고 원인인지 제대로 구별하지 못하는 상황이 되는 것이다.

그런 점에서 스피노자는 거짓 관념, 혹은 허위란 혼동된 관념에 불과하다고 설명한다. 이를테면 사람들은 해가 동쪽에서 뜬다는 관념을 갖고 있다. 하지만 엄밀하게 보면 이는 오류다. 태양이 지구 주위를 도는 것이 아니라 지구가 태양 주위를 돌면서 자전하기 때문이다. 그러나 태양이 동쪽에서 떠서 서쪽으로 지는 것으로 보인다는 사실만큼은 분명하다. 태양이 동쪽에서 뜨는 것처럼 보인 이유는 우리 신체에 그렇게 느껴졌기 때문이다. 그런 점에서 태양이 동쪽에서 떠서 서쪽으로 지는 것처럼 보인다는 사실 자체에는 아무런 허위도 포함되어 있지 않다. 단지 '해가 동쪽에서 뜬다'는 사실과 '지구가 태양 주위를 돈다'는 사실을 혼동하면서 "해가 동쪽에서 서쪽으로 지구 주위를 돈다"고 말하는 경우에만 오류를 범하게 되는 것이다. 즉, 두 관념 각각을 구분하지 않고 한꺼번에 받아들이면서 그것들을 혼동하는 데서 오류가 일어나게 된다.

'귀신'이라는 관념은 어떨까? 그것은 단지 허위인 관념에 불과한 것이 아닐까? 하지만 스피노자라면, 우리가 '귀신'을 상상하는 것 자체에는 어떠한 오류도 없다고 말할 것이다. 왜냐하면 귀신을 상상하게 만든 여러 원인이 있을 수 있기 때문이다. 억울한 죽음이나 음산한 폐가, 칠흑 같은 어둠이나 뜻

밖의 소리 등이 공포심을 유발하면서 귀신이 있을 것처럼 느끼는 것이다. 여기에 오류가 있을 수 있다면, 그것의 원인에 대한 관념을 결핍한 것을 의미한다. 즉, 우리가 '귀신'이 실존하지 않는다는 관념을 함께 갖지 못하고 그것을 실존하는 사물로 받아들일 경우에만 오류인 것이다. 따라서 오류는 '귀신'이 실제로 존재하지는 않는다는 관념을 갖지 못한 데 있을 뿐이지, '귀신'이라는 관념 자체에는 어떠한 오류도 없다.

> 즉 정신의 이미지는 그 자체로 보면 아무런 오류도 포함하지 않는다는 것, 또는 정신이 사물을 상상한다고 해서 오류를 범하는 것이 아니라 정신이 자신에게 실존하는 것으로 상상하는 것으로 상상하는 사물에 대해 그 실존을 배제하는 관념이 없다고 고찰될 때만 오류를 범한다는 것이다. 왜냐하면 만일 정신이 존재하지 않는 것을 실존하는 것으로 상상할 때, 그것과 동시에 그 사물이 실제로 존재하지 않는 것을 알았다면, 정신은 확실히 상상 능력을 자기 본성의 결점으로 돌리지 않고 도리어 장점으로 여겼을 것이기 때문이다.(『에티카』 2부 정리 17 주석)

그러므로 우리가 갖게 되는 관념에 대해 무턱대고 의심하거나 오류라고 여길 필요는 없다. 중요한 것은 우리가 각각의 관념이 발생한 원인을 아는 것이다. 스피노자가 말하는 '적합한' 관념이란 바로 그런 것이다. 원인에 대한 관념, 즉 그것이 발생한 원인을 설명해주는 관념을 갖는 것이다.

그렇다면 여기서 좀더 긴요한 질문은 우리가 사물을 어떤 방식으로 파악하며, 어떻게 그것의 원인을 인식할 수 있는가 하는 점에 있을 것이다. 앞서 말했듯이 인간의 신체는 사물을 다양한 방식으로 파악한다. 우리 눈에는 태양과 달의 크기가 비슷해 보이지만, 이는 다만 우리 눈에 그렇게 자극된 것일 뿐이다. 태양은 우리 눈에 200피트 정도 떨어져 있는 것처럼 보인다. 하지만 그렇게 보이는 자체는 아무런 오류가 아니다. 오히려 그것들을 그저 오류라고 한다면 우리는 그것의 원인에 대해 아무것도 알지 못하게 된다. 즉 우리로 하여금 그것의 참된 원인에 이르지 못하게 한다.

> 또한 우리는 태양을 볼 때, 태양이 여기서 약 200피트 떨어져 있다고 생각한다. 이 오류는 그러한 생각 자체에 있지 않고 우리가 태양을 상상할 때 태양의 참다운 거리와 함께 우리의 상상의 원인을 모르는 데서 성립한다. (…) 우리가 태양의 정확한 거리를 모르기 때문이 아니라, 우리 신체의 변용은 신체 자신이 태양의 자극을 받는 한에서 태양의 본질을 포함하고 있기 때문에 우리는 태양을 그처럼 가깝게 있다고 상상하는 것이다.(『에티카』 2부 정리 35 주석)

여기서 스피노자가 중요하게 취급하고 있는 것은 우리 신체가 사물을 지각하는 방식이다. 스피노자는 우리 신체에 가해진 외적 자극의 관념을 '이미지image'라고 부르고 있다. 앞서 살펴보았듯이, 인간의 신체에는 무수한 개체 간의 변용이 이루어질 뿐만 아니라 자신의 신체 밖에 있는 사물들에 의한 변용이 일어난다. 그리고 이러한 변용들은 신체에 '흔적'을 새기는데, 이러한 흔적들에 대한 관념이 바로 '이미지'라는 것이다.(『에티카』 2부 정리 17 주석)

이러한 이미지는 그것과 함께 형성한 다른 이미지와 관념의 연쇄로 이어지면서 일종의 '기억'을 만들어낸다. 스피노자는 기억을 "인간 신체 외부에 있는 사물의 본성을 포함하는 관념의 어떤 연결"(『에티카』 2부 정리 19 주석)이라고 설명한다. 그것은 외부 자극이 주어지는 우연적인 순서대로, 그리고 그 이미지와 동시에 발생한 다른 이미지도 함께 새겨지게 된다. 이를테면 우리가 떡볶이와 함께 습관적으로 어묵을 먹었다면, 나중에 떡볶이를 먹을 때 머릿속에서 저절로 어묵이 연상되는 것과 같은 이치다. 일장기가 게양될 때마다 '천황을 위해 충성을 다하겠다'는 맹세를 하게 한다면, 일장기는 언제나 천황에 대한 충성 맹세를 떠올리게 할 것이다. 이처럼 기억이 형성되는 과정에는 '반복적인 습관'이 결정적인 역할을 한다. 달리 말하면, 다수의 사람이 공유하는 기억은 그들이 살아온 반복적인 삶의 방식을 나타낸다고 할 수 있다.

모든 사람은 자신의 습관이 사물의 이미지를 신체 안에서 질서지어놓은 데 따라 하나의 사유에서 다른 사유로 옮겨갈 것이다. 예를 들어 군인은 모래밭의 발자국을 보고 곧장 말에 대한 사유에서 기사의 사유로, 그리고 이로부터 전쟁과 기타의 사유로 옮겨갈 것이다. 그러나 농부는 말의 사유에서 쟁기와 밭, 기타의 사유로 옮겨갈 것이다. 이처럼 모든 사람은 각자가 사물의 이미지를 다양한 방식으로 결합하고 연결하도록 습관화된 것에 의해 하나의 사유에서 이러저러한 사유로 옮겨갈 것이다.(『에티카』 2부 정리 19 주석)

이미지가 신체에 각인되는 양상은 제각기 다르다. 사고로 팔을 잃은 환자들을 보면, 이들은 곧잘 자신의 팔이 여전히 존재하는 것처럼 느끼면서 심지어 팔의 통증을 호소하기까지 한다. 이는 자신의 신체에 새겨진 팔의 흔적들에 의해 그런 가상의 통증을 느끼는 것이다. 시험 전날 밤새며 외웠던 각종 공식은 시험이 끝나면서 쉽게 잊히지만, 거의 매일 습관적으로 떠올려야 했던 구구단은 좀처럼 잊히지 않는다. 이들 모두가 자신의 신체에 그만큼 '깊게' 혹은 '얕게' 새겨진 흔적들인 것이다.

스피노자가 『에티카』 2부에서 구분하는 세 가지 종류의 인식 가운데 〈1종 인식〉이란 바로 이러한 '이미지'들을 가리킨다. 그것들은 개체 간에, 또는 외부 사물로부터의 외적 자극에 의해 생겨난 것이다. 그런 점에서 단순히 허위인 것은 아니지만 여전히 부적합한 관념에 머문다. 즉 외적 인과 계열에 대한 내적 인식이 아닌, 외적 자극에 대한 상상image에 불과하다. 그래서 스피노자는 부적합한 관념을 '전제 없는 결론'이라 일컫고 있다. 원인에 대한 인식은 없이 단지 결과만 받아들였다는 것이다. 이는 인간의 신체가 무수한 개체로 이루어져 있기 때문이며, 인간 정신의 본성상 불가피한 일인지도 모른다. 인간의 정신은 부적합한 관념을 지닐 수밖에 없는 것이다. "참된 또는 적합한 사고를 형성하는 것이 사유하는 존재의 본성에 속한다면, 우리가 사유하는 존재의 일부라는 것, 즉 어떤 사고는 온전히 우리 정신을 구성하는 반면, 다른 사고들은 오직 부분적으로 구성한다는 점에서만 우리 안에 부적합한 관념이 일어난다는 것은 확실하다."(『지성교정론』)

부적합한 관념에서 적합한 관념, 혹은 공통 개념으로

그렇다면 기억이나 이미지와 같은 혼동된 관념이 아닌, 적합한 관념을 갖기 위한 방안은 없을까? 우리는 처음부터 사물에 대한 적합한 관념을 갖지는 못한다. 왜냐하면 우리 신체가 많은 부분으로 이루어져 있으며, 신체적 변용에 따른 관념들을 무차별적으로 갖게 되기 때문이다. 적합한 관념을 갖는 것, 그것은 무엇보다도 외적 원인에 의해 자극되어 우연하게 파악된 것이어서는 안 된다. 오히려 여러 사물이 공통적으로 결정되는 내적 원인을 통해서 파악되어야 한다.

정신이 자연의 일상적 질서로 사물을 인식할 때, 말하자면 **외부로부터** 결정되어 사물과의 우연한 접촉으로 인하여 이것저것을 관찰할 때, 정신은 자기 자신에 대해서도, 자신의 신체에 대해서도, 외부 물체에 대해서도 적합한 인식이 아니라 단지 혼동된 인식만을 갖는다. 그러나 *내부로부터* 결정되어, 곧 많은 사물을 동시에 관찰함으로써 사물의 일치, 차이와 반대를 인식할 때는 그렇지 않다. 왜냐하면 정신이 이러저러한 방식으로 내부로부터 결정될 때에는 정신은 내가 다음에서 제시하게 될 것처럼 사물을 명료하고 뚜렷하게 관찰하기 때문이다.(『에티카』 2부 정리 29 주석)

우리는 처음부터 사물에 대한 적합한 관념을 갖지 못한다.

왜냐하면 우리 신체는 많은 부분으로 이루어져 있으며, 신체적 변용에 따른 관념들을 무차별적으로 갖게 되기 때문이다. 하지만 스피노자는 우리가 사물 간의 인과관계를 '내적으로' 파악할 때에는 적합한 관념을 소유하게 된다고 말하고 있다.

공포영화를 보면 밤에 비바람이 불고 천둥과 번개가 칠 때 주로 악령이 등장한다. 비바람과 천둥, 번개 등이 가져다주는 공포스러운 분위기를 극대화하려는 의도에서 그렇게 연출했을 것이다. 한밤중에 비바람이 불 때면 창문이 덜컹거리면서 괴한이나 악령이 당장에라도 쳐들어올 것 같은 무서운 감정을 갖게 된다. 이런 으스스한 분위기에 천둥소리가 나고 번쩍하면서 벼락이라도 치면, 방금 어떤 끔찍한 일이 일어난 것처럼 받아들인다. 스피노자라면 이를 다양한 외적 자극을 한꺼번에 혼란스럽게 수용한 데서 갖게 된 부적합한 인식이라고 말할 것이다. 하지만 각각의 현상 간의 '관계'에 대해 '내적으로' 파악하게 될 때, 즉 우리가 이러한 현상들 간의 인과관계들을 파악하게 될 때 적합한 인식을 가질 수 있다. 비바람이 불면서 창문이 덜컹거리는 소리는 창문이 덜 닫혔거나 창문 사이에 틈이 벌어져서 나는 소리이며, 천둥과 번개 역시 비구름이 만들어낸 자연스러운 현상일 따름인 것이다. 우리는 그러한 현상들의 인과관계를 파악함으로써 그것들이 괴한이나 악령과는 아무런 관련이 없다는 것을 알게 된다.

우리는 양태들의 무한한 외적 인과 계열 속에 놓여 있다.

우리 자신이 원인이 되기도 하고 결과가 되기도 한다. 우리 자신이 원인이 되어 변용을 일으키기도 하고, 다른 외적 원인에 의해 변용되기도 한다. 하지만 우리는 이런 무한한 인과 계열 속에서 양태들 간의 연결관계를 내적으로 파악할 수 있다. 그런 일이 가능한 이유는 무엇일까? 이는 양태들 간에 '공통적'인 것이 존재한다는 사실에 있다. 그들 사이에 아무런 공통점이 없다면, 어떤 인과관계도 성립될 수 없을 것이다.

넓은 의미에서 보자면, 이미 자연 안에 있는 모든 사물은 연장 속성의 양태라는 점에서 공통적이다. "모든 것에 공통적이며 부분에도 그리고 전체에도 똑같이 있는 것은 적합하게 파악될 수밖에 없다."(『에티카』 2부 정리 38) 스피노자는 이러한 공통적인 것에 대한 인식을 '공통 개념'이라 부르고 있다.

스피노자는 우리가 이미 공통 개념을 지니고 있는 것으로 간주한다. 하지만 우리가 처한 현실은 여전히 불리하기 짝이 없다. 우리는 태어나자마자 사물에 대한 적합한 관념을 형성하지는 못한다. 우리 신체가 많은 부분으로 이루어져 있으며, 신체적 변용에 따른 관념들을 무차별적으로 갖게 되기 때문이다. 그것은 어디까지나 사물에 대한 부분적인 인식에 머무를 따름이다. 하지만 외부 신체와 만나면서 비록 작게나마 어떤 공통적인 어떤 것을 찾아낼 수 있다. 이것이 우리가 최초로 형성하게 되는 공통 개념이다. 신체들 간의 운동과 정지, 결합관계에 대한 인식으로서의 공통 개념은 우리가 최초로 형성하게 되는 적합한 관념이다.

예를 들어 우리가 자전거를 탈 수 있게 되는 것도 자신의 신체와 자전거 사이의 공통된 것을 형성함으로써 가능해진다. 처음에는 인간의 신체가 자전거 위에 앉아 평형을 잡는 것부터 시작한다. 이때 인간의 신체가 자전거와 따로 움직인다면 금방 넘어지고 말 것이다. 마찬가지로 자전거를 타고 앞으로 나아가는 것도 신체(다리)와 자전거 사이의 공통적인 것을 형성함으로써 가능해진다. 즉, 신체(다리)의 힘을 자전거 페달을 통해 전달하여 바퀴를 돌리는 방식으로 이루어진다. 이때 인간의 신체는 자전거와 하나가 되면서 자신의 신체처럼 느끼고 사용하게 된다. 바퀴에 펑크가 나거나 체인이라도 빠지면 우리는 마치 자신의 신체에 이상이 생긴 양 이를 즉각 감지할 수 있는 것이다.

우리는 처음부터 모든 양태에 공통적인 것, 가장 일반적인 공통 개념을 인식하지는 못한다. 하지만 우리가 갖는 최초의 공통 개념으로부터 좀더 공통적인 것에 대한 인식으로 나아갈 수 있다. 좀더 많은 사물들에 공통적인 것을 인식할수록 우리는 좀더 적합한 관념을 갖게 된다. 스피노자가 특히 강조하는 것은 그것이 신체적인 관념이라는 점이다. "신체가 다른 물체와 공통으로 갖는 것이 많으면 많을수록 정신은 더욱더 많은 것을 지각할 수 있다."(『에티카』 2부 정리 39 주석) 단순히 신체 일부분에 국한된 자극에 의해 파악된 관념과는 달리, 그것은 인간 신체에 공통적인 것에서 출발하여 모든 사물에 공통적인 것으로 나아가는 방식으로 파악한다. 따라서 그것은 필연적으로 적합한 관념일 수밖에 없다.(『에티카』 2부 정리 38 증명)

여기서 우리가 혼동하지 말아야 할 것은 스피노자가 말하는 공통 개념이 다른 신체들 간의 외적인 유사함을 의미하지 않는다는 점이다.(그것은 차라리 이미지나 추상에 가깝다.) 오히려 여기서는 신체들 간의 '관계'가 강조된다. 다시 말해 그것은 신체들 간의 마주침에 따라 변화하는 '외적 특징'을 파악하는 것이 아니라, 신체들의 운동과 정지 또는 신체들 간의 결합과 해체의 관계를 그 '내부로부터' 찾아내는 것이다. 그래서 스피노자는 자신의 공통 개념을 유類나 종種과 같은 보편 개념들과 혼동하지 말 것을 거듭 강조한다.(『에티카』 2부 정리 40 주석 1)

우리가 사물들의 유사성과 공통성을 혼동할 때, 유類나 종種과 같은 추상 개념 혹은 보편 개념을 형성하게 된다. 추상 개념이나 보편 개념은 외적으로 유사한 이미지에 따라 분류하기 때문에 언제나 다의적多義的인 의미를 지닐 수밖에 없다. 인간, 말 등의 보편 개념들은 사실 많은 혼동된 관념을 포함한다. 우리가 그러한 개념들을 형성하는 과정은 이러하다. 우선 여러 개체로부터 얻은 어떤 이미지들 가운데 익숙하고 쉽게 포착할 만한 것을 선택한다. 그리고 그러한 특징을 갖는 개체와 그렇지 않은 개체를 구분한다. 그렇게 구분된 개체 모두를 동일시하면서 여기에 어떤 '명칭'을 부여해 추상 개념을 형성하는 것이다.

인간을 예로 들어보자. 우리는 인간에 대해 어떻게 정의해야 하는가? 인간이 갖는 모든 특징을 일일이 열거하여 정리해낼 수는 없다. 피부색, 눈동자, 언어, 골격, 머리카락 등등 무수한 종류의 이미지들이 갖는 세세한 차이까지 분류해낸다는 것은 사실상 불가능하다. 따라서 우리 각자가 인간으로부터 자극받은 이미지들 가운데 쉽게 떠올려지는 것을 선택하고, 그러한 특징을 지닌 존재들을 한데 묶어 동일시하면서 '인간'이라는 명칭을 부여하는 것이다. 하지만 그렇다고 해서 모두가 인간에 대해 일치된 개념을 갖는 것은 아니다. 자신에게 가장 친숙한 방식으로 정의하게 되는 것이다. 가령 인간에 대해 어떤 때는 "직립한 동물"로, 아니면 "웃을 수 있는 동물" "두 발 달린 날개 없는 동물" "이성적 동물" 등으로 다르게 정의하는 사태가 벌어지는 것이다.(『에티카』 2부, 정리 40 주석 1) 따라서 이러한 추상 개념은 매우 임의적일 뿐만 아니라, 시대와 문화, 지역에 따라서 제각기 다를 수밖에 없다. 스피노자는 추상 개념이 근본적으로 부적합한 관념일 수밖에 없다고 보았다.

실례로 유럽의 선교사들이 아메리카 신대륙에 도착했을 때 벌어졌던 해프닝을 사례로 들 수 있다. 이들은 원주민을 처음

접하면서 고심하지 않을 수 없었다. 원주민들이 자신들과 어느 정도는 닮은 것도 같지만, 한편으로는 동물이 아닐까 하는 의문이 들었던 것이다. 결국에는 교황청에서까지 이 문제를 두고 논란에 논란을 거듭하게 된다. 그들은 인간이라는 명칭에 포함되는 특징이 어디까지인지 다시금 검토하지 않으면 안 되었던 것이다.

여기서 우리는 보편 개념이나 추상 개념이 공통 개념과는 전혀 다른 방식으로 사물을 파악하고 있음을 알 수 있다. 보편 개념은 여전히 대상의 외적 특징에 머무를 따름이며, 이로부터 우리는 사물에 대한 적합한 관념을 형성하지 못한다. 하지만 공통 개념은 사물들의 신체 간의 공통된 내적 관계들을 파악함으로써 적합한 관념을 형성하게 된다. 스피노자가 말하는 인간의 이성이란 보편 개념처럼 사물의 외적 특징을 파악하는 능력이 아니라, 사물들 간의 인과관계의 질서 속에서 작용하는 내적 원인을 이해하는 능력이다. 이를 가리켜 그는 〈2종 인식〉이라 부르고 있다. 이로부터 우리는 사물의 본질을 영원한 상 아래서under a species of eternity 파악하는 〈3종 인식〉으로 나아가게 될 발판을 갖게 된다. 〈3종 인식〉에 대해서는 이 책의 마지막인 5장에서 다룰 것이다.

신체에 대한 정신의 우위를 강조해왔던 견해들에는 인간의 정신이 신체보다 '자유롭다'는 생각이 깔려 있다. 신체는 세상 만물과 마찬가지로 수동적이지만 인간의 정신만은 능동적이라는 것이다. 인간의 신체는 부자유하지만 정신만은 자기 의지대로 선택할 자유가 있지 않은가? 우리 몸은 이런저런 제약을 받지만, 상대적으로 정신만큼은 훨씬 더 자유로이 상상의 나래를 펼칠 수 있지 않은가? 하지만 스피노자는 이러한 생각을 정신의 작용 방식에 대한 무지로 간주했다.

자유에 대해 생각할 때 우리가 가장 먼저 떠올리는 이미지는 '내 맘대로'일 것이다. 내 마음대로 상상하고 내 마음대로 선택하는 것. 세상에는 무수한 직업이 있으며, 나에게는 자신이 원하는 직업을 '자유롭게' 선택할 자유가 있다. 여기서 말하는 자유란, 어떤 것이든 내 '의지'대로 선택할 자유이자 권한을 의미할 것이다. 데카르트가 인간 의지를 신의 형상에 가장 가까운 것이라고 말했던 이유도 여기에 있었다. 신이 자기 맘대로 행할 수 있는 것처럼, 인간 역시 아무런 제약을 받지 않고 자유롭게 행할 수 있다는 것이다. 그는 인간 의지를 통해서 신체의 정념들을 자유롭게 지배하고 통제할 수 있다고 여겼다.

데카르트를 비롯한 많은 철학자는 인간에게만 자유의지가

존재하고 다른 동물들에게는 결여되었다고 보았다. J. 뷔리당이라는 철학자는 만약 당나귀가 똑같은 거리에 놓여 있는 두 음식 사이에 서 있다면 결국 굶어 죽게 될 것이라고 보았다. 당나귀에게는 자유의지가 없으므로 어느 쪽을 선택할 것인지 결단을 내리지 못한다는 것이다. 하지만 과연 그런 일이 일어날까? 현실 속에서의 어느 당나귀도 그런 식으로 굶어 죽지 않는다. 어느 쪽 음식이든 주저하지 않고 달려갈 것이다. 하지만 당나귀만 그럴까? 인간은 어떠한가? 스피노자는 다음과 같이 반문을 던진다. 정말 우리는 자기 의지에 따라 마음대로 신체를 통제할 수 있는가? 과연 젖먹이가 자유의지에 따라 젖을 먹고, 성난 소년이 자유의지에 따라 복수를 원하는 것일까? 겁쟁이가 도망치는 것이 과연 자유의지에 따른 것일까?(『에티카』 3부 정리 2 주석)

스피노자에게 '자유의지free will'란 다만 무지에 기초한 착각일 따름이다. 사람들은 자신의 욕망을 충족시키는 것에만 관심을 둘 뿐, 어째서 그런 욕망을 갖게 되었는지에 대해서는 무관심하다. 자신들이 자유롭다고 여기고 있으나, 그렇게 욕망하게 된 원인이 무엇인지에 대해서는 생각하지 않는다. 그가 보기에 인간의 이러한 '자유의지'는 결코 자유롭지 못하다. 우리는 자신의 '의지'대로 선택하고 행동한다고 여기지만, 이는 다만 그때그때마다 충동에 따라 결정되는 것에 불과하다.

인간이 자신을 자유롭다고 믿는 것은 그릇된 일이다. 그러한 의견은 단지 그들이 자신의 행동은 의식하지만 그들로 하여금 그렇게 행동하게도록 결정하는 원인을 모르는 데에서 성립한다. 그러므로 그들이 자기 행동의 원인을 모른다는 것이 그들의 자유 관념이다. 왜냐하면 그들이 인간 행위는 의지에 의존한다고 말하더라도 그것은 그들이 그것에 대해 아무런 관념도 갖지 않은 채 하는 말에 불과하기 때문이다. 왜냐하면 의지가 무엇인지, 그리고 의지가 어떻게 신체를 움직이는지 그들은 아무것도 모르기 때문이다.(『에티카』 2부 정리 35 주석)

스피노자에 의하면, 인간의 정신 역시 신체와 마찬가지로 이것 또는 저것을 의지하도록 하는 어떤 외적 원인에 의해 결정된다. 이는 인간의 정신이 신의 어떤 특정한 양태라는 사실에서 주어진다.(『에티카』 2부 정리 48 증명) 양태들은 외적 원인에 의해 자신의 존재를 유지하거나 상실하게 된다. 인간의 정신이 유한한 양태인 한에서, 인간의 의지 역시 외적 충동들에 의해 자극받고 결정되는 것이다. 그런 점에서 신체의 결정과 정신이 내리는 결단은 다르지 않다.(『에티카』 3부 정리 2 주석)

스피노자는 우리 자신에 대해 자유롭다고 여기는 믿음이 도리어 우리를 자유롭지 못하게 만든다고 지적한다. 우리는 필연적으로 다른 외적 원인, 즉 타자에 의해 끊임없이 영향을 주고받으며 존재할 수밖에 없다는 점을 우선적으로 고려해야만 한다. 이에 대한 무지가 도리어 우리를 자유롭지 못하게 만들고, 우리로 하여금 혼란스러운 삶에 빠지도록 이끈다. 이를테면 우리가 분노의 감정을 갖게 되었을 때 어째서 분노하게 되었는지 그 원인을 알아야만 이를 다스릴 수 있다. 반대로, 분노의 원인은 모른 채 자신의 자유의지대로 분노의 감정을 충분히 제어할 수 있다고 생각한다면 오히려 더욱 곤경에 빠질 수밖에 없다. 즉, 인간 자신의 본성에 대한 무지는 심지어 우리를 위험에 빠뜨릴 수도 있다는 것이다. 따라서 자유롭게 살고 싶다면 무엇보다도 우리 자신의 본성, 우리 자신의 내적 필연성에 대해 알아야 한다.

하지만 사람들은 신의 자유마저도 인간적인 '임의의 의지'로 해석하고자 했다. 인간이 자기 임의대로 행동하는 것을 자유롭다고 여기는 것처럼, 신 역시 인간과 마찬가지로 임의대로 작용한다고 여기는 것이다. 그래서 신은 어느 날 갑자기 세상을 창조하기로 결심했던 것이며, 또한 갑자기 세상을 없애버리기로 결단할 수도 있다고 생각한다.

많은 사람은 신의 능력을 신의 자유의지나 존재하는 모든 것에 대한 신의 권능으로 이해한다. 따라서 존재하는 모든 것은 일반적으로 우연한 것으로 여겨진다. 왜냐하면 그들은 신이 모든 것을 파괴하여 무無로 만들 수 있는 힘을 갖고 있다고 말하기 때문이다. 그리고 그들은 흔히 신의 능력을 왕의 능력과 비교한다.(『에티카』 2부

정리 3 증명)

그러나 이는 신의 본성과 인간의 본성을 혼동하는 것이다. 신이 임의로 활동한다고 말하는 것은 신 자신의 본성과 무관한 별개의 의지를 갖는다는 것을 의미한다. 그러면 신조차도 인간처럼 쉽게 변덕을 부리고 자신의 결정을 후회한단 말인가? 그럴 경우 신은 인간과 마찬가지로 충동에 종속되는 불완전한 존재로 전락하게 될 따름이다. 하지만 신의 본성과 의지가 다를 수 없다. 신이 외적 원인에 따라 충동으로부터 영향받는 일은 있을 수 없는 것이다. 신에게는 자신의 본성과 어긋나는 어떠한 의지도 있을 수 없으며, 신은 오직 자기 본성의 필연성에만 따를 뿐이다.(『에티카』 1부 정리 33 주석 2) 그러므로 신만이 어떤 외적 원인에 의해서도 영향을 받지 않는 '자유원인'이라 할 수 있다.

그러면 인간이 갖는 자유란 어떤 것일까? 여기서 스피노자는 우리에게 자신이 '하고 싶은 것'과 '할 수 있는 것'을 구별할 것을 제안한다. 자신이 어떤 것을 하고 싶다고 해서 그것을 할 수 있는 것은 아니다. 자기 능력 밖의 일임에도 그것을 과감히 시도하는 것은 도리어 위험을 자초한다. 하늘을 날고 싶다고 해서 절벽에서 뛰어내리는 것은 자유가 아니라 무모함일 뿐이다. 제아무리 빠르게 움직이고 싶어도 경주마를 앞지를 순 없으며, 벼룩처럼 높이 점프할 수도 없다. 인간 자신의 본성에는 분명한 한계가 있는 것이다.

한편, 피아노를 전혀 칠 줄 모르는 사람과 피아노를 수년간 배운 사람이 피아노 앞에서 지니는 '자유'의 크기는 다를 수밖에 없다. 피아노 건반을 아무렇게나 두드린다고 그가 더 자유롭다고 말할 수 없다. 우리는 수영장 안에서 박태환 선수보다 더 '부자유'하며, 얼음 위에서는 김연아 선수보다 더 '부자유'하다. 이처럼 자유란 '능력', 즉 자신의 '변용 능력'과 분리해서 생각될 수 없는 것이다. 따라서 스피노자가 자유의지를 우연적인 충동에 의한 결과로 간주하는 것은 이런 의미다. 자신의 감각을 자극하는 다양한 것에 반응하며 이에 따라 자신을 무작위적 선택에 내맡기는 것. 이는 결코 자유가 아니라 다만 충동에 의해 결정되는 것에 불과하다.

그렇다면 이로부터 생기는 의문은 양태들에 자유가 전혀 주어지지 않는가 하는 점이다. 양태들의 본성상 이들은 다른 양태들 간의 관계에 의해서, 즉 외적 원인에 의해서 결정될 수밖에 없다. 특히 여기서 유념해야 할 점은 우리가 자유를 임의적인 의지로 여기는 한, 우리의 본성으로부터 기초한 자유를 파악하지 못하고 그것은 단지 우연적인 것으로 여기게 된다는 사실이다. 그럴 경우 자유란 그저 하나의 충동으로 머물 뿐이다. 우리는 양태들이 갖는 '임의 의지'가 아닌, 양태들 자신의 본성에 기초한 '자유'가 있을 수 있는지 살펴보아야 한다.

스피노자는 양태들이 신의 무한한 능력의 일부를 부여받

는다는 점에서 자유 또한 주어진다고 말한다. "인간의 능력은 인간의 실재적 본질을 통해 펼쳐지는 한에서, 신 또는 자연의 무한한 능력, 즉 그것의 본질의 일부다."(『에티카』 4부 정리 4 증명) 신은 자신의 무한한 능력을 표현하며, 양태들은 신의 능력을 특정한 방식으로 표현하는 존재들인 것이다.(『에티카』 1부 정리 36 증명) 따라서 양태들이 갖는 능력은 신의 능력의 일부이며, 이들은 자신의 본성에 고유한 능력을 표현하게 된다. 양태들은 자기 본성의 필연성에 따라 고유한 능력을 확장하는 방식으로 자유를 획득하게 되는 것이다. 인간은 처음부터 자유롭게 태어나지는 않지만, 자신의 고유한 능력을 확장시키는 방식으로 자유를 획득하게 된다. 즉 인간은 자기 본성에 고유한 방식으로 신의 능력을 표현하게 되는 것이다. 그런 점에서 신은 양태들의 고유한 능력에 내재하는 원인이라 할 수 있다.

따라서 우리 자신의 본성으로부터 설명될 수 있는 '자유'란 어떤 것인지, 그러한 '자유'를 획득하기 위해서는 어떻게 해야 하는지 찾아보아야 한다. 우리에게 고유한 능력은 어떤 것이며, 그러한 능력은 또한 어떻게 변용될 수 있는가? 나아가 자신의 능력을 확장시키려면 어떻게 해야 하는가? 스피노자가 『에티카』 3부에서 인간의 정서를 다루는 것도 유한한 양태들이 어떤 방식으로 자신의 능력을 확장하거나 잃게 되는지를 보여주기 위함이다.

2.
아담이 선악과를 딴 이유는?: 아담이 몰랐던 것들에 대하여

꽤 오래전부터 기독교 신학자들을 괴롭혀온 문제가 있다. 그것은 신학이나 종교철학에서 '신정론神正論, theodicy'이라고도 불리는데, 이를 질문으로 만들어보면 다음과 같다. '전지전능하고 완전한 신이 세상을 창조했다면, 세상에는 어째서 악이 존재하는가?' 도대체 신은 왜 악을 창조해서 인간을 그토록 고통스럽게 만든단 말인가?

사람들은 신에 대해 전지전능할 뿐만 아니라 도덕적으로도 완전한 존재라고 믿어왔다. 그럼에도 세상에는 온갖 고통과 재난, 전쟁과 기아가 그치지 않고 있다. 선하고 의로운 사람들은 고난을 당하고 있지만, 사악하고 불의한 사람들은 여전히 잘 살고 있다. 신은 어디에 계시기에 이런 상황을 내버려두고만 있는 것일까? 과연 신이 존재하기나 할까? 이러한 질문에 신학자들은 어떻게든 해명해야 했지만, 이는 결코 쉽게 답변될 만한 문제가 아니었다.

문제의 핵심
은 신이 '악'을
창조했느냐, 아
니냐에 있다. 다
시 말해 악에 대한 책임
소재가 어디에 있는지 밝혀야
하는 것이다. 가령 신이 악을 창조했
다고 해보자. 그러면 신은 더 이상 도
덕적으로 완전한 존재가 아니게 된다.
왜냐하면 정의롭고 도덕적으로 완전한
신이 세상에 악을 부여한다는 것은
서로 모순되는 주장이기 때문이다. 어째서 신은 세
상에 악을 만들어놓고 사람들을 불행에 빠뜨린단
말인가? 신이 악을 창조했다면 더 이상 인간에게 죄
의 책임을 물을 수 없다. 그것은 어디까지나 신의 책
임일 따름이며, 신이 도덕적으로 완전한 존재라면 애
초부터 악을 창조하지 말았어야 했다.

반대로 신이 악을 창조하지 않았다면 어떻
게 될까? 그러면 신은 더 이상 전지전능한
존재일 수 없다. 왜냐하면 전지전능한 신이
라면 미리 악이 존재하지 못하도록 했어야 하기
때문이다. 전지전능한 신이 악의 존재를 막지

악은
선의 결핍이다.

SANCTUS
AURELIUS
AUGUSTINUS
354-430

143

못한 것은 서로 모순된 주장이 된다. 그러므로 신이 전지전능하다면 세상에는 악이 존재할 수 없어야 한다. 그렇지 않다면 신은 악에 대해 무능한 존재일 수밖에 없게 된다.

신학자들은 모든 수단과 방법을 동원해서 이 문제를 풀고자 했다. 어떻게든 신에게 악에 대한 책임을 전가시켜서는 안 되었던 것이다. 중세의 아우구스티누스는 악을 '선의 결핍'으로 규정함으로써 궁지에 빠진 신을 변호하고자 했다. 신은 결코 악을 창조하지 않았으며, 세상은 신의 선한 의지에 따라 '선한 상태로' 창조되었다는 것이다. 우리가 악이라 부르는 것은 단지 선의 결핍일 뿐이다. 따라서 악이란 지극히 작은 선에 불과하며, 그것에는 선성善性의 정도에 따른 차이만 있을 뿐이다.

하지만 아우구스티누스의 주장대로 과연 강도 살인과 같은 행위가 단지 '선의 결핍'이며 지극히 작은 선에 불과하다고 볼 수 있을까? 나아가 우리는 더 이상 선에 대해서도 말할 수 없게 되지 않을까? 선과 악은 대칭적으로 규정되는 개념이므로, 악 없는 선이라는 주장은 아예 성립될 수 없기 때문이다. 아우구스티누스 이후에도 많은 신학자가 악의 기원에 대해 해명하고자 애썼지만 그리 만족할 만한 결론에 이르지는 못했다. 결국 '신정론'의 문제는 신학자들에게 풀기 어려운 난제로 남게 된 것이다.

이제 살펴보게 될 스피노자의 선악 개념은 놀랍게도 신정론의 이러한 모든 난점으로부터 완전히 벗어나 있다. 그는 선악이 다만 인간적인 정서에 따른 관념에 불과하다고 보기 때문이다. 그것은 사람들이 자기에게 유용한지의 여부에 따라 그때그때마다 판단한 것일 따름이다. 따라서 어떤 것도 그 자체로 선이거나 악인 것은 없다. 스피노자는 어떻게 해서 그런 결론을 내리게 됐던 것일까?

'선 과 악'은 어 떻 게 탄 생 했 는 가 ?

스피노자에 따르면, 선악 개념의 기원은 인간의 '무지'에 있다. 자신에게 일어난 현상이나 사건, 또는 어떤 사물에 대한 원인을 이해하지 못한 데서 생겨난 부적합한 개념이라는 것이다. 선악 개념은 어떻게 탄생하게 되었을까?

사람들에게 일차적으로 주어지는 것은 원인이 아닌 결과들, 즉 주어진 현상들이다. 그 결과가 자신들에게 유용한지 여부에만 관심을 둘 뿐이며, 그것의 원인에 대해서는 알고자 하지 않는다. 자신의 병을 낫게 해주면 그것을 선이라 여기며, 병을 악화시키면 악이라 여긴다. 자기 재산이 늘어나면 그것을 선이라 여기며, 재산을 잃으면 악이라 부른다. 그러나 여기서 자신에게 선이 되는 것이 다른 사람에게도 선이 되는 것은 아니다. 그렇다면 신에게도 과연 그것이 선이 된다고 할 수 있을까?

사람들은 존재하는 모든 것이 자신을 위해 만들어졌다고 여긴 이후에는 모든 것에 대하여 자기에게 가장 유용한 것을 핵심이라고 판단하고, 자기를 가장 유쾌하게 해주는 것을 가장 탁월하다고 평가하지 않으면 안 되었다. 다음으로 그들은 이로부터 사물의 본성을 설명하기 위해 **선, 악, 질서, 혼란, 따뜻함, 추움, 아름다움, 추함** 등과 같은 개념을 형성하지 않으면 안 되었다. (…) 사람들은 건강과 신의 경배에 도움이 되는 모든 것을 **선**이라 하고 그 반대를 **악**이라고 했다.(『에티카』 1부 부록)

스피노자에 따르면, 선과 악이란 결코 사물의 본성에 속한 것이 아니다. 그것들은 다만 인간이 사물로부터 자극받은 대로 판단한 것에 지나지 않는다. 즉, 사람들이 선악을 판단하는 것은 '인간적인 정서'에 따른 것일 뿐이다.(『에티카』 3부 정리 9 주석) "우리는 그것을 선書이라고 판단하기 때문에 그것을 향하여 노력하고 의지하며 충동을 느끼고 욕구하는 것이 아니라, 반대로 노력하고 의지하며 충동을 느끼고 욕구하기 때문에 어떤 것을 선이라고 판단한다."(『에티카』 3부 정리 9 주석) 어떠한 사물도 그 자체로 선하거나 악하지 않다. 그는 『지성교정론』에서도 같은 주장을 펴고 있다. "공포의 원인이나 대상이던 모든 것은, 그것에 의해 마음이 동요되는 한에서가 아니라면, 그 자체로는 선도 악도 아니며……"

하지만 사람들은 어떤 것이 유익하다면 그것이 선하기 때문에 그렇다고 여기며, 악하기 때문에 유해하다고 여긴다. 나아가 그들은 선악에 대한 자신들의 신념을 모든 사물에 적용하고자 한다. 뱀은 악한 동물이지만 양은 선한 동물이다, 독은 악한 것이지만 약은 선한 것이다, 법규를 지키는 것은 선하지만 그것을 어기는 것은 악하다 등등. 사람들은 선악에 대한 자신들의 판단이 경험에 의존하여 이뤄진 것이라고는 꿈에도 생각지 않는다. 오히려 반대로 그것은 신이 직접 부여한 권위에 근거한다고 여긴다.

스피노자는 선악 개념이 사물의 원인에 대한 사람들의 무지에서 비롯된다고 보았다. 어찌 보면 사람들의 이러한 무지는 피할 수 없는 일일지도 모른다. 누구라도 태어날 때부터 사물의 원인을 알진 못하며, 자유로운 존재로 태어나는 것은 아니기 때문이다. "만일 사람들이 자유롭게 태어났다면, 그들이 자유로운 동안에는 그 어떤 선악 개념도 형성하지 않았을 것이다."(『에티카』 4부 정리 68)

하지만 스피노자가 지적하는 선악 개념의 문제점은 그것이 단순히 사람들의 '착오'라는 데 있지 않다. 정작 중요한 문제는 그것이 사람들의 판단 능력을 박탈한다는 점이다. 선악 개념은 사물의 본성과 원인에 대한 이해를 전혀 고려하지 않는다. 왜 어떤 것은 선하고 어떤 것은 악한가? 그것은 단지 신이 그렇게 만들었기 때문에, 또는 애초부터 그렇게 정해져 있기 때문이라는 것이다. 정말로 그럴까?

살인을 예로 들어보자. 살인은 어째서 악한 행위인가? 사람들은 신이 살인을 금지했기 때문에 악하다고 생각한다. 그러면 이집트의 군사들을 홍해에 빠뜨려 죽게 만든 신의 행위는 선한 것인가, 악한 것인가? 사람들은 그것이 결코 악일 수 없다고 여긴다. 왜냐하면 그것은 신 자신에 의해 이루어진 것이므로 무조건(!) 선한 행위라는 것이다. 그렇지만 이 역시 충분한 답변이 되지 못한다. 세상에는 살인 자체만을 가지고 선악을 판단하기 어려운 많은 사례가 있기 때문이다. 이토 히로부미를 총으로 쏜 안중근의 행위에 대해 생각해보자. 그것은 악한 행위인가, 선한 행위인가? 물론 이렇게 답할 수도 있다. 살인은 악한 행위이지만, 조선의 독립을 위한 거사라는 측면에서는 선한 행위였다고. 하지만 이 경우 살인 자체는 더 이상 선악을 판단하는 기준이 되지 못한다. 그것이 어떤 살인인가에 따라 새롭게 선악을 판단해야 하기 때문이다. 살인에도 선한 살인과 악한 살인이 있는 것일까? 그렇다면 신이 금지한 살인은 구체적으로 어떤 종류의 살인인가? 사람들이 기존의 선악 개념을 고수하는 한, 그들은 신을 곤혹스럽게 만들 이런 고약한 질문들을 피해나갈 수 없다. 안락사는 살인인가, 아닌가? 그것은 선한 행위인가, 아닌가 등등.

이러한 선악 개념은 모든 상황에 무차별적으로 적용되는 초월적 지위를 점하지만, 그것이 초래하는 바는 구체적 상황에 대한 판단 능력의 상실이자 무능력이다. 악이 언제나 악이라고 한다면, 상황이나 이유가 무엇이든 간에 악이므로 구체적으로 따져보거나 살펴볼 이유가 없는 것이다. 사람들은 이러한 선악 개념으로 사물에 대한 판단을 대신하려 하지만, 우리는 그것으로부터 사물의 본성이나 원인에 대한 그 어떤 이해도 제공받지 못한다. 단지 선은 무조건 '해야 할' 당위일 뿐이며, 악은 무조건 '해서는 안 될' 금지 사항이다. 이에 대한 스피노자의 입장은 단호하다. 우리가 사물의 참된 원인을 알지 못할 경우에만 그것은 '당위'가 되고, 또 '명령'이 된다고. 사람들은 선악 개념을 신의 명령으로 받아들였지만, 신은

우리에게 아무것도 명령하지 않으며 금지하지 않는다. 그것은 신에 대해 단지 인간적인 방식으로 말하는 것에 지나지 않는다. 다시 말해 우리가 신을 군주나 왕처럼 여길 때에만 그렇게 말할 수 있는 것이다. 하지만 자

연은 우리가 할 수 없는 것, 혹은 욕망하지 않는 것을 제외하고는 그 어떤 것도 금지하지 않는다.(『신학정치론』 16장)

위의 주제와 관련해서 스피노자와 W. 블레이흔베르흐w. Blyenbergh라는 곡물상이 나눈 매우 흥미로운 토론을 소개하려고 한다. 여기서 등장하는 주인공은 최초의 인간인 '아담'이다. 낙원에 살던 순진무구한 아담에게 어떻게 선악에 대한 관념이 생겨났는가? 아담이 선악과를 보았을 때, 도대체 무슨 일이 일어난 것일까?

아 담 이 오 해 한 것

우리가 성서를 통해 접하게 되는 인류 최초의 범죄 현장은 아담이 선악과를 먹는 장면이다. 신은 아담을 창조하여 에덴동산에 살도록 했다. 아담은 그의 아내 하와와 함께 꿈같은 생활을 하고 있었다. 그의 행동에는 어떤 제약도 없었다. 가고 싶은 대로 돌아다니고, 맛난 것이 보이면 마음대로 먹을 수 있었다. 단, 동산 가운데 놓여 있는 어떤 나무만을 제외하고. 신은 아담에게 이렇게 당부했던 것이다. "동산에 있는 모든 나무의 열매는 네가 먹고 싶은 대로 먹을 수 있다. 그러나 선과 악을 알게 하는 나무만은 먹어서는 안 된다. 그것을 먹는 날에는 죽게 될 것이다."(창세기, 2장 16~17절) 하지만 여기서 뱀이 등장해

하와의 마음을 유혹하고, 결국에는 뱀의 꾐에 넘어가 아담과 하와는 함께 선악과를 먹게 된다. 그로 인해 인간에게는 죽음이 찾아오고 고통스러운 삶이 시작되었던 것이다.

여기서 드는 의문점은 어째서 신이 선악과를 만들었을까 하는 점이다. 성서에는 그 이유에 대해서 한마디 언급도 없다. 신은 왜 선악과를 만들어서 인간에게 죽음과 고통을 맛보게 했을까? 애초부터 선악과가 없었더라면 신이 세상을 구원할 일도 심판할 일도 아예 없었을 것이다. 하지만 신이 인간을 뱀의 유혹에 넘어갈 만큼 나약하게 창조하고, 또 선악과를 만들어서 아담의 눈에 맛난 과일처럼 보이게 한 이유는 무엇일까? 이 무슨 짓궂은 장난이란 말인가? 과연 신은 인간이 선악과를 먹지 않도록 할 수 없었단 말인가? 여기에는 신학자들의 구구한 해석이 뒤따랐지만, 어쨌거나 사람들은 아담이 선악과를 먹은 사건을 인류 최초의 범죄로 받아들였다. 신의 명령을 어김으로써 인간은 신에게 죄를 범했으며, 이로부터 세계에 악이 번성하고 마침내 신의 심판이 도래하게 되었다는 것이다.

이에 대해 스피노자는 전혀 다른 해석을 내놓는다. 애초부터 아담은 신의 뜻을 어길 수 없었으며, 선악과는 그저 아담의 신체에 맞지 않는 과일이었다는 것이다. 따라서 아담이 선악과를 먹은 것은 죄악이 아니라 아담의 신체에 유해한 사건에 불과할 따름이다. 신학자들에게 스피노자의 이러한 해석은 금시초문이었고, 그야말로 펄쩍 뛸 소리였다. 하지만 스피노자가 이렇게 말한 데에는 그럴 만한 충분한 이유가 있었다. "예를 들어 만약 신이 아담에게 선악과를 먹지 않기를 원했다고 한다면, 아담이 선악과를 먹을 수 있다는 것 자체가 모순일 것이다. 그리고 아담이 그것을 먹는 것은 불가능했을 것이다. 왜냐하면 신의 뜻은 영원한 필연성과 진리를 포함할 것이기 때문이다."(『신학정치론』 4장)

만일 아담이 신의 뜻을 어길 수 있다면 어떻게 될까? 그렇다면 아담의 의지가 신의 의지를 거부한 것이 되므로, 신의 의지는 더 이상 아무런 필연성을 갖지 못하게 된다. 신은 아담과 마찬가지로 불완전한 존재일 수밖에 없는 것이다. 하지만 이는 명백히 모순된다. 세상 안에 신의 의지에 반하는 일이 있다는 주장은 '둥근 사각형'처럼 성립될 수 없다. 신의 의지가 이루어질 때도 있고, 그렇지 않을 때도 있단 말인가? 그게 아니라면, 신이 선악과를 먹지 못하게 했다면 아담이 선악과를 먹는 일은 아예 불가능했어야만 한다.

그럼에도 분명한 사실은 아담이 선악과

를 먹었다는 점이다. 따라서 신이 아담에게 선악과를 금지한 것은 아니다. 하지만 이 경우에 선악과를 먹지 말라고 했던 신의 계시는 어떻게 이해해야 할까? 스피노자는 그에 대해 이렇게 말하고 있다. "그러므로 아담에게 주어진 명령은 단지 이러할 뿐이다. 즉, 신이 우리에게 자연적 지성을 통해 독이 치명적이라는 것을 계시해주는 것과 동일한 방식으로, 선악과를 먹는 것이 아담으로 하여금 죽음에 이르게 된다는 것을 계시한 것뿐이다."(19번째 편지)

말 그대로, 선악과는 선하거나 악한가? 그렇지 않다. 그것은 다만 아담의 신체에 맞지 않기 때문에 그에게 독이 되었을 따름이다. 에덴동산에 사는 많은 동물도 이미 선악과를 먹었을 수 있다. 그 가운데서 인간에게는 그것이 해로운 과일이었을 뿐이다. 본성이 서로 다른 동물에게는 동일한 과일이 독이 될 수도 있고 그렇지 않을 수도 있다. 아니, 동일한 인간에게조차 개인의 신체 상태에 따라 독이 되거나 악이 되는 과일은 다를 수 있다. 가엾은 아담은 선악과가 자신에게 독이 되는지 아닌지 알지 못했던 것뿐이다.

스피노자가 보기에는 아담이야말로 가장 나약하기 짝이 없는 인간이다. 그에게는 자신의 고충을 털어놓을 친구도 없었고, 자연에 대한 지식도 빈약하기 그지없었다. 그야말로 세상 물정 모르는 순진무구한 사내였다. 에덴동산에서 무작정 뛰어놀 줄만 알았지, 자신에게 도움이 될 만한 지식을 갖추기에는 아직 그의 지성이 충분히 성숙되지 못했던 것이다. 신은 친절하게도 그러한 아담에게 사물들의 본성을 분별하도록 가르쳐 주었다. 이것은 먹어도 되고, 저것은 먹지 말라 등등.

하지만 아담은 신이 어째서 선악과를 먹지 말라고 하는지 전혀 이해하지 못했고, 따라서 그것을 단지 금지 명령으로 받아들이게 되었다. 이는 마치 어머니가 어린아이에게 건물 옥상에 올라가지 말라고 하는 것과 같다. 어머니는 아이가 옥상에서 떨어져 다치게 될까봐 걱정해서 그러는 것인데, 아이는 이를 알지 못하므로 단순히 금지 명령으로 받아들이는 것이다. '옥상에 올라가면 어머니에게 혼나니까, 올라가면 안 되겠구나.'

아담 역시 자신이 선악과를 먹으면 신에게 혼난다고 생각할 뿐, 선악과가 자기 신체에 어떤 영향을 줄지에 대해서는 전혀 모르고 있었다. 그래서 아담은 선악과를 먹고 나서 얼른 몸을 숨겼고, 자신의 몸을 나뭇잎으로 가렸다. 신의 뜻을 어기는 것 자체가 불가능하다는 사실을 알지 못했던 아담은 자신이 신을 어긴 것이라 생각했고, 신에게 죄를 범했으므로 이후에는 신으로부터 처벌을 받을 거라고 여긴 것이다. 하지만 아담의 이러한 생각은 그의 무지함에서 기인할 따름이다. "아담은 이 계시를 영원하고 필연적인 진리로 받아들이지 않고 (…) 단지 어떤 통치자의 의지와 절대적 힘에 의존하는 법령으로 여겼다. 따라서 그 계시는 오직 아담과 관련해서만, 그리고 단지 그의 지식의 결핍에 의해서만 법일 수 있었다. 말하자면, 아담에게 신은 입법자이거나 혹은 통치자였다."(『신학정치론』 4장)

결국 아담의 무지와 두려움은 신을 입법자, 혹은 통치자처럼 여기도록 만들었다. 그는 사람들이 범법 행위를 하면 그들의 통치자가 처벌하는 것처럼, 신도 죄를 범한 사람들을 처벌한다고 믿었던 것이다. 하지만 우리가 신의 뜻을 어기는 것이 불가능하듯, 신의 뜻에 반하여 죄를 범할 수도 없고 처벌받을 수도 없다. "나는 우리가 신에 대해 죄를 범한다고 말하는 것이, 인간이 신을 분노하게 만든다는 표현과 마찬가지로, 부적절하거나 인간적인 방식으로 말하는 데 지나지 않는다고 생각한다."(19번째 편지) 그것은 아담의 상상력이 만들어낸 악몽에 불과할 뿐이다.

하지만 스피노자의 이러한 주장에 대해 블레이혼베르흐는 강한 반론을 폈다. 그는 신의 처벌이 정당한 것이었다고 옹호했다. 만약 신이 우리의 잘못된 행위들을 처벌하지 않는다면,

우리가 어떻게 그러한 죄악에 빠지는 것을 막을 수 있겠는가? 신의 처벌은 인간에게 반드시 필요하고 유익하다. 신의 처벌이 없다면 인간은 죄악에서 벗어날 수 없을 것이다. 하지만 스피노자는 곧바로 이렇게 응수했다. "그렇다면 당신은 다만 신의 처벌이 두려워서 악을 피한다는 것이 아닌가요? 그러나 우리는 신에게 처벌받을 것이 두려워 악을 피하는 것이 아니라, 그것이 우리 본성에 어긋나며 신에 대한 사랑과 지식으로부터 어긋나게 만들기 때문에 피합니다."(21번째 편지)

이처럼 스피노자에게 있어 선악 개념은 단지 부차적인 의미만을 갖는다. 선악 개념, 그리고 신의 금지 명령을 통해서 우리가 얻게 될 것은 단지 무지와 무능력일 뿐이다. 아담이 조금만 지혜로웠더라면, 그는 선악과가 자기 본성에 맞지 않다는 것을 깨닫고 그것을 먹지 않았을 것이다. 또한 그는 자기가 신의 뜻을 어기는 것 자체가 불가능할 뿐만 아니라, 신의 뜻은 언

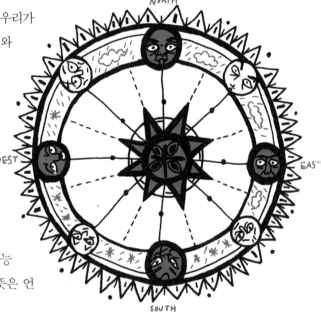

제 어디서나 동일한 필연성으로 이루어진다는 사실 또한 깨달았을 것이다.

따라서 신의 처벌과 보상이라는 아담의 생각은 처음부터 잘못된 가정 위에 세워진 것이다. 인간이 범한 죄악 때문에 신이 세상을 심판하며 인간이 선행을 하면 많은 축복을 받는다는 생각은 단지 무지와 공포에서 오는 것일 따름이다. 신은 선한 자나 악한 자에게 동일하게 해를 비추며, 불의한 자나 의로운 자에게나 동일하게 비를 내려준다. "이는 하나님이 그 해를 악인과 선인에게 비추게 하시며, 비를 의로운 자와 불의한 자에게 내리우심이니라."(마태복음, 5장 45절) 만일 처벌과 보상이 있다면, 악한 자에게는 그의 악하고 어리석은 삶이 그 처벌이 될 것이고, 선한 자에게는 그의 선하고 지혜로운 삶이 보상이 될 것이다. 아담에게는 그의 어리석은 삶이 그에게 해당되는 처벌이자 보상이었던 것이다.

좋은 마주침과 나쁜 마주침에 대하여

스피노자의 말대로 선악과가 아담에게 독이 되었다면, 선악과는 아담에게 '악한evil' 과일이 아닌 '나쁜bad' 과일임이 분명하다. 약도 잘못 사용하면 독이 되듯이, 아담에게 선악과는 독으로 작용한 것이다. 여기서 스피노자가 제안하는 것은 '선

good'과 '악evil'의 구분이 아니라, '좋음good'과 '나쁨bad'의 구분이다. 세상에 존재하는 모든 사물은 그 자체로 선도 악도 아니다. 하지만 그것은 인간의 신체에 어떻게 작용하느냐에 따라 좋은 것이 되기도 하고 나쁜 것이 되기도 한다.

> 선악이란 (…) 사유의 양태나 사물을 비교함으로써 우리에게 형성되는 개념일 뿐이다. 왜냐하면 동일한 사물이 동시에 선이고 악일 수 있으며, 또 양자와 무관할 수 있기 때문이다. 예컨대 음악은 우울한 사람에게는 좋고, 슬픈 사람에게는 나쁘며, 귀머거리에게는 좋지도 나쁘지도 않다.(『에티카』 4부 서문)

이제 스피노자는 선과 악에 대해 새롭게 정의하게 된다. 그는 굳이 선악 개념을 폐기시킬 필요가 없다고 여겼다. 무엇이 인간에게 유익한지 혹은 그렇지 않은지를 구분하는 것은 여전히 중요한 문제이기 때문이다. 따라서 그는 선악 개념을 다음과 같이 규정한다. 선이란 우리의 활동 능력을 증대시키거나 촉진시키는 것이며, 악은 우리의 활동 능력을 감소시키거나 억제시키는 것이다.(『에티카』 4부 정리 8 증명) 살인은 어째서 악인가? 살인이 악하기 때문에 인간의 활동 능력을 박탈하는 것이 아니라, 오히려 그것이 인간의 활동 능력을 박탈하기 때문에 악한 것이다. 아담에게 선악과는 어째서 악한가? 그것은 선악과가 악하기 때문에 아담에게 독이 된 것이 아니다. 반대로 선악과가 아담에게 독이 되었기 때문에 악한 것이다.

그런 점에서 모든 개체의 본성에는 '악'이 속해 있지 않다. '악'을 자신의 본성으로 삼는 개체는 없다. 심지어 악당들까지도 자신에게 유익한 것을 행할 줄 안다. 세상에 '악한' 개체란 없으며, 마찬가지로 '선한' 개체도 없다. '선'과 '악'은 다만 개체들 간의 관계 안에서만 이야기될 수 있을 뿐이다. 그렇다면 우리는 '악덕'과 '덕', '좋은 행위'와 '나쁜 행위'를 어떻게 구분할 수 있을까?

스피노자는 양태들이 어떤 방식으로 마주치느냐가 선악을 구분하는 결정적인 요인이라고 보았다. 양태들 간의 마주침에서 양태들이 결합하게 된다면 그것은 '선'하다고 할 수 있다. 반대로 서로를 파괴하는 방식으로 마주친다면 그것은 '악'하다고 할

것이다. 상대방을 때려서 죽음에 이르게 했다면, 이는 악한 것이다. 하지만 제자의 종아리를 때리면서 새로운 깨달음을 주었다면, 이는 선한 것이다. 연쇄살인범과 안중근의 살인이 다르며, 네로와 오레스테스의 모친 살해가 다른 것이다.

여기서 혼동하지 말아야 할 것은, 스피노자가 '선'과 '악'을 단지 '좋음'과 '나쁨'이라는 용어로 대체한 것은 아니라는 점이다. 문제는 선악이 다른 양태들과의 관계에서 어떤 방식으로 결정되느냐에 있다. 강도가 칼로 사람들을 위협할 때 분명 그것은 사람들의 생명을 해치는 '나쁜' 도구가 되겠지만, 외과의사가 환자를 수술할 때에 그 칼은 병든 신체를 고치는 '좋은' 도구가 된다. 인간의 신체가 암세포를 만날 때 무슨 일이 일어나는가? 그것은 인간에게 있어 자신의 신체를 파괴하는 '나쁜' 마주침이겠지만, 암세포에게는 그들의 신체를 증강시키는 '좋은' 마주침이다. 인간에게 암세포는 '악'이겠지만, 암세포에게 인간의 신체는 '선'인 것이다. 따라서 어떤 사물이 선하거나 악하다면, 그것은 특정한 조건 아래서만 그렇게 결정된 것일 뿐이다. 선악과가 아담에게 악이었다면, 그것은 아담이 선악과를 먹었다는 특정한 조건에서만 그렇게 결정된 것일 따름이다.

그러므로 우리는 양태들 간의 구체적인 관계를 떠나서는 결코 선악을 말할 수 없다. 큰 물고기가 작은 물고기를 잡아먹고, 사자가 소를 잡아먹는 것은 선인가, 악인가? 자연 전체로 보자면, 그것은 선도 악도 아니다. 각자 본성에 따라 자기 능력을 표현한 것이기 때문이다. "자연 안에는 자연의 잘못으로 여길 만한 어떤 일도 일어나지 않는다. 왜냐하면 자연은 항상 동일하며 자연의 힘과 활동 능력은 어디서나 동일하기 때문이다. 만물이 생성하여 한 형상에서 다른 형상으로 변화하는 자연의 법칙과 규칙은 어디서나 항상 동일하기 때문이다."
(『에티카』 3부 서문)

하지만 양태들에게는 사정이 다르다. 자신의 생사가 걸린 중대한 문제가 아닐 수 없다. 큰 물고기에게 있어 작은 물고기와 만난 것은 '좋은' 마주침이자 '선'이지만, 작은 물고기에겐 '나쁜' 마주침이자 '악'인 것이다. 그러므로 양태들은 매 순간 자신의 실존이 좌우될 마주침 앞에 놓인다. 양태들의 운명을 좌우하는 것은 바로 이러한 '마주침들'이다.

이처럼 스피노자는 기존의 도덕 moral에 대해 일종의 반론을 던진다. 기존의 도덕은 선악에 대해 어떠

한 상황과 조건에서든 반드시 지켜져야 하는 보편타당한 원리로 여겨왔다. 따라서 그것은 당위이자 명령이었고, 결코 위반해서는 안 될 법칙이었다. 하지만 스피노자는 그러한 생각이 다만 원인에 대한 인간의 무지에서 비롯되고 있다는 것, 그럼으로써 도덕은 인간의 판단 능력을 박탈하게 된다는 것을 보여준다.

그가 우리에게 제안하는 것은 도덕, 그리고 선악조차도 넘어선 양태들의 윤리학ethics이다. 스피노자에게서 도덕이 선악을 잣대로 무조건적 명령에 의해 강제되는 당위의 법률이라면, 윤리학은 특정한 조건 아래서 좋음과 나쁨을 파악하는 관계의 규칙들이다. 우리는 도덕에 의해 처벌받고 심판받을 수 있지만, 윤리학에서는 어떠한 처벌이나 심판도 불가능하다. 여기서 중요한 것은 우리가 '좋음'과 '나쁨'을 판단하는 능력이다.

모든 양태는 자신에게 유익한 것을 추구하며 이를 통해 자기 존재를 유지하고자 한다. 큰 물고기나 작은 물고기, 사자와 물소, 현자와 바보, 자유로운 인간과 예속적 인간이 마찬가지다. 하지만 누구나 자신에게 좋은 것과 나쁜 것을 판단할 능력을 가진 것은 아니다. 우리는 무작위적인 마주침을 피할 수 없다. 그렇더라도 자신에게 좋은 마주침이 무엇인지 판단해야만 한다. 양태들의 모든 노력은 여기에 집중된다. 우리는 어떻게 '좋음'과 '나쁨'을 판단하는 능력을 신장시킬 수 있는가? 우리는 어떻게 더 '좋은' 관계를 만들 수 있으며, 어떻게 이러한 관계를 확대시킬 수 있는가? 스피노자가 『에티카』 3부 이후부터 줄곧 다루는 문제들은 바로 이러한 것이다. 문제는 도덕이 아니라 윤리학이다.

4장 나는 욕망한다, 고로 존재한다

■■■■■■ 욕망이 과연 철학에서 다룰 만한
주제인가라며 의아해할 수도 있다. 그런 건 이미 정신분석학
이나 심리학, 또는 소설이나 영화에서 충분히 이야기되고 있
지 않은가? 굳이 철학자까지 나서서 욕망 운운할 필요가 있
나? 그런 건 차라리 종교나 심리학에서 다뤄야 할 문제가 아
닌가?

하긴 철학에서 욕망에 대해 말하기 시작한 것은 비교적 최
근의 일이다. 그전까지만 해도 철학자들에게서 욕망이라는 주
제는 늘 관심 밖이었다. 이러한 사정은 나름대로 꽤 장구한(?)
전통을 지닌 듯 보인다. 기독교의 절대적인 영향 아래 놓여 있
던 중세의 철학자나 성직자들은 욕망에 대해 그리 달갑게 여
기지 않았다. 이들에게서 욕망은 언제나 신앙과 이성에 비해
부차적인 의미만 지닐 뿐이었다. 그것은 인간으로 하여금 신
의 뜻에서 벗어나게 만드는 악의 원천과도 같았고, 사람들이
욕망에 대해 말할 때조차 그것은 탐욕lust이나 성욕이라는 말
과 동의어로 쓰였다. 이들에게 중요한 것은 욕망에 사로잡힌
인간 자신을 도덕적, 종교적으로 끊임없이 정화시켜나가는 것
이었다.

욕망에 대한 이 같은 태도는 근대에 들어와서도 크게 달라
지지 않는다. 『정념론』을 쓴 데카르트는 인간의 욕망을 단지
동물적인 정기에 지나지 않는다고 여겼다. 인간 신체에 깃든
동물적 본성을 정신의 통제 아래 놓지 않으면, 그것이 대체

무슨 일을 벌일지 아무도 모르는 것이다. 우리는 데카르트를 통해서도 중세로부터 전해 내려오는 동일한 메아리를 듣게 된다. "여러분, 욕망을 그냥 내버려두어서는 절대 안 됩니다! 그것은 인간을 타락시키는 사악한 것입니다."

그렇다면 사람들이 그토록 단죄해 마지않던 욕망이란 대체 어떤 것일까? 우리가 스피노자에게 주목하는 것은 바로 이 부분이다. 그는 이렇게 주장한다. "욕망에 대해 선하다거나 악하다고 단정하기에 앞서, 우선 욕망이란 것이 무엇인지 이해해야 하지 않겠습니까!" 이제까지 사람들은 욕망에 대해 그토록 비난해왔지만, 정작 누구도 인간의 정서와 욕망에 대해서 제대로 규명한 적은 없었다는 것이다.(『에티카』 3부 부록) 욕망에 대해 도덕적이고 종교적인 잣대로 폄하하기에 앞서, 우선 욕망이 무엇이며 그것이 어떤 본성을 지니는지를 아는 것이 급선무 아닌가?

여기서 스피노자는 욕망에 대한 전통적인 견해들과는 전혀 다른 방식으로 접근한다. 욕망은 단순히 심리적 현상도 아니며, 종교적이고 도덕적 차원에서 단죄되어야 할 성질의 것도 아니다. 놀랍게도 그는 인간의 정서에 대해 선·면·물체를 다루는 것처럼, 즉 '기하학적' 방식으로 취급하겠다고 밝힌다. 욕망이란 그 자체로 선하거나 악하지 않으며 초자연적인 현상도 아니다. 자연 안에는 자연의 법칙을 벗어나는 그 어떤 것도 일어날 수 없다. 왜냐하면 인간의 욕망이라는 것도 모든 자연 만물이 따르는 동일한 자연 법칙에서 생겨나기 때문이다.

스피노자는 욕망에 대한 매우 흥미로운 탐사를 기획한다. 대체 욕망이란 어떤 것인가? 욕망은 과연 사악한 것일까? 그것은 동물적인 본성이므로 이성과 도덕으로 굴복시켜야 하는 것일까? 그는 우리에게 인간 욕망이 갖는 새로운 면모를 낱낱이 드러내준다.

1.

코나투스, 욕망에 대한 저주를 넘어서다

데카르트의 저 유명한 "나는 생각한다, 고로 존재한다"는 명제는 우리에게 참으로 많은 생각을 하게 한다. 왜냐하면 우리가 많이 생각할수록 더 확실하게 존재할 수 있을 테니까. 생각을 멈춘 인간은 더 이상 존재할 수 없는 것이다. 데카르트의 추론은 이랬다. 우리가 존재한다는 것을 어떻게 확인할 수 있는가? 지금 이 순간에도 나는 생각하고 있다. 하지만 생각하는 나 자신이 존재하지 않는다면, 나는 결코 생각할 수 없을 것이다. 따라서 내가 생각한다면, 내가 존재한다는 사실만큼은 분명하다. 따라서 "나는 생각한다, 고로 존재한다."

하지만 데카르트의 이러한 논리에는 일종의 문법적 마술이 숨겨져 있다. "나는 생각한다"를 다른 말로 바꿔보자. 나는 밥을 먹는다. 밥을 먹는 내가 존재하지 않는다면, 나는 결코 밥을 먹을 수가 없을 것이다. 따라서 내가 밥을 먹는다면, 내가 존재한다는 사실만큼은 틀림없다. 따라서 "나는 밥을 먹는다, 고로 존재한다." 어디 밥을 먹는 것뿐일까? 나는 웃어도 존재하며, 걸어도 존재한다. 물론 내가 생각을 해도 당연히 나는 존재한다. 데카르트가 보여준 마술은 싱겁게 그 비밀이 탄로난 셈이다. 그는 차라리 이렇게 말하는 게 더 낫지 않을까? "나는 활동한다, 고로 존재한다."

결과야 어찌 됐든 데카르트의 이런 시도는 '생각하는 인간', 즉 인간의 정신을 인간 존재의 근본적인 규정으로 삼기 위한 것이었다. 인간들이 느끼는 감각이나 정서, 그리고 욕망마저도 모두 정신에 의해 지배되어야 한다는 그의 '생각'에는 흔들림이 없었다. 오직 정신만이 인간을 인간일 수 있도록(?) 만들어주는 진정한 근거라는 것이다.

하지만 스피노자는 데카르트의 이러한 주장에 반론을 제기한다. 정신이 어떻게 신체를 능가할 수 있단 말인가? 신체 없는 인간이 과연 생각할 수 있으며, 신체가 어떻게 정신의 명령에 의해서만 움직인단 말인가? 과연 갓난아기가 자유의지대로 젖을 달라고 보채고, 겁쟁이가 자유의지대로 도망치고 싶어하는가? 몸이 피곤하면 정신도 몽롱해지며, 배가 고프면 음식을 먹어야겠다는 생각이 들게 마련이다. 맛있던 음식도 배가 부르면 더 이상 맛있게 느껴지지 않는다. 이처럼 인간의 정신은 신체 상태에 따라 끊임없이 변하는 것이다! 따라서 스피노자는 인간의 정신이 신체를 지배한다는 데카르트의 주장을 정면으로 반박한다. 정신과 신체 가운데 어느 하나가 다른 하나를 지배하지 않으며, 이들은 모두 동일한 자연의 법칙을 따르고 있을 뿐이라는 것이다.

여기서 인간의 정신과 신체가 공통으로 따르는 법칙이란 어떤 것일까? 스피노자는 이를 '힘' 또는 '능력'으로 규정한다. 신체에서 일어나는 충동이나, 정신의 의지 모두가 동일한 '힘' 또는 '능력'에 의해 발생한다는 것이다. 존재하는 모든 것은 이미 특정한 힘을 표현하고 있다. 그들에게서 표현되는 '힘'이 다름 아닌 '욕망'이라는 것이다. 따라서 인간의 정신과 신체는 각기 다른 방식으로(사유와 연장의 속성으로) 동일한 힘 또는 욕망을 표현하고 있다. 우리가 생각하는 것도, 걷는 것도 모두가 '힘'의 표현이자 '욕망'의 표현이다. 데카르트는 "나는 생각한다, 고로 존재한다"고 말했다. 아마도 스피노자라면 이렇게 말하지 않았을까? "나는 욕망한다, 고로 존재한다."

능력에 대하여

스피노자는 모든 양태가 제각기 신의 능력을 표현한다고 말한다. 스피노자는 능력에 대해 'potentia'와 'potestas'라는 두 용어를 구분해서 사용하고 있다. 우선 'potentia'는 모

든 사물이 지니는 내적
이고 잠재적인 힘을 뜻
한다. potentia는 모든
사물이 존재하거나 활동하
기 위해 반드시 전제되어야 하는

힘이다. potentia가 없다면 존재하거나 활동할 수 없는 것이
다. 따라서 이러한 potentia는 곧 그 사물의 본질이 된다. 한
편, potestas는 사물들이 지니는 특정한 변용 능력을 뜻한다.
그것은 현실 속에서 구체화되고 대상화될 수 있는 힘으로서,
어떤 특정한 방식으로 실행 가능한 객관적인 힘이라 할 수 있
다. 다른 대상을 지배하거나 통제할 수 있는 법적·정치적 힘
이 여기에 속한다고 할 수 있다.

　전기電氣를 예로 들어보자. 전기는 어디에나 흐르고 있다.
옷에 머리카락이 달라붙거나 자동차 문짝을 열 때마다 우리
는 전기의 존재를 확인한다. 이는 전기가 갖는 내적이고 잠재
적인 힘을 나타낸다(potentia). 한편, 전기는 때로 전등의 불
빛이 되기도 하고, 선풍기 바람이 되기도 한다. 이는 전기가
특정한 방식으로 변용된 것이
라 할 수 있다(potestas). 이처
럼 전기는 어디에서나 내적, 잠
재적 힘potentia으로 자신을 표
현하지만, 또한 특정한 방식으로

변용되는 힘potestas으로 표현되기도 한다. 따라서 potentia와 potestas라는 용어는 능력에 대해 두 가지 측면에서 설명하는 개념이라 할 수 있다.

흔히 사람들은 능력에 대해 자기 재량껏 무언가를 마음대로 사용하거나 처분할 권한이나 권력을 떠올린다. 그런 의미라면 아마도 중세 시대의 왕이나 군주가 가장 많은 능력을 보유한 사람이었을 것이다. 땅도 가축도 심지어 농민들까지도 왕의 소유였고, 왕이 명령하는 말 한 마디 한 마디는 누구도 거스를 수 없는 일종의 법이었기 때문이다. 오직 왕만이 가질 수 있었던 이런 배타적 권한이야말로 다름 아닌 왕의 권력일 것이다. 뿐만 아니라 왕은 자기 권한의 일부를 신하들이나 영주에게 할당할 수 있었다. 그들은 왕의 권위를 내세우며 왕을 대신하여 백성을 다스렸다.

하지만 스피노자가 말하는 능력은 왕이 지닌 권한처럼 나누어주거나 거래할 수 있는 것이 아니었다. 스피노자가 모든 양태가 신의 능력을 표현한다고 말할 때, 이는 우선 양태들이 존재하고 활동하는 능력을 의미했다. 우리가 이런저런 능력을 갖는다 하더라도 우리 자신이 존재하지 않는다면 아무 소용이 없기 때문이다. 모든 능력에 전제되는 것은 그 자신이 존재하고 활동할 능력이다. 그래서 어떤 사물이 존재한다면 이미 그 사물이 자신의 능력을 표현하고 있는 것이 된다. 반대로 존재하지 않는 사물들은 당연히 아무런 능력도 표현하지 못하게 된다. 표현되지 않는 힘은 더 이상 힘이 아니기 때문이다. "존재할 수 없는 것은 무능력이고, 반대로 존재할 수 있는 것은 능력"이다.(『에티카』 1부 정리 11 증명 3)

따라서 이러한 능력은 왕의 권한처럼 우리가 소유하거나 임의로 양도하는 것 자체가 불가능하다. 세상의 어느 누가 자신이 원하는 날짜에 태어날 수 있을까? 슈퍼맨으로 태어나고 싶다고 해서 그렇게 태어난 사람을 우리는 아직 만나보지 못했다. 마찬가지로 우리는 자신의 능력을 다른 사람에게 양도할 수도 없다. 어느 누구도 다른 사람 대신 존재할 수 없는 것이다. 암기력이 떨어지는 친구를 위해서 대신 외워줄 수도 없고, 배고픈 사람을 위해서 대신 식사를 해줄 수도 없다. 그래서 우리는 아쉽게도 "내 몫까지 살아달라"는 사람의 유언만큼은 들어줄 수가 없는 것이다.

앞에서도 확인한 사실이지만, 인간을 비롯한 모든 자연의 사물들은 외적 원인에 따라 자신의 운명이 결정되는 유한한 존재들이다. 따라서 이들은 영원히 존재할 수 없고, 언젠가 자신의 존재를 잃을 수밖에 없다. 그러면 양태들이 존재할 수 있었던 힘은 어디서 온 것일까? 그러한 힘은 양태들 자신에게서 나온 것이 아니라 신에게서 부여받은 것이다. 왜냐하면 오직 신만이 필연적으로 영원히 존재하며, 그에게는 무한한 실존 능력이 속하기 때문이다. 따라서 모든 자연 만물을 존재하고 작용하게끔 하는 능력은 다름 아닌 신의 능력이다.

신의 능력이 무한하다고 해서 그것을 어마어마하게 거대한 힘으로 여길 필요는 없다. 그것은 만물을 생성하고 움직이게 하는 역동적이고 능동적인 힘을 가리킨다. 자연은 우리가 상상하기조차 어려울 만큼 무궁무진한 방식으로 자신을 표현한다. 우리가 대자연의 풍요로움에 놀라며 감탄하는 것도, 온 우주의 광활함에 경이로워하는 것도, 모두가 신의 능력이 갖는 무한함에서 기인하는 것이다. 그것은 양적으로 무한할 뿐만 아니라 질적으로도 무한하게 표현되는 힘이다. 이를 다른 식으로 정리한다면, '신은 자신의 무한한 능력을 무한히 다양한 속성들로 표현한다'고 할 수 있다. 그렇게 표현된 결과가 바로 양태라는 것이다. 따라서 신의 능력은 무한히 다양한 양태들을 생성시키고 활동하도록 만드는 능동적 힘이다.

여기서 말하는 신의 능력은 변용 능력이다. 모든 양태는 실체의 무한한 변용으로서, 제각기 고유한 변용 능력을 지니고 있다. 스피노자는 사물들에 대해 외적 유사성만 가리키는 보편 개념이나 추상 개념으로 구분하지 않고, 그들에게 속한 고유한 변용 능력에 따라 구분한다. 나무의 변용 능력이 다르고, 돌의 변용 능력이 다르다. 또 개구리와 새의 변용 능력이 다르다. 양태가 무한히 다양하게 존재한다는 것은, 그들이 신의 변용 능력을 제각기 무한한 방식으로 표현했다는 것을 의미한다. 이러한 능력은 신의 입장에서 볼 때 신 자신의 능력이지만, 양태들의 입장에서 그것은 그들 자신이 고유한 능력이기도 하다.

예를 들어 인간에게는 말하고 듣고 생각하는 능력이 있다. 신의 관점에서 볼 때, 인간의 이러한 능력은 신의 능력이 특정한 방식으로, 즉 인간적인 방식으로 표현된 것에 불과하다. 하지만 우리가 말하고 듣고 생각한다고 해서, 신 역시 인간처럼 말하고 듣고 생각하는 것은 아니다. 이는 다만 인간이 갖는 능력일 따름이지 신의 능력은 아닌 것이다. 즉, 양태의 관점에서 볼 때, 그것은 신의 능력이 아니라 인간의 능력일 뿐이다. 따라서 양태들이 갖는 능력은 신의 능력이지만, 그 자체로 양태들의 능력이 신의 능력과 동일한 것은 아니다.

우리가 주목하려는 것은 바로 이러한 양태들의 능력이다. 실체가 양태들로 자신의 능력을 표현하는 방식으로 존재하는 것처럼, 양태들도 자신의 능력을 표현하는 방식으로 존재한다. 자신을 표현하지 않으면 더 이상 실존하지 않는 것이고, 더 이상 실존하지 않는다면 아무것도 표현되지 않을 것이다. 양태들은 신의 일부로서 신의 능력을 나누어 가지며, 이를 통해 양태들은 자신의 존재를 유지할 수 있는 힘을 갖게 된다. 따라서 모든 사물에는 자신의 존재를 유지하고자 하는 능력이 속하는데, 스피노자는 이를 가리켜 '코나투스conatus'라고 부른다.

만약 사물에 자신의 존재를 유지하는 힘이 없다면 어떻게 될까? 그렇다면 우리는 그것이 무엇인지 전혀 분간할 수 없을 것이다. 우리가 그것을 알아차리는 순간 이미 다른 것으로 변해버릴 것이기 때문이다. 하지만 다행스럽게도(?) 자연에 존재하는 모든 사물에는 자신의 존재를 유지하고자 하는 경향이 있다. 돌멩이 하나, 먼지 하나까지 그들은 자기 존재를 유지하는 힘을 지니고 있는 것이다. 그 덕택에 우리는 그것이 '무엇'인지 파악할 수 있으며 그것에 어떤 작용을 가할 수 있다.

이처럼 스피노자는 개체들이 자기 존재를 유지하려는 힘 또는 노력을 일컬어 '코나투스'라고 부른다. "각각의 사물은 자신 안에 존재하는 한에서 자신의 존재 안에 남아 있으려고 노력한다."(『에티카』 3부 정리 6) 세상의 그 어떤 사물도 자신의 존재를 유지하고자 노력하지 않는 것은 없다. 모든 사물은 자신의 존재를 유지하고자 한다. 따라서 그러한 노력은 곧 그 사물의 본질이자 본성이라고 할 수 있다.(『에티카』 3부 정리 7) 먼지가 먼지일 수 있는 것은 바로 먼지의 코나투스 때문이며, 돌멩이가 돌멩이일 수 있는 것도 코나투스 때문이다. 코나투스 없이는 어떠한 사물도 존재하거나 활동할 수 없다.

그래서 모든 사물은 자신이 완전히 파괴되어 해체되기 전까지 최대한 자신의 존재를 유지하고자 노력한다. 돌멩이는 온

갖 풍화작용을 거쳐 먼지가 되기 전까지 언제까지
나 돌멩이로 남아 있으려 한다. 이들은 자신이 갖
는 힘보다 더 큰 외적 힘에 의하지 않고서는 결
코 파괴될 수 없다. 인간보다 더 큰 힘을 가
진 것이 세상에 존재하지 않는다면, 아마도
인간은 영원히 죽지 않는 불멸의 존재가 되
었을 것이다. 하지만 아쉽게도 세상에는 인간의
힘을 능가하는 무수한 것이 존재한다. "자연 안
에는 더 힘 있고 더 강한 다른 것에 의해 극복
되지 않는 어떤 개체도 주어져 있지 않다. 그
러나 어떤 개체가 주어져 있다고 할지라도 주
어진 개체를 파괴할 수 있는 더 힘 있는 것이
존재한다."(『에티카』 4부 공리) 따라서 세상에
존재하는 모든 사물은 언젠가 다른 사물들에
의해 자신의 존재를 잃게 된다. 불멸의 존재가
있다면, 그것은 오직 신일 뿐이다.

또한 코나투스는 개체들로 하여금 자신의 존
재를 유지하는 데 유익한 것을 추구하도록 이끈
다. 밀림의 사자에게 있어 어린 들소만큼 유익
한 것은 없다. 만일 사자가 배고팠다면 그들
을 그냥 내버려두지 않을 것이다. 사자는 어느
덧 자신도 모르게(?) 들소를 향해 달려가고 있는 스스로를 발견한다. 하지만 어린 들소에게는 사자만큼 해로운 것도 없다. 이 때문에 들소 역시 사자만 보면 자신도 모르게(?) 오금이 저리고 사력을 다해 줄행랑을 칠 수밖에 없다. 다가가는 사자나 도망치는 들소나 모두 코나투스의 작용인 것이다. 이처럼 코나투스는 개체로 하여금 자신의 능력을 증대시키거나 자신에게 적합한 것과 결합하도록 만들며, 반대로 자신의 존재를 위협하거나 자신에게 부적합한 것에 대해서는 피하게 한다.(『에티카』 4부 정리 19)

코나투스는 단순히 자신을 예전 상태로 되돌리거나 현재 상태에 고정시키려는 '방어적인' 노력만을 의미하지 않는다. 그것은 자기 존재를 위협하는 것에 대해서는 스스로를 보호하고 유지하기 위해 최선을 다하지만, 반대로 자기에게 유익한 것이라면 기를 쓰고 그것과 결합해 능력을 강화하고자 노력한다. 그러므로 코나투스는 자기 능력이 미치는 한에서 최대한 자기 존재를 '확장시키려는' 노력이기도 한 것이다.

그렇다면 인간은 어떨까? '욕망'이라는 이름의 코나투스 역시 자신의 존재를 유지하고자 하는 노력에 다름 아니다. 욕망이란 인간이 자신의 존재를 유지하기 위해 유익한 어떤 것을 행하도록 하는 '충동'이다. 따라서 인간에게 있어 욕망과 코나투스는 다르지 않다. 인간의 본성이 자신의 존재를 유지하기 위하여 유익한 것을 행하도록 결정되는 한에서, 욕망은 곧 인간의 본질 자체가 된다.(『에티카』 3부 정서의 정의 1) 그것이 인간의 정신과 관련될 때는 '의지'라고 부르며, 정신과 신체에 모두 관련될 경우 '충동'이라 부를 따름이다. 따라서 그는 인간의 의지나 충동, 욕망이나 본능, 이 모든 것을 일컬어 '욕망'이라고 부를 것을 제안한다.

스피노자가 인간 욕망에 대해 그토록 깊은 관심을 보였다는 사실도 흥미롭지만, 특히 그가 말하는 코나투스가 프로이트의 정신분석학에 등장하는 '리비도libido' 개념과 매우 가깝다는 점도 흥미롭다. 프로이트는 인간 정신 안에 의식만이 아니라 무의식의 차원이 존재한다는 것, 그리고 그것은 본능적 힘들의 상호작용에 의해 이루어진다고 주장했다. 특히 그의 리비도라는 용어는 인간의 정신활동을 힘들의 관계로 파악하려는 데서 나온 개념이다.

라틴어로 욕정이라는 뜻을 지닌 '리비도'는, 모든 생명체가 보여주는 성적 충동이나 자기 보존 본능의 배후에서 작용하는 일종의 에너지를 의미한다. 모든 생물체에게는 자기 생명을 유지하고 자기 종족을 후손에게 잇게 하려는 본능이 있다. 그는 이를 '에로스'라고 이름 붙였는데, 여기에 작용하는 힘이 바로 리비도다. 리비도는 인간이 좀더 창조적이고 건설적인 활동을 하도록 이끌지만, 그것이 억압되거나 잘못된 방향으로 나아갈 경우 많은 정신질환을 일으키는 원인이 된다. 우리가 신경증이라 부르는 각종 병적 증세는 리비도가 자신의 에너지를 발산할 대상을 찾지 못해 고착되거나 퇴행할 때, 그리고 초자아에 의해서 억압당할 때 나타나는 것들이다. 따라서 정신의 건강성 여부는 이러한 리비도의 흐름이 원활한가, 그렇지 못한가에 따라 결정된다.

이처럼 프로이트에게서도 인간의 정신활동을 규정하는 요인은 의식이나 이성이 아니라, 인간 신체에 작용하고 있는 '힘'이다. 그는 인간의 정신을 힘들이 서로 충돌하고 분출하는 일종의 전장戰場으로 파악한다. 그것은 리비도를 충족시키기 위해 무수한 검열과 억압 등을 통해 이뤄지는 욕망들의 힘겨루기다. 그리고 의식은 바로 이러한 싸움에 의해 남겨진 결과물이라 할 수 있다. 의식에 의해 욕망이 통제되는 것이 아니라, 욕망에 의해 인간 의식이 통제되는 상황인 것이다. 결국 의식이 욕망을 결정짓는 것이 아니라, 욕망이 의식을 결정짓게 된다.

물론 스피노자가 말하는 코나투스와 프로이트의 리비도가

동일한 것은 아니다. 프로이트에게는 리비도의 성적 측면이 주된 관심사였고, 그것도 생물체들의 성적 본능이나 인간의 정신활동에 국한해서 다뤄질 뿐이었다. 반면 스피노자에게서 코나투스는 생물체들의 성적 본능으로 한정되지 않는다. 오히려 그것은 생물체만이 아니라 무생물체, 나아가 온 우주의 자연 만물이 존재하고 활동하도록 하는 필연적 법칙인 것이다. 따라서 인간의 코나투스는 단순히 정신적인 힘이 아닌, 정신과 신체에 동시에 작용하는 생산적이고 능동적인 힘을 가리킨다.

분명 스피노자와 프로이트의 이러한 주장은 영혼이나 이성을 인간의 본질로 보던 종래의 견해들과는 다르다. 이들은 인간에 대해 종교적 또는 형이상학적으로 접근하기보다는, 인간 안에 작동하고 있는 '힘'에 주목한다. 인간의 정신활동은 그러한 '힘'들로 이루어져 있다는 것이다. 특히 스피노자가 인간의 본질을 욕망으로 규정한 것은 대단히 파격적인 주장이라고 할 수 있다. 기존의 전통적인 입장에서 볼 때 인간의 욕망이란 언제나 사악한 것이었다. 그런데 욕망이 인간의 본질이라니! 그렇다면 우리는 대체 인간의 존엄성을 어디에서 찾을 수 있단 말인가? 결국 그것은 인간을 방종과 타락으로 내몰게 되지 않겠는가? 하지만 스피노자에게 있어 욕망은 사악한 것도, 본성에 반하는 것도 아니다. 욕망이야말로 인간이 지닌 본성 자체이며, 인간에게 잠재되어 있는 무궁무진한 능력의 표현이라는 것이다.

욕 망 은 과 연 사 악 한 것 일 까 ?

중세의 신학자나 철학자들은 인간을 죄인으로 규정하고, 인간 본성 자체에 사악함이 깃들어 있다고 여겼다. 그러한 본성이 인간으로 하여금 죄를 짓도록 한다는 것이다. 특히 이들은 인간의 욕망을 통해 그것을 설명했다. 인간에게는 본성상 애초부터 죄를 짓고자 하는 의지(욕망)가 있다는 것이다. 가령 아우구스티누스는 인간의 죄가 영혼이 육체를 지배하지 못한 데서 생겨난다고 보았다. 자녀란 남녀 간 욕정libido의 산물로서 그 죄가 혈통을 통해 후대로 유전된다. 따라서 아담 이후에 출생한 모든 사람은 죄인일 수밖에 없다는 것이다. 이것이 그 유명한 원죄의 '유전설'이다. 요즘 사람들이 듣기에는 다소 거북하고 엉뚱한 주장이지만, 어쨌거나 그것은 죄를 인간의 욕망과 결부시켜 이해하려는 시도였다.

그들은 인간의 무능력과 무상無常의 원인을 공통적인 자연의 힘에 돌리지 않고, 내가 알지 못하는 인간 본성의 결함에 돌린다. 그러므로 그들은 이와 같은 인간 본성을 한탄하고 조소하거나 멸시하고, 또는 가장 자주 일어나는 일이지만 저주한다. (…) 증오, 분노,

질투 등의 정서도 그 자체로 고찰한다면, 여타의 개별적인 것과 마찬가지로 동일한 자연의 필연성과 힘에서 생겨난다.(『에티카』 3부 서문)

물론 아우구스티누스의 방탕한 젊은 시절에 대한 후회가 욕망을 그토록 사악한 것으로 여기게끔 했으리라 추측할 수도 있겠다. 하지만 스피노자는 인간의 본성이나 욕망이 사악하다는 주장을 받아들일 수 없었다. 그런 주장은 인간 본성에 대한 무지에 기인했을 뿐이라는 것이다. 흔히 사람들은 인간의 사악함을 증오나 분노, 질투 등에서 찾아내려 한다. 하지만 이는 인간이라면 누구나 갖게 되는 자연스러운 정서이지, 악마가 인간의 마음 안에 주입해넣은 초자연적 현상이 아니다. 인간 본성이 자연과 반대된다는 것은 있을 수 없는 일이기 때문이다. 사람들은 이러한 사실을 이해하지 못했기에 그것을 무작정 비난하고 저주했던 것이다.

인간 본성에 결함이 있다는 생각도 마찬가지다. 이를테면 인간이 코끼리보다 힘이 세지 못하다고 해서 인간 본성에 결함이 있다고 말할 수 있을까? 그것은 인간이 코끼리와 다른 본성을 지녔다는 것을 말해줄 뿐이다. 개미가 붕어처럼 물속에서 살아가지 못한다고 해서 개미의 본성에 결함이 있는 걸까? 그것 역시 개미와 붕어의 본성이 다르다는 것을 의미할 따름이다. 양태들은 저마다 다른 본성을 가지고 태어난다. 사람들이 주장하는 인간 본성의 사악함이나 결함은 다만 양태들이 갖는 본성상의 차이를 혼동한 데서 빚어진 오해라는 것이다.

양태들이 신으로부터 부여받은 본성에 사악함이 있다거나 어떤 결함이 있다면 사태는 매우 심각해진다. 이 모든 책임은 신에게 돌려져야 하기 때문이다. 즉, 신의 본성에 문제가 있거나, 아니면 신이 일부러 인간의 본성을 사악하게 만들어놓은 것이다. 하지만 이는 신의 본성에 비춰볼 때 부당한 주장이 된다. 신은 본성상 절대적으로 완전한 존재이기 때문이다. 따라서 양태들의 본성 자체는 어떠한 사악함이나 결함도 없다고 할 수 있다.

세상의 모든 사물이 각기 다른 본성을 가지고 태어나는 것처럼, 사람들이 갖는 욕망 또한 서로 다르다. 주정뱅이와 철학자의 욕망이 다르며, 운동선수와 음악가의 욕망이 다르다. 매일 술을 마셔야만 살맛이 나는 사람이 있는 반면, 피아노에 앉아 건반을 두드려야 직성이 풀리는 사람이 있다. 책을 손에 들고 있지 않으면 입에 가시가 돋는 사람이 있고, 축구공만 주면 '이보다 더 좋을 수 없다'는 사람도 있다. 또한 욕망은 신체 상태에 따라서도 완전히 달라진다. 건강한 사람일수록 신체의 운동량이 많은 것을 선호하는 반면, 병든 사람일수록 휴식과 안정을 찾게 된다. 심지어 우리는 동일한 대상에 대해서도 전혀 다른 욕망을 갖는다. 배고플 때는 그토록 맛나던 음식이 배부르고 나서는 아무런 구미도 당기지 않게 된다. 이는 각 사물의 본성과 신체 상태에 따라 그들에게 유익한 것이 다르기 때문이다.

　이처럼 스피노자에게 욕망은 기존의 평가처럼 더 이상 부정적이거나 사악한 것이 아니다. 오히려 욕망은 자기 능력의 표현이자 그 능력을 증대시키기 위한 노력이다. 욕망을 없애버리거나 억압하는 것은 오히려 인간을 무기력하고 굴종적인 존재로 만들 뿐이다. 따라서 스피노자는 이성을 통해서 인간 욕망이 지배해야 한다거나 억압시켜야 한다고 여기지 않았다. 아니, 그것은 애초부터 실패할 수밖에 없는 무모한 시도였을 뿐이다. 왜냐하면 이성은 자연이나 우리 본성에 반대되지 않으며, 따라서 우리 자신에게 유익한 것을 추구하도록, 즉 자신의 존재를 유지하도록 요구할 뿐이기 때문이다.

"이성에 따라 활동한다는 것은 단지 그 자체로 고찰된 우리 본성에 따라

행하는 것일 뿐이다."(『에티카』 4부 정리 59 증명) 그러므로 욕망을 억압하는 것이야말로 인간 본성에 어긋나며, 이성에 반하는 것이다.

하지만 여전히 의문은 남는다. 사람들의 욕망을 제멋대로 놔둔다면, 결국 그것은 인간을 방종과 타락으로 내몰지 않을까? 이에 대해 아우구스티누스나 데카르트를 비롯한 많은 철학자는 욕망을 신앙이나 이성으로 지배해야 한다고 주장했다. 물론 이런 우려를 스피노자가 모르진 않았다. 그러나 이들이 주목하지 못한 것은 인간의 본성이다. 인간은 이성에 의해서가 아니라, 욕망에 따라 느끼고 활동하는 존재라는 점이다. 여기서 중요한 것은 욕망을 창조적이고 능동적으로 표현하도록 하는 것에 있지, 이성으로 욕망을 없애거나 억누르는 것에 있지 않다는 게 스피노자의 일관된 주장이다.

2. 욕망의 존재론과 기쁨의 윤리학

스피노자가 욕망을 강조했다고 해서 그를 욕망과 쾌락에 대한 예찬론자로 여기면 큰 오해다. 물론 '욕망'을 에로틱한 것으로만 단정할 경우 사정은 달라지 겠지만, 스피노자가 말하는 욕망은 무엇보다 인간의 능력, 그리고 자유와 예속의 문제와 관련된다. 그는 무작정 쾌락을 즐기라고 말하지 않는다. 오히려 그것은 인간을 무능력하고 부자유한 존재로, 즉 예속적인 존재로 만들 따름이다.

욕망이란 인간의 자유와 능력을 저해하는 훼방꾼에 불과한 것일까? 결코 그렇지 않다. 스피노자에게 욕망은 차라리 긍정적이고 능동적인 것이다. 중요한 것은 욕망과 관련하여 무엇이 자기 능력을 증대시키고 자유롭게 만드는지를 아는 데 있다. 유능하면 유능할수록 자유로워지며, 무능할수록 인간은 예속적인 존재가 된다. 무엇이 인간 능력을 확장시키거나 위축시키는가? 능력이 증대되거나 감소될 때, 인간 신체에는 어떤 일이 일어나는가? 스피노자가 인간의 정서를 비중 있게 취급하는 것도 이런 이유에서다.

우리가 기쁨과 슬픔을 느끼는 이유는?

'애들 앞에서는 물도 못 마신다'는 말처럼, 우리는 어린아이들이 다른 사람의 행동이나 상태에 아주 쉽게 영향받는 것을 보게 된다. 한 아이가 울면 그 옆의 아이들도 따라서 울어댄다. 아이에게 밥을 먹이려면, 먼저 부모가 밥을 맛있게 먹어야만 그것을 따라 먹는다. 비단 어린아이만이 아니다. 사람들이 한바탕 웃는 자리에 있거나 그런 장면을 보게 되면, 우리는 왜 웃는지 몰라도 덩달아(?) 따라 웃게 된다. 오랜 연인이나 부부는 취향이나 행동거지가 비슷하게 닮아간다는 것을 알 수 있다. 우리는 자신도 모르게 평소에 친하게 지내던 친구의 말투가 튀어나와 스스로 놀라기도 한다. 어째서 그런 것일까?

스피노자라면 이를 '변용affectio, affection' 때문이라고 설명할 것이다. 3장에서 이미 변용에 대해 간략하게나마 살펴봤다. 우리는 다른 양태들과의 마주침에 따라 자기 신체에 어떤 변용이 일어나게 되며, 또한 이러한 변용의 흔적을 남기게 된다. 그리고 우리는 이 흔적들에 대한 관념을 '이미지image'라고 불렀었다. 이는 양태들에게 일어나는 변용이라 할 수 있

189

다. 하지만 변용은 양태에게만 일어나는 것이 아니다. 양태의 변용에 앞서 실체의 변용이 있다. 실체의 변용이 일어나지 않았다면 양태는 존재할 수 없었을 것이다. 실체가 양태로 표현되는 것 자체가 변용이다. 무한히 다양한 양태들이 바로 실체의 변용들인 것이다. 양태화(변양modification)라고 부르는 것은 바로 실체의 이러한 변용을 가리킨다.

양태들은 다른 양태들 안에서 언제나 좌충우돌할 수밖에 없는 존재다. 따라서 이들은 다른 양태들에게 끊임없이 '자극'을 받고, 또 다른 양태들에게 끊임없이 '자극'을 가하게 된다. 여기서 흥미로운 사실은 다른 양태들로부터 주어지는 자극에 따라 우리 신체에 일정한 변화(변용)가 발생한다는 점이다. 양태들은 이러한 신체적 변용을 통해 다른 양태들을 파악하고 그에 따른 반응을 보이게 된다. 그러므로 우리는 사람들이 왜 쉽사리 다른 사람의 상태에 동화되거나 유사한 행동을 하는지 알 수 있다. 그들은 일차적으로 외부 신체에 의해 발생된 변용에 따라 생각하고 반응하는 것이다.

우리가 음악을 들으면서 느끼는 감흥은, 그것이 우리 신체에 자극을 가해서 일어나게 된 변용에 대한 관념이다. 그래서 우리 신체는 아름다운 음악의 선율을 들을 때면 매우 편안하고 충족된 느낌을 받게 된다. 또한 우리는 강도를 만나면 잔뜩 겁먹고 공포에 사로잡힌다. 그러한 공포는 강도의 신체가 자기 신체를 자극함에 따라 생겨난 것이라 할 수 있다. 이처럼 우리는 신체에 가해진 변용에 따라 기쁨과 슬픔, 공포와 분노 등을 느끼게 된다.

이는 인간만 그런 것이 아니다. 데카르트라면 동물들에겐 아무런 감정이 없으므로 기쁨이나 슬픔을 느끼지 못한다고 했겠지만, 동물들과 가까이서 지내본 사람이라면 그들이 어떤 때에 기뻐하고 슬퍼하는지 금방 알아차릴 수 있다. 그래서 난폭한 동물을 자극하면 그들로부터 격분과 공포에 찬 반격을 받고, 사람들은 이내 자신의 행동을 후회하게 된다. 어디 동물뿐이랴. 음악이 식물의 생육을 촉진한다는 건 이미 널리 알려진 사실이다. 심지어 음악에 맞춰 흥겹게 몸을 흔들어대는 식물도 있다.

양태의 능력 역시 변용에 의해 규정된다. 양태의 코나투스는 자신의 변용 능력과 동일하다. 변용 능력에 따라 인간과 물고기, 인간과 새가 구별되며, 변용 능력이 뛰어날수록 자신의 실존을 더 잘 유지할 수 있다. 외부와의 관계에서 다양한 방식으로 촉발될수록, 즉 뛰어난 변용 능력을 갖춘 양태일수록 자신의 실존을 유지하는 데 더 유능하다. 반대로 변용 능력이 적을수록 그는 실존하는 데 있어 불리할 수밖에 없다. 외적 변화에 쉽게 대처하지 못하며 자신에게 유리하도록 외부 관계를 맺지도 못한다. 이처럼 양태의 변용 능력은 그 양태의 실존 방식을 결정한다.

여기서 주목해야 할 것은 양태들이 이러한 변용에 따라 자신들의 힘, 즉 '코나투스'의 증대나 감소를 경험하게 된다는 점이다. 그래서 양태들에게 무엇보다도 중요한 것은 다른 신체와의 만남이다. 자신에게 유리한 신체를 만나면 능력이 증대되지만, 자신에게 불리한 신체를 만나면 능력이 감소한다. "인간 신체는 활동 능력을 증대시키거나 감소하는 여러 가지 방식으로 자극받을 수 있으며, 또한 활동 능력을 증대하거나 감소하지 않는 방식으로 자극받을 수 있다."(『에티카』 3부 요청 1)

이처럼 양태가 갖는 능력은 다른 양태들과의 관계에 따라 달라진다. 자신의 능력이 증가할 수도, 반대로 감소할 수도 있다. 실체에게는 오직 능동적인 변용만 있는 반면, 양태는 능동적인 변용 외에 수동적인 변용 또한 겪을 수밖에 없다. 즉, 모든 양태는 다른 양태들에 의한 수동적인 변용을 피할 수 없는 운명에 처해 있다. 외부 관계가 없이는 실존을 유지할 수 없지만, 또한 외부 관계에 의해 실존을 잃게 되는 것이 양태의 운명인 것이다. 이처럼 양태에게는 어떻게 '변용'되느냐가 가장 절박한 문제가 된다. 만일 더 이상 변용하지 않는 상태에 이른다면, 더 이상 실존하기를 멈추게 될 것이다.

스피노자는 여기서 능력의 증감에 따라 갖게 되는 신체의 변용, 또는 변용에 대한 관념을 가리켜 '아펙투스affectus'라고 부른다.(『에티카』 3부 정의 3) 사실 'affectus'는 이미 오래전 사라진 용어라 오늘날 적당한 번역어를 찾기란 쉽지 않다. 흔히 감정emotion이나 정서로 번역되곤 하는데, 이는 아펙투스를 단순히 심리적인 반응으로 오해할 여지가 있으므로 그리 만족스럽지 못하다. 일단 여기서는 『에티카』 국역본을 따라 '정서'라는 단어를 쓰기로 하자.

스피노자에 따르면, 인간은 본성상 정서에 사로잡히기 쉬운 존재다. 『에티카』 3부의 제목은 '정서의 기원과 본성에 대하여'인데, 여기서 그는 우리가 외부 신체와 마주치는 방식이 다양한 만큼 인간이 갖는 정서 또한 무수하다는 것을 보여준다. 기쁨과 슬픔, 욕망, 분노, 공포, 불안, 연민, 증오, 후회, 질투 등등이 모두 인간이 갖는 정서다. 여기서 스피노자가 갖는 관심은 이러하다. 인간은 분명 외부 신체와의 마주침 속에 놓여 있다. 이러한 조건에서 우리 자신의 능력을 증대시킬 수 있는 방안은 무엇인가? 우리는 어떻게 스스로를 자유로운 존재로 만들 수 있는가? 이에 대한 스피노자의 해법은 능력과 정서의 관계에 대한 분석을 통해 좀더 구체적으로 제시된다.

인 간 은 정 념 의 노 예 인 가 ?

다시 양태들이 처해 있는 조건에서 출발해보자. 분명 양태들은 다른 양태와의 관계에서 자신의 실존이 결정된다. 우리는 자신에게 유리한 신체를 만나 능력을 증대시킬 수도 있지만,

반대의 경우라면 능력의 감소를 겪게 되며 최악의 경우 파멸에 이를 수도 있다. 다른 양태들의 입장에서 볼 때, 우리 자신 또한 *그*들의 실존을 결정짓는 데 한몫하고 있다. 우리와 만나서 '망가지게' 된 양태들도 있지만, 정반대로 운 좋게 '팔자 고친'(?) 양태들 또한 존재할 수 있는 것이다.

이처럼 양태들은 서로 영향을 주고받으며 살아가는 존재다. 스피노자는 이를 작용하고 작용받는 관계로 구분지어 설명한다. 자신의 능력으로부터 행위함으로써 자신이 적합한 원인이 되어 능력의 향상을 가져왔다면 이는 '작용하는' 것이다. 하지만 자신이 아닌 외부 신체에 의해 능력의 증감을 겪거나 자신이 부분적인 원인으로 머물게 되었다면 이는 '작용받은' 것이 된다.(『에티카』 3부 정의 2) 문제는 능력의 원인이 어디에 있는가 하는 점이다.

정서도 마찬가지다. 우리가 작용하면서 갖게 되는 '능동 action'의 정서와 작용받게 되면서 갖는 '수동(정념passion)'의 정서가 있다. 자신의 능력에 따라 행위함으로써 갖게 된 정서는 능동이지만, 다른 신체와의 마주침으로써 갖게 된 정서는 수동(정념)이다.(『에티카』 3부 정의 3) 우리는 자신과 맞지 않는 신체를 만나 슬퍼하기도 하고, 자신과 찰떡궁합인 신체를 만나 기뻐하기도 한다. 자신을 괴롭히는 사람을 만나면 짜증이 나지만, 잘나가는(?) 사람들을 보면서 질투심에 사로잡힐 수도 있다. 불행해하는 사람을 보면서 연민에 젖기도 하고, 자신보다 못한 이들을 보면서 우쭐해하기도 한다. 이처럼 우리는 다른 양태들과 만나면서 다양한 정서를 갖게 된다. 스피노자는 이러한 정서들을 기쁨, 슬픔, 그리고 욕망의 정서로 요약한다.

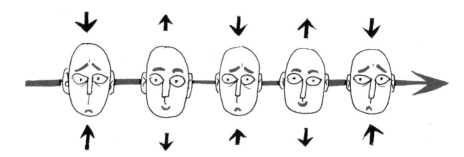

모든 정서는 욕망, 기쁨 또는 슬픔에 관계된다. (···) 기쁨과 슬픔은 그것을 통해 각자가 자신의 존재에 머무르려는 능력이나 코나투스가 증대하거나 아니면 감소하고, 촉진되거나 저해되는 수동 passion(정념)이다. 그러나 우리는 자신의 존재에 머무르고자 하는 코나투스를, 그것이 정신과 신체에 동시에 관계되는 한, 충동과 욕망으로 이해한다. 그러므로 기쁨과 슬픔은 외적 원인으로 증대되거나 감소되거나, 또는 촉진되거나 방해받는 한에서의 욕망이나 충동 자체, 즉 각자의 본성 자체다.(『에티카』 3부 정리 57 증명)

이처럼 기쁨이나 슬픔의 정서가 발생하는 것은 바로 '코나투스'의 증감에 의해서다. 우리는 자신의 능력이 증가하면 기뺌을 느끼는 반면, 능력이 감소하면 슬픔을 느낀다. 정서를 결정짓는 데 있어 무엇보다도 중요한 것은 코나투스다. 이에 따라 인간은 기쁨을 추구하며 슬픔은 멀리하게 된다. 다른 신체와의 만남에서도 마찬가지다. 우리는 기쁨을 주는 대상과는 결합하고자 하며, 슬픔을 주는 대상은 피하고자 한다.

스피노자의 이러한 설명은 인간이라는 개체가 그만큼 운에 따라 휩쓸리기 쉬운 존재임을 알려주고 있다. 양태들은 어쩌면 불리한 조건에서 출발해야 하는 숙명을 안고 태어났는지 모른다. 우리는 언제까지나 기쁨만 누리면서 살아갈 수는 없는 걸까? 다른 양태들에게 영향받지 않고 홀로 유유자적하며 존재할 수는 없는 걸까? 하지만 그것은 양태의 본성상 불가능하다. 양태들이 자연의 일부로 존재하는 한, 우리는 다른 양태들과의 관계를 떠나서는 존재할 수 없기 때문이다. "우리는 바람에 일렁이는 파도처럼 수많은 방식으로 외적 원인에 의해 휘몰리며, 우리 운명과 결과를 알지 못한 채 동요한다."(『에티카』 3부 정리 59 주석)

정서는 정확히 양태들의 이러한 상황에 따르고 있다. 앞서 열거한 정서들은 그것이 기쁨이든 슬픔이든 간에 일단 수동의 정서, 즉 '정념passion'으로 분류된다. 왜냐하면 이는 우리 자신의 능력으로부터 나온 정서(능동)가 아니라, 외적인 마주침에 의해 생겨난 정서(수동)이기 때문이다. 우리와 마주치게 될 대상이 기쁨을 줄 것인지, 아니면 슬픔을 줄 것인지는 미리 결정되지 않는다. 심지어 자신에게 기쁨을 주던 사물이 때로는 슬픔의 원인이 될 수도 있다. 사랑하는 연인과 함께 들을 때면 그토록 감미롭던 노래가 실연한 이후에는 더없이 슬픈 노래로 들리는 것도 이 때문이다. 물은 가뭄으로 고통당하는 사람에게 기쁨을 주지만, 취조실에서 물고문당하는 사람에게는 끔찍한 슬픔을 안겨주는 것이다. "모든 사물은 기쁨, 슬픔, 또는 욕망의 우발적인occasional 원인이 될 수 있다."(『에티카』 3부 정리 15)

문제는 우리가 외적 자극에만 의존하는 한, 부적합한 인식을 갖는 것은 피할 수 없다는 점이다. 정념은 이러한 부적합한 인식에서 나오는 정서로, 우리가 정념에 의존하여 판단하고 행동할 경우 끝없는 혼란과 방황에서 벗어날 수 없게 된다. 적합한 인식은 외적 자극이 아닌 우리 자신의 능력으로부터 나와야만 하며, 무엇보다도 그것은 파편적이거나 부분적인 인식에 머물러서는 안 된다. 그럴 때에만 우리는 정념에 사로잡히지 않고 자신의 능력을 안정적으로 확장시킬 수 있는 것이다. 그렇다면 이는 어떻게 가능할까?

여기서 우리가 분명하게 짚고 넘어가야 할 점이 있다. 인간의 신체가 외적 대상을 파악하는 방식은 '자극'에서 출발한다. "인간의 신체는 본성이 다른 수많은 개체로 합성되어 있으므로, 동일한 사물에 의해 수많은 방식으로 자극받을 수 있다."(『에티카』 3부 정리 17 주석) 우리 신체의 본성상 부적합한 인식을 갖는 것은 피할 수 없는 일이다. 우리는 외적 대상으로부터 부분적으로 자극받으며, 이에 따라 그들을 단지 부분적으로만 인식하기 때문이다. 입맛에 당긴다고 해서 초콜릿을 과도하게 먹는다면 그것은 결국 건강을 해치는 결과를 낳는다. 또한 성적 욕망이 특정한 대상이나 부분에만 머물 경우, 그것은 일종의 도착증이 되어버린다.

이처럼 외적 자극으로부터 형성된 부적합한 인식은 몸 전체의 이익을 고려하지 않으며, 자신이 자극받은 신체 일부에 국한되는 이익만 고려할 뿐이다.(『에티카』 4부 정리 59) 기쁨의 정서조차 그것이 단지 신체의 부분적인 자극에 머물러 있는 한, 이는 자신의 심신을 쇠하게 만드는 쾌락에 불과하게 된다. 따라서 아무리 기쁨의 정서를 축적하더라도 그 자체로는 능동의 정서가 되지 못한다. 스피노자가 특히 쾌락이나 연민, 그리고 증오 등의 정서를 경계하는 것도 이 때문이다. 그것은 우리로 하여금 끊임없이 수동적 상태에 고착되도록 만드는 것이다! 스피노자가 '예속'이라 부르는 것은 바로 이런 상태를 가리킨다.

정서의 조절과 억제에 대한 인간의 무능력을 나는 예속이라고 말한다. 왜냐하면 정서에 복종하는 인간은 자신의 권리 아래 있는 것이 아니라 운명의 권리 아래 있으며, 흔히 더 좋은 것을 보기는 하지만 더 나쁜 것을 따르도록 강제당하는 것과 마찬가지로 그는 운

명의 힘 안에 있기 때문이다.(『에티카』 4부 서문)

예속적인 인간은 자신의 능력으로 활동하지 못하고 그저 운에 따라 이리저리 휩쓸리거나, 자신보다 강한 능력을 지닌 개체에 압도되어 그저 수동적으로 존재할 수밖에 없다. 우리는 예속적이 될수록 무엇이 자기에게 유리한 것인지를 판단할 능력을 잃으며, 이로 인해 자신의 능력을 증대시킬 적합한 관계를 형성할 수 없게 된다. 여기서 욕망은 그저 맹목적인 채로 남아 있고, 자신의 능력이나 활동을 확대시키지 못한 채로 무수한 단절과 실패만을 경험하게 되는 것이다.(『에티카』 4부 정리 60 증명)

그러므로 우리 과제는 어떻게 이러한 예속의 상태로부터 벗어나 자신을 자유롭게 만들 것인가에 있다. 수동의 정서에 묶이지 않고 능동의 정서를 가질 수 있는 방법은 무엇인가? 정념의 지배로부터 벗어나 적합한 인식으로 나아가려면 어떻게 해야 하는가? 우리가 불리한 조건에서 시작한다는 것은 분명하다. 하지만 스피노자는 우리에게 적합한 인식을 형성하는 능력이 있다고 말한다. 그는 이를 '공통 개념'으로부터 이끌어내고 있다.

분명 예속이란 인간에게 매우 불행한 사태임에 틀림없다. 예속된 사람일수록 운에 따라 좌우되며, 그런 만큼 온갖 미신이나 독재자에게 농락당하기 쉽다. 그들은 무엇이 자신에게 유익하며 또한 이를 통해 어떻게 자기 능력을 확장시킬 수 있는지 모르기 때문이다. 어쩌면 예속이 초래할 위험 때문에 인간의 욕망은 그토록 두려움의 대상이 되어왔는지도 모른다.

많은 철학자나 신학자에게서 욕망이란 늘 예속의 주범이자 온갖 죄악의 근원으로 여겨졌다. 인간 본성 안에는 자신의 이익을 추구하는 욕망이 있는데, 그것은 '휘브리스hybris'라 불린다. 자만 또는 교만이라는 뜻의 이 개념은 다름 아닌 '아담'의 욕망을 가리킨다. 그는 스스로 신처럼 되려 했고 자신의 욕망에 따라 행동함으로써 신을 거역했다. 이는 인간의 모든 죄악의 뿌리가 욕망에 있음을 보여준다. 따라서 그들은 예속에서 벗어나는 길을 욕망에 대한 부정에서 찾으려 했다. 즉, 인간의 행복은 욕망에 대한 부정을 통해 획득될 수 있다는 것이다.

하지만 스피노자는 여기서 전혀 다른 입장을 취한다. 욕망, 즉 자신의 이익을 추구하려는 인간 본성이야말로 참된 덕이자 모든 행복의 기초라는 것이다. 이는 스피노자의 윤리학이 보여주는 가장 독특한 측면으로, 이를 통해 그는 욕망을 죄악시하는 모든 부정적 전통으로부터 자신을 멀찌감치 떨어뜨려 놓았다. 예속을 극복하는 길은 오히려 욕망에 대한 긍정, 다시 말해 기쁨을 통해 우리 자신의 능력을 확장시키는 데 있다는 것이다. 그는 우리가 정념에 예속되는 것이 불가피하지만, 그럼에도 이로부터 벗어날 수 있다고 말한다. 스피노자가 말하는 욕망의 긍정, 즉 기쁨을 통해 예속에서 벗어나는 길은 어떤 것인가?

우선, 예속의 문제는 좋은good 마주침과 나쁜bad 마주침을 판단하는 능력의 상실과 관련된다. 자신에게 무엇이 유익하며 해로운 것인지 알지 못한다면, 필경 그는 운의 지배 아래 놓일 수밖에 없기 때문이다. 앞서 언급한 대로 모든 인간의 본성은 기쁨을 추구하고 슬픔을 피하도록 되어 있다. 하지만 예속의 지배 아래 놓여 있는 사람들은 자신에게 유익한 것이 주어지더라도 결국 외적 강제에 따라 해로운 것으로 이끌린다. 달리 말하자면, 자신의 판단을 부적합한 관념에 내맡기는 것이다. 이럴 경우 사람들은 필연적으로 예속되며 자신의 능력이 저하되는 것을 피할 수 없게 된다.

그렇지만 우리에게 무엇이 유익하고 해로운지 알게 된다면, 우리는 더 이상 예속의 지배 아래 있지 않게 될 것이다. 그것은 적합한 관념을 갖는 것이다. "정신이 적합한 관념을 갖는 경우에는 필연적으로 작용하고, 적합하지 못한 관념을 갖는 경우에는 필연적으로 작용을 받는다."(『에티카』 3부 정리 1) 여기서 적합한 관념은 갖는다는 것은 우리로 하여금 자신이 원하는 결과(기쁨)를 얻을 수 있는 원인의 관념을 갖는 것을 의미한다. 그것은 우리로 하여금 자기 본성에 따라 지속적으로 기쁨을 주는 관계를 확보하도록 해준다. 이를 통해 우리는 능력을 확장시키고 능동적으로 기쁨을 만들어갈 수 있는 것이다. 따라서 예속에서 자유로 나아가는 데 관건이 되는 것은 적합한 관념을 갖는 것이다.

하지만 우리가 위의 설명을 꼼꼼히 이해한다고 해서 곧바로 적합한 관념을 갖게 되는 것은 아니다. 다시 말해 그것은 단순히 '앎'의 문제가 아니라는 것이다. 스피노자가 말하는 적합한 관념은 단순히 명목적인 것이 아니라 구체적이고 실재적인 것이기 때문이다. 따라서 그것은 어떤 명제에 대한 참, 거짓을 승인하는 데 있지 않다. 우리가 '1+1=2'라는 등식에 대해 '참truth'이라 말했다고 해보자. 그것은 등식에 대한 승인일 뿐, 그 자체로 적합한 관념은 아니다. 하지만 우리는 수학 공식을 전혀 모르더라도 수에 대한 적합한 관념을 가질 수 있다. 이를테면 학교 문턱에도 가보지 못했지만 재리財利에 밝은 장사꾼이 있을 수 있다. 그는 장사를 하면서 나름대로 셈하는 능력을 갖게 되었고, 이에 따라 수에 대한 적합한 관념을 지니게 된 것이다. 또한 수학 공식을 익혀서 자신의 능력을 배가시킬 수도 있다. 여기서 중요한 것은 **자신의 능력으로부터 설명되는** 관념을 갖는 데 있다. 자신이 실제로 그 결과를 산출할 수 있는 관념을 **직접** 소유해야 한다. 그래서 이는 단순히 '앎'의 문제가 아니라 '실천'의 문제라는 것이다.

그러면 우리가 적합한 관념을 갖기 위해서는 어떻게 해야 할까? 스피노자는 그 출발점을 공통 개념으로 제시한다. 공통 개념은 무엇보다도 신체들 간의 공통된 것에 대한 인식이며, 추상 개념이나 보편 개념 같은 것이 아니다. 예를 들어 어린아이들은 흔히 자신의 손가락을 보면서 사물을 셈하는 방식을 터득한다. 이들은 추상적인 숫자 개념을 미리 갖는 것이 아니다. 오히려 자신의 신체(손가락)와 사물에 공통적인 것을 인식하면서 비로소 수에 대한 어떤 관념을 형성하는 것이다. 1, 2, 3등은 단지 그것을 문자화한 추상 개념에 불과하다. 동물의 움직임에서도 공통 개념의 예를 찾을 수 있다. 맹수를 만난 동물은 순식간에 자신이 처한 상황을 직감한다. 누가 따로 알려주지 않아도 집단적 방어 태세를 취하는데, 이 역시 나름의 공통 개념을 형성한 것이라 할 수 있다.

앞 장에서도 언급했듯이, 모든 양태는 이미 공통적이며 동일한 본성을 나누어 가지고 있다. 가장 일반적인 의미에서의 공통 개념은 모든 양태에 해당된다. 물과 불도, 물과 기름도 서로 공통적이며, 바람과 흙도 공통적이다. 가장 일반적인 의미에서의 공통 개념은 이미 우리에게 주어져 있다. 그럼에도 스피노자는 우리가 공통 개념을 '형성'해야 한다고 말한다. 그것은 이미 우리에게 주어져 있지만, 또한 매순간 다른 개체와의 마주침 속에서 형성되어야 한다는 것이다.

우리는 다른 신체와의 공통적인 것을 더 많이 인식할수록 더 적합한 관념을 갖게 되며, 다른 신체와의 공통된 것을 더 적게 인식할수록 덜 적합한 인식을 갖게 된다. "신체가 다른 사물과 공통으로 갖는 것이 많으면 많을수록 정신은 더욱더 많은 것을 지각할 수 있다."(『에티카』 2부 정리 39 주석) 여기서 다른 신체와 더 많은 공통된 것을 인식할수록 우리에게 유리하다는 것은 지극히 당연하다. 하지만 그는 우리에게 가장 덜 보편적인 공통 개념의 중요성을 일깨운다. 그것은 우리가 적합한 관념을 형성하는 데 더 유용하며 실제적이다. 매순간의 구체적인 마주침 속에서 공통 개념을 형성할 기회를 갖지 못한다면, 우리는 적합한 관념을 형성하는 데 결국 실패하고 말 것이다.

하지만 우리가 외부 신체와 단절되어 있거나, 추상 개념 또는 이미지들에 의존한다면 결코 적합한 관념을 갖지 못할 것이다. 중요한 것은 자기 신체를 외부 신체와 결합시키고 이로부터 공통 개념을 형성하는 데 있다. 그렇다면 우리는 어떻게 공통 개념을 갖게 되는가? 그 해답은 기쁨의 정서에서 주어진다.

기쁨의 정서는 우리가 자신에게 유익한 신체를 만날 때 갖는 정념passion이다. 비록 우리가 신체들 간에 공통된 어떤 것을 아직 인식하지 못했더라도 기쁨의 정념을 가질 수는 있다. 이러한 기쁨은 다른 신체들과의 마주침에서 나온 것이므로 수동passion의 정서임에 분명하다. 따라서 기쁨의 정념을 양적으로 축적한다고 해서 그 자체로 능동action의 정서가 되는 것은 아니다. 하지만 기쁨의 정념은 여기서 매우 중요한 기능을 맡게 된다. 그것은 기쁨을 주는 것이기에 기쁨을 다시 얻기 위해서 기쁨의 이유를 찾게 만든다. 그래서 우리로 하여금 자신의 능력으로부터 활동하도록 이끌며, 예속에서 벗어나 우리 자신을 능동적으로 작용하도록 만들어주는 것이다.

기쁨의 정서는 무엇이 우리에게 유익한 신체인지를 알려주며, 우리는 이를 통해 그들과의 결합을 상상하고 그것을 위해 노력하게 된다. 이러한 노력이야말로 우리 자신의 능력에 의한 활동이며, 이로부터 다른 신체들 간의 공통된 것에 대한 인식으로 나아가게 되는 것이다. 그것은 우리가 갖는 최초의 적합한 관념이자 공통 개념이라 할 수 있다. 즉 기쁨의 정념은 우리를 공통 개념으로 유도하는 일종의 도화선導火線인 것이다. 공통 개념을 통해 우리는 자기 신체에 공통적인 것에서 외부 신체에 공통적인 것에 대한 인식으로 나아간다. 그것은 부분이나 전체에 모두 들어 있는 것이므로 필연적으로 적합한 관념일 수밖에 없다.(『에티카』 2부 정리 38 증명)

이제 사태는 반전된다. 공통 개념으로부터 전혀 새로운 종류의 정서가 나오게 된다. "수동적인 기쁨과 욕망 외에, 우리가 작용하는 한에서 우리에게 관계하는 기쁨과 욕망의 다른 정서가 존재한다."(『에티카』 3부 정리 58) 공통 개념으로부터 발생되는 정서는 우리 자신의 능력에서 나오는 '능동의 정서'다. 능동의 정서는 우리로 하여금 더 많은 신체에 공통적인 것을 인식하도록 하는 새로운 능력을 부여한다. 공통 개념의 형성을 통해 우리는 덜 공통된 것에 대한 인식으로부터 가장 일반적인 공통 개념을 형성하는 데까지 나아갈 수 있다.

뿐만 아니라 공통 개념은 심지어 우리에게 반대되는 신체들과도 결합할 수 있도록 해준다. 즉, 슬픔의 정념까지도 이해할 수 있게 한다. 슬픔의 원인을 이해하는 순간 그것은 더 이상 나에게 슬픔을 주지 않게 되는 것이다. 우리는 슬픔을 이해함으로써 그로부터 능동적인 정서를 이끌어낼 수 있게 된다. 이로써 우리는 나쁜 마주침까지도 자신에게 유익한 관계로 만들어갈 수 있게 되는 것이다. 이러한 공통 개념은 우리로 하여금 더 이상 수동의 정서에 의존하지 않고 능동적으로 기쁨을 만들 수 있도록 해준다. 따라서 더 이상 운에 휩쓸리지 않고 자신에게 적합한 관계를 능동적으로 구성할 수 있게 된다.

정리해보자. 예속으로부터 벗어나 우리를 자유로운 존재로 만들기 위한 방안은 무엇인가? 사실 인간은 본성상 정념으로부터 자유롭지 못한 존재다. 정념 자체를 완전히 없앨 수 없으며, 이성의 힘으로 정념을 전적으로 통제하는 것은 불가능하다. 하지만 인간 자신이나 정념에 대해 올바르게 '이해'한다면, 정념이 더 이상 우리를 지배하지 못하도록 할 수 있다. 게다가 정념들을 이용해서 좀더 유능하고 이성적인 삶을 살 수 있다. 이를 위해서 우리는 기쁨의 정념에 주목할 필요가 있다. 기쁨의 정념은 바로 자신의 능력을 일깨워주는 역할을 하므로, 우리는 기쁨이 제공하는 무수한 기회를 적극 활용할 필요가 있다. 기쁨을 통해서 우리는 자신의 능력으로부터 설명되는 관념, 즉 적합한 관념을 형성할 수 있기 때문이다.

이를 달리 말하자면, 자신의 능력, 욕망을 긍정하라는 것이다. 자신의 능력이 크거나 작다는 것은 별로 문제되지 않는다. 오히려 자신의 능력이 확장되고 있는가, 축소되고 있는가가 더 중요한 문제다. 비록 우리가 작은 능력을 갖고 있더라도, 그것은 우리를 자유롭고 능력 있는 존재로 만드는 첫 단추가 되기 때문이다. "자유로운 인간은 자신에게 중요하다고 판단되는 것, 자신이 욕망하는 것을 행하지만, 예속된 인간은 자신이 알지 못하는 것을 행하며 원치 않는 일을 행하게 된다."(『에티카』 4부 정리 66 보충)

예를 들어 우리가 서양 철학에 대해 공부하기로 결심했다고 치자. 우선 서양 철학에 대해 알려면 철학자들이 무슨 주장을 하는지부터 알 필요가 있다. 이를 위해서는 서양 철학사의 주요 흐름에 대해 파악하고 있어야 한다. 그래야만 각각의 철학자가 기존의 철학적 견해에 대해 왜 그런 주장을 폈는지 윤곽을 잡을 수 있기 때문이다. 뿐만 아니라 철학에서 사용되는 각종 개념이 무엇을 의미하는지 알아야 한다. 그러한 개념을 모르면 철학자들의 주장을 제대로 이해할 수 없기 때문이다. 이것뿐만이 아니다. 그리스어, 라틴어 등 고전 언어에서부터 독일어, 불어 등에 이르기까지 외국어도 숙달해야 한다. 그렇게 개념의 어원을 통해 접근함으로써 좀더 정확한 의미를 파악할 수 있기 때문이다. 이처럼 계속 나가다보면 서양 철학을 공부하기 위해 필요한 것이 아주 많다는 사실을 깨닫게 되고, 결국에는 얼마 가지 않아 지쳐 포기하기 십상이다. "철학이란 너무도 어려운 학문"이라는 사실만 확인하게 될 따름이다. 이러한 접근 방식은 자신의 무지와 무능을 끝없이 확인하는 '부정의 방식'이라 할 수 있다.

반면 스피노자가 제안하는 것은 우리 자신의 욕망과 능력에서 출발하는 '긍정의 방식'이다. 이것은 평소 자신이 공부해보고 싶었던 철학자로부터 출발한다. 물론 처음부터 쉽지는 않겠지만 그래도 이전부터 관심을 갖던 철학자이므로 흥미를 잃지 않고 공부를 해나갈 수 있다. 또한 자신이 궁금해하던 내용을 배울 수 있고, 이렇게 하다보면 새로운 궁금증을 풀고자 다른 철학자에게까지 관심사를 넓힐 수 있다. 다른 철학자를 더 알아보는 데 있어 이미 공부한 내용을 바탕으로 접근하게 되므로 아예 모르던 철학자보다는 훨씬 더 수월하게 공부할 수 있다. 철학에서 사용하는 여러 개념을 이해하는 것도 마찬가지다. 자신이 처음에 공부한 철학자가 사용하는 주요 개념을 이해하면 이를 바탕으로 다른 철학자가 사용하는 개념에 대해서 좀더 수월하게 이해할 수 있다. 이런 식으로 자신이 가진 욕망과 능력에서 출발하여 점차 더 많은 욕망과 능력을 갖는 방식으로 나아간다. 따라서 스피노자의 긍정의 방식은 능력의 확장으로 이어진다.

물론 스피노자는 우리가 예속으로부터 완전히 자유로울 수 있다고 말하지 않는다. 우리는 여전히 다른 신체들과의 관계 안에 놓여 있으며, 따라서 기쁨과 슬픔을 경험하게 되는 것은 불가피하기 때문이다. 또한 적합한 관념을 갖는다고 해서 슬픔을 주는 신체가 사라지는 것도 아니며, 오로지 적합한 관념만을 갖는다는 것 역시 불가능하다. 하지만 우리는 자신에게 기쁨을 주는 신체들과의 관계를 늘리고, 슬픔을 주는 관계를 줄여갈 수는 있다. 즉, 적합한 관계를 늘리는 반면 부적합한 관계는 줄여가는 것이다. 그럼으로써 우리는 자신의 능력을 더더욱 안정적으로 확장시켜나갈 조건을 확보하게 되는 것이다.

여기서 스피노자가 제시하는 원칙을 단순화하면 '기쁨을 추구하고 슬픔을 멀리하라'는 정식으로 요약할 수 있을 것이다. 하지만 이를 현실에 적용하는 데는 많은 어려움이 따른다. 왜냐하면 우리와 마주치는 대상이 언제나 기쁨만 주거나 슬픔만을 주지는 않기 때문이다. 예전에 기쁨을 주던 대상이 슬픔을 주며, 반대로 슬픔을 주던 대상이 기쁨을 주기도 한다. 이는 대상 자체로부터 기쁨과 슬픔이 결정되기보다는, 그 대상과 어떤 '관계' 안에서 어떤 '방식'으로 마주치느냐에 의해 기쁨과 슬픔이 결정되기 때문이다.

뿐만 아니라 하나의 동일한 대상이 기쁨과 슬픔을 동시에 가져다주기도 한다. 어떤 부분에서는 기쁨을 주지만, 다른 부분에서는 슬픔을 주는 것이다. 탄산음료는 미각에는 기쁨을 주지만, 몸 전체에는 슬픔을 가져다줄 수 있다. 대상 자체가 여러 개체의 합성으로 이루어졌기 때문에, 그 대상의 여러 부분과 맺는 관계에 따라서 기쁨과 슬픔은 무수하게 교차할 수밖에 없다. 또한 나 자신의 상태에 따라서 기쁨을 주던 대상이 반대로 슬픔을 주기도 한다. 배고플 때 음식을 먹으면 기쁨을 주지만, 배부를 때 먹는 음식은 슬픔을 가져다주는 것이다.

만약 '기쁨을 추구하고 슬픔을 멀리하라'는 정식을 지나치게 단순하게 적용해 자신의 이기적 욕망만을 채우면 그만이라는 식으로 처신한다면 그것은 오히려 자신에게 가장 불리한 선택이 되고 말 것이다. 계산적으로 행동해 주변 사람들로부터 미움을 사서 경계의 대상이 될 수 있기 때문이다. '슬픔을 멀리하라'는 것도 마찬가지다. 우리가 마주칠 대상은 때로는 기쁨을 주기도 하고 슬픔을 주기도 하는데, 슬픔을 줄 때마다 항상 그 대상을 회피해버린다면 우리는 적합한 관계를 형성할 기회를 충분히 확보하지 못하게 될 것이다. 매번 대상을 회피하기보다는 그 대상과 '새로운' 방식으로 관계를 맺을 방안을 마련함으로써 그 대상과 기쁨을 나누는 관계를 형성하는 것이 좀더 적극적인 방안이 된다. 달리 말하면, 그 대상에 대해 더 보편적인 공통 개념을 형성해나가는 것이라 할 수 있다.

이것이 가능한 이유는 모든 만물이 신의 변용이라는 점에서 공통적이라는 전제에 있다. 스피노자가 보기에 우리가 공통 개념을 형성할 수 없는 대상이란 없다. "모든 것에 공통된 것은 적합한 것으로 파악될 수밖에 없다. 그러므로 우리가 명료하고 뚜렷한 개념을 형성할 수 없는 신체적 변용은 아무것도 없다."(『에티카』 5부 정리 4 증명) 따라서 우리는 심지어 부적합한 관념이나 슬픔으로부터도 공통 개념을 형성할 수 있다.

> 모든 충동이나 욕망은 부적합한 관념들에서 싹트는 한에서 정념이며, 적합한 관념들에 의해 불러일으켜지거나 발생될 때는 덕이 된다. 우리로 하여금 무엇인가를 행하도록 결정하는 모든 욕망은 부적합한 관념에서도 싹틀 수 있고, 적합한 관념에서도 싹틀 수 있기 때문이다.(『에티카』 5부 정리 4 주석)

> 우리가 슬픔의 원인을 이해함에 따라서 슬픔은 정념이기를 멈춘다. 다시 말해 슬픔이기를 멈춘다.(『에티카』 5부 정리 18 주석)

물론 이를 위해서는 많은 경험과 노력이 요구된다. 무수한 시행착오를 통해 얻는 경험적 지식, 그리고 새로운 실험을 통해서 얻게 된 새로운 지식이 필요하다. 이제 스피노자의 논의는 우리에게 적합한 관계들을 구성하고 확장하는 문제로 넘어간다. 이는 비단 윤리학의 문제만이 아니라 정치학의 문제라고도 할 수 있다. 이는 자신의 능력을 확장시키기 위한 좀 더 적극적인 방안이기도 하다. 과연 어떤 정치체를 구성할 때, 사회 구성원들의 능력이 신장되고 기쁨을 지속적으로 누릴 수 있는가? 이어지는 5장의 질문이기도 하다.

BENEDICTUS
SPINOZA

5장 미신 없는 종교와 공포 없는 국가

██████████████████ 2장 서두에서도 언급했지만, 행복한 삶을 원하지 않는 사람은 없다. 모두가 행복하게 살아갈 수 있다면 더할 나위가 없을 것이다. 『에티카』가 추구하는 것도 이와 다르지 않다. 스피노자의 표현을 빌리면, 그것은 우리로 하여금 '자유'와 '지복'을 누리도록 하는 데 목적이 있다. 우리 자신을 슬픔과 증오, 예속으로부터 자유롭게 만들고, 나아가 신에 대한 사랑으로 지복에 이르는 것. 『에티카』의 마지막 5부는 이를 위한 논의에 집중되어 있다.

스피노자는 우리가 처한 조건이 그리 유리하지만은 않다는 것을 잘 알고 있었다. 무엇보다도 우리는 세상에 대해 완전히 무지한 상태로 태어난다. 무엇이 자신을 행복하게 해줄 것인지 미리 알아낼 수도 없다. 우리는 예기치 않게 불행을 경험하며, 반대로 기대하지도 못했던 행운을 만나 기뻐하기도 한다. 하지만 스피노자는 어느 누구라도 자유와 지복에 이를 수 있다고 확신했다. 여기서 그가 제시하는 것은 자유와 지복에 이르는 길이자 이를 위한 실천 방안들이다.

우리는 흔히 사회 전체의 행복을 위해 개인의 자유나 권리가 부득이하게 제한될 수밖에 없다는 이야기를 접한다. 세상에 완전한 제도나 사회가 어디 있으며, 어느 누가 자유를 완벽하게 만끽할 수 있단 말인가? 각자가 원하는 바를 모두 충족시키려면 세상은 결국 전쟁과 야만 상태로 빠져들 수밖에 없으리라. 따라서 사회를 유지하려면 자신의 자유와 권리를 국가나 다른 대표자에게 양도해야 한다. 결국 자유와 권리를 보장받기 위해서는 불가피하게 각자의 자유와 권리가 제한되어야 한다는 이율배반적 결론에 이르는 것이다.

하지만 스피노자의 생각은 달랐다. 오히려 우리가 가진 자유와 능력, 그리고 행복한 삶을 추구하는 욕망(코나투스)이야말로 사회를 구성하는 가장 중요한 기초가 된다고 보았다. 우리의 자유와 능력은 자신에게 적합한 관계들을 맺음으로써 더욱 증대될 수 있다. 우리는 홀로 고립되어 있을 때보다 사회적 관계 안에서 더 자유롭고 유능하게 살아갈 수 있다. 여기에는 더 이상 개인과 사회 간의 이율배반적 관계가 존재하지 않는다. 고독한 무인도보다는 사람들과 함께 어울려 살아가는 사회 안에서 우리는 좀더 많은 행복을 누릴 수 있다. 따라서 개인의 행복을 확장시키기 위해서라도 사회를 구성하는 것은 필수적이다.

그렇지만 우리가 익히 아는 대로 모든 사회가 사람들을 자유롭고 행복하게 해주는 것은 아니다. 과거에나 오늘날에나 대중을 무능력하게 만들고 예속시키는 사회나 국가는 무수하게 존재한다. 대중을 노예처럼 부리면서 야만적인 독재를 해온 국가 및 통치자들과, 그러한 지배에 저항하기보다는 오히려 맹목적으로 충성을 다하던 대중이 존재했다. 여기에 종교와 미신까지 가세하면 문제는 한층 더 심각해진다. 도대체 이런 일이 어떻게 생겨날 수 있었던 걸까? 스피노자가 『신학정치론』과 『정치론』에서 다루는 문제가 바로 이런 것이다. 사람들로 하여금 예속된 삶을 기꺼이 받아들이게 하며, 그들을 나약하고 굴종적인 존재로 만드는 것은 무엇인가? 그들에게 진정한 자유와 행복을 줄 수 있는 사회란 무엇이며, 우리는 어떻게 참된 자유를 누릴 수 있게 되는가?

우리가 종교에 대해 통상적으로 갖고 있는 생각들을 떠올려
보자. 종교란 초자연적인 것, 즉 이성으로는 설명될 수 없는
신비적인 영역에 대한 신앙을 말한다. 아니면 종교란 신화적
세계관이 지배하던 고대 시대가 남긴 유물일 뿐이며, 인간의
이성과 사회가 성숙해짐에 따라 마침내 소멸할 수밖에 없는
것이다. 또는 종교란 마르크스의 말처럼 압제받고 있는 현실
앞에서 사람들을 더욱 무력하게 만드는 '인민의 아편'이자
'억압받는 피조물들의 탄식'이리라.

　우리가 종교에 대해 무엇이라고 정의내리든, 그리고 과연 종
교라는 것이 필요한가의 여부와 무관하게, 그것은 이미 수천
년간 혹은 그 이상으로 우리 삶의 일부분으로 자리해왔다. 여
기서 스피노자는 종교를 바라보는 독특한 안경을 제공하는
데, 그것은 종교 자체를 하나의 '결과'로 간주하여 그것을 만
들어낸 원인에 대해 묻는 것이다. 어떠한 삶이 그런 특정한 형
태의 종교를 만들어내고 있는가? 보상과 처벌의 종교는 어떻
게 '생산'되며, 그것은 또한 어떻게 변형되어왔는가? 종교들
이 만들어지고 존속한 것에는 뭔가 이유가 있다. 따라서 스피
노자에게서 종교 그 자체는 단순히 초자연적인 것 또는 소멸
될 어떤 것도 아닐뿐더러 고대의 유물이나 미신과도 동일시되
지 않는다.

미신이나 점술 등을 무지함의 소치라거나 비과학적이라고 무작정 비난할 일만은 아닐 것이다. 그것의 신빙성 여부를 따지기 전에, 우리는 미신이나 점술 등이 인간의 욕망을 표현하는 특정한 양태라는 점에 주목할 필요가 있다. 여기에는 개개인의 소박한 바람들로부터 사회 변혁을 꾀하는 정치적 요구까지 인간의 매우 다양한 욕망이 한데 뒤섞여 있는 것이다. 아무리 터무니없는 망상이라 해도, 그것을 통해 표현되는 인간의 욕망이 만들어내는 현실까지 무시할 수는 없다. 미신은 사람들의 판단과 행동을 이끄는 실재적 '힘'으로 존재한다. 그러므로 그들의 무지함이나 미신의 부당함만을 지적하기보다는, 미신이 어떻게 발생했으며, 어떻게 인간의 마음을 사로잡을 수 있었는가를 아는 일이 더 중요할 것이다.

스피노자는 미신이 발생한 원인을 공포에서 찾는다.(『신학정치론』서문) 그가 말하는 공포는 단순히 괴기영화를 보거나 흉측한 괴물을 맞닥뜨려 갖게 되는 그런 감정이 아니다. 그것은 공포라기보다는 차라리 혐오에 가까울 것이다. 스피노자가 말하는 공포는 인간의 존재 조건과 관련 있다. 즉, 인간은 다른 양태들과의 관계에 따라 실존 여부가 결정되는 유한한 존재다. 그들과 맺는 관계에 따라 자기 존재를 유지할 수도 있고, 잃을 수도 있는 것이다. 우리는 이러한 조건 아래서 불가피하게 부적합한 관념을 가질 수밖에 없는데, 자신의 존재를 위협했던 과거의 어느 사물에 대해 상상하거나 미래의 어느 때엔가 다른 원인에 의해 자기 존재를 파괴당할 수 있으리라 상상하게 된다. 스피노자는 이로부터 발생하는 정서를 공포라 부르고 있다.(『에티카』 3부 정리 18 주석 2)

분명 공포는 인간의 상상력과 밀접하게 관련되어 있다. 사람들은 공포의 정서로 인해 현실에 존재하지도 않는 가상의 대상과 싸우고 그것에 대해 두려워하며 움츠러든다. 이를 통해 가상의 존재가 사람들의 생각과 삶을 지배하게 되는 것이다. 이처럼 미신은 사람들로 하여금 존재하지도 않는 허구적인 것에 예속되도록 만든다! 우리는 언제 행운이나 불행이 자신에게 찾아올지 알지 못한다. 사람들은 불행을 겪을 때 무엇에게든 도움을 받으려 하며 그것에 매달린다. 심지어 불행을 자신의 죄악 때문이라고 여기거나, 미래를 암시해주는 초자연적 계시로 해석하기도 한다. 천둥이나 번개 같은 기상 현상까지도 행운이나 불행을 미리 알려주는 조짐omen으로 읽힌다. 물에 빠진 사람이 지푸라기라도 잡으려 하듯, 그들은 미신에라도 호소함으로써 곤경에서 벗어나고자 하는 것이다. "만일 사람들이 자신의 모든 환경을 완벽하게 지배할 수 있거나 계속된 행운이 그들의 운명이라면, 그들은 결코 미신에 빠지지 않았을 것이다."(『신학정치론』 서문)

미신은 바로 이러한 공포의 정서 위에 자리잡는다. 스피노자가 거듭 지적하듯이 인간의 정서만큼 변덕스럽고 변화무쌍한 것도 없으며, 그런 만큼 정서에 더 많이 사로잡혀 있는 사람일수록 자기 운명 속에서 좌충우돌하게 된다. 특히 그것은 절망이나 적의, 열광 등과 같은 강렬한 정서로 유지되고 있기 때문에, 종교 집단들 사이에 반목과 분쟁이 빈번하게 일어나는 것도 전혀 이상한 일이 아니다. "종교적 분쟁들은 종교에 대한 불타는 애정에서라기보다는 사람들의 다양한 기질과 모순에 대한 애착에서 유래합니다. 이로 인해 사람들은 아무리 올바로 말해진 것이라도 습관적으로 왜곡하고 헐뜯습니다."(48번째 편지) 따라서 그것은 사람들로 하여금 이성에 귀 기울이기보다는 집단적 광기에 따라 움직이도록 만든다.

스피노자의 이런 주장은 당대의 정치적 상황과 관련 있다. 개신교 종교 지도자들은 성서의 문구를 교묘히 해석해서 자신들의 지위를 공고히 하는 데 악용했다. 또한 군주정을 추구하던 오라네가를 중심으로 하는 정치 세력들도 종교 지도자들과 결탁해 대중을 지배하고자 했다. 그들의 정치적 선동은 마치 종교적 진리인 양 둔갑했다. 정치와 종교가 긴밀하게 결합하여 대중을 자신들의 권력 유지를 위한 도구로 삼은 것이다. 대중의 마음을 사로잡은 것은 이성이 아니라 선동이었다.

대중의 이러한 성향을 누구보다 더 잘 간파했던 이들은 정치인과 종교 지도자들이었다. "대중에게 미신보다 강력한 통치자는 없다."(『신학정치론』 서문) 그들은 대중이 공포에 사로잡힐수록 미신에 빠져들기 쉽다는 것을 아주 잘 알고 있었다. 그들은 대중의 약점을 파고드는 데 주저하지 않았고, 그것은 모든 야만적인 폭정과 미신이 유지될 수 있었던 진정한 비밀이기도 했다. "자유로운 국가에서는 (…) 공포를 종교의 그럴듯한 이름으로 가려서, 그것이 마치 구원을 위한 것이라도 되는 양 자신의 예속을 위해 싸우도록 만들고, 통치자 한 사람의 허영을 위해 피와 목숨을 바치는 것을 수치가 아닌 최고 영예로 간주하도록 만드는 것보다 더 비참한 정책이 고안되거나 시도될 수 없다."(『신학정치론』 서문)

이렇듯 미신이 되어버린 종교는 우리 삶을 어떻게 지배하는 것일까? 이에 관한 해결책으로 『에티카』가 인식의 중요성을 제기하고 있다면, 『신학정치론』은 정서와 상상의 중요성을 강조하고 있다. 상상이나 정서가 어떻게 사람들로 하여금 예속된 삶에 빠지도록 만드는지, 또한 종교적 가르침이 추구하는 바는 어떤 것인지에 대해 보여주려는 것이다.

스피노자가 『신학정치론』에서 취급하는 문제들은 이러한 미신적 행태들에 대한 비판에 맞춰져 있다. 그는 종교에 대한 잘못된 가정들이 무엇인지 보여주고, 종교적 명분으로 대중에게 예속과 무지를 강요하는 정치권력의 전횡들을 폭로한다. 특히 그는 이 책의 절반 가까이를 성서 해석의 문제에 할애하는데, 이는 성서의 권위를 빌려 자신들의 지위를 보장받으려는 성직자들, 성서의 가르침을 따르기보다는 성서의 문구를 숭배하는 교회와 종교 지도자들을 비판하기 위해서였다.

성 서 에 대 한 가 장 흔 한 오 해 들

스피노자가 보여주듯이, 종교와 정치 영역은 이성보다는 정서와 상상이 강력한 힘을 발휘한다. 종교와 정치 영역에서 분쟁과 논란이 끊이지 않는 이유다. 특히 종교가 그러하다. 스피노자의 언급처럼, 사랑과 평화를 가르치지 않는 종교는 없다. 그럼에도 어째서 종교들이 그러한 분쟁과 전쟁의 원인이 되는가?

종교 지도자들은 종교의 가르침대로 살도록 하기보다는 자신들에게만 충성할 것을 요구한다. 각 종교 간의 차이는 다만 외적인 예배 형식이나 교리 등에서만 확인될 뿐이며, 그들의 실천 방식은 하등 다를 바 없다는 것이다. 종교 지도자들의 관심은 자신들의 지위를 이용해 대중의 인기를 얻으려는 데 있을 뿐이다. 그들은 인간의 이성이란 원래 타락한 것이라고 주장하면서 인간의 지성마저 거부하기까지 한다. 하지만 이는 대중이 신앙에 대해 자유롭게 판단하는 능력을 마비시키는 것에 다름 아니다. 결국 그들의 종교는 미신으로 전락하고 기만과 속임수만 난무하게 된다.(『신학정치론』 6장)

이러한 미신에 대한 비판은 스피노자의 종교 비판의 주된 초점이 된다. 스피노자는 대중의 약점을 악용해 그들을 맹신하도록 만드는 성직자들, 교회의 행태들, 종교를 가장한 정치권력을 강한 어조로 비판한다. 이들에 의해 대중은 신앙과 철학에 대해 자유롭게 판단할 능력을 박탈당하고 있다는 것이다.

그렇다면 교회와 성직자들은 성서를 어떤 방식으로 해석하고 있는가? 그들은 성서의 가르침에 따르기보다는, 신학자들이 임의로 고안해낸 관념을 성서에 돌리면서 사람들 사이의 온갖 논쟁과 열광, 증오를 불러일으키고 있다. 이에 따라 그들은 이성과 본성을 경멸하고 이에 반대되는 것만을 찬양하며 숭배하도록 가르친다.(『신학정치론』 7장) 따라서 그들과 견해를 달리하는 이들이 아무리 정직하고 유덕하더라도 신의 적이라고 박해하는 반면, 그들을 추종하는 이들이라면 아무리 타락하더라도 신의 선민으로 여겨진다. "따라서 성서에서 너무나 심오해서 인간의 어떤 언어로도 설명될 수 없는 비의들을 발견하고, 철학적인 성질의 문제들을 너무나 많이 종교에 끌어들여서 교회가 학원처럼 보이며, 종교가 과학처럼, 아니 그보다 논쟁의 주제처럼 보이도록 만들었던 사람들이 보여주는 교묘함에 경악하게 된다."(『신학정치론』 8장)

이처럼 교회 안에서는 사람들이 꾸며낸 것들이 신의 교의로 간주되거나 맹신이 도리어 신앙으로 여겨지며, 심지어 성서의 일부를 고치는 신성모독도 서슴지 않고 행해진다. 경건을 가장한 온갖 편견과 분쟁. 스피노자에게서 이는 성서의 가르침과는 무관한 인간의 야심일 따름이었다. 공포에 사로잡히기 쉬운 대중의 심성을 이용해 그들을 무지와 예속 상태로 감금시키는 이 모든 것으로부터 사람들을 진정 자유롭게 만드는 것, 이것이 바로 스피노자의 종교 비판이 시도하고 있는 것이다.

그러므로 스피노자의 이런 신랄한 비판이 겨냥하는 것은 종교 자체를 없애버리자는 데 있지 않다. 오히려 그는 모든 미신의 예속에서 벗어난 참된 종교를 희망했다. "모든 미신의 예속으로부터 자유로운 종교를 만날 수 있다면 우리 시대는 얼마나 행복할 것인가!"(『신학정치론』 6장) 유대교나 기독교 신학자들이 성서의 일부 문구만 떼어내 그것을 자신들의 권위를 보증하는 근거로 삼는 것이나, 자신들이 임의로 추측해낸 것을 마치 신의 '교의'인 양 떠받드는 것처럼 어리석고 불경건한 행태가 어디 있을까? 그는 종교에 대해 사람들이 지닌 잘못된 통념들을 지적하고, 아울러 모든 사람이 신앙에 대해 자유롭게 판단할 수 있도록 허용해야 한다고 요구했다. 이러한 자유야말로 오히려 사회를 평화롭고 건강하게 만드는 기초가 된다는 것이다. 그는 경건을 가장한 미신적 편견들이 무엇이며, 아울러 그것이 성서의 가르침과는 동떨어진 맹신에 불과하다는 것을 보여주고자 했다.

여기서 스피노자가 가장 먼저 제기하는 문제는 성서 해석에 관한 것이다. 사람들이 성서를 지나치게 신비화하거나 절대시하고 있다는 것이다. 그들은 성서의 모든 글이 신에 의해 전혀 오류가 없도록 기록되었으며, 심지어 성서의 글자 하나, 점 하나까지도 철학적으로나 과학적으로 완벽하게 들어맞는다고 믿는다. 하지만 스피노자가 보기에 그들의 이런 태도는 참된 신앙이라기보다 성서의 문구에 대한 비천한 맹종에 불과했다. 더군다나 이를 부추기고 악용해온 이들은 다름 아닌 성직자들이었다. 그들은 성서를 자신들이 속한 교단을 지지하는 근거로 악용하려 했다. 오직 자신들의 교단과 교리만이 성서적이며, 다른 교단들은 성서에서 벗어난 이단이자 신의 대적자라는 것이다. 동일한 문구를 두고도 교단마다 자신만을 지지하는 근거라고 주장하는 웃지 못할 사태가 벌어졌고, 심지어 성서 일부를 자신들의 교리에 맞도록 뜯어고치는 일까지 행해졌다. 그것이 성서의 절대적 권위를 그토록 강조했던 사람들이 보여준 모습이었다.

과연 그들의 주장처럼 성서는 철학적으로나 과학적으로 일점일획도 오류가 없는 완벽한 책일까? 그들은 성서를 어느 날 갑자기 하늘에서 내려온 책처럼 신성시하지만, 성서의 형성 과정을 살펴본다면 이는 크나큰 오해임이 밝혀진다. 성서가 오늘날의 형태로 만들어지기까지는 수백 년에 걸친 무수한 편집 과정과 종교 회의가 있었다. 지금까지도 성서를 기록한 저자들의 원본은 발견되지 않았을뿐더러 그 횟수마저도 짐작할 수 없는 필사본의 필사본들만이 전해질 뿐이다. 성서를 일일이 손으로 베껴 쓰는 과정에서 일부 문구를 고의로 수정하거나 틀리게 옮겨놓은 것도 적지 않았다. 그래서 동일한 문서의 필사본끼리도 서로 일치하지 않으며, 이 때문에 어느 필사본이 저자의 원본에 가장 근접해 있는지 하나씩 대조해야만 했다. 스피노자가 이렇게 '역사적인 연구'를 언급한 것도 성서의 형성 과정과 해석에 있어서의 난맥상을 충분히 감안해야 한다는 것이었다.

뿐만 아니라 스피노자는 성서의 저자들이 만물의 이치에 통달한 현자賢者나 신학자가 아니었음을 지적한다. 그들은 심지어 아무런 배움이 없던 촌사람을 포함해 군인, 목동, 관리 등 다양한 출신으로 이뤄졌으며, 자신들이 경험하고 상상하던 방식으로 신을 각기 다르게 묘사했다는 것이다. 군인 출신의 예언자는 신을 용맹한 장수처럼 기록했고, 목동 출신은 신을 양 치는 목자처럼 이해했다. 또한 교양을 갖춘 예언자들은 그들이 갖고 있는 지식을 총동원해 신의 섭리와 지혜를 대중에게 전달하고자 했고, 또 다른 예언자들은 자신들의 성격과 기질에 따라 신을 불이라고도 말하고 또는 매우 변덕스럽고 질투심 많은 존재로 묘사하기도 했다. 모세는 신을 만나기 위해 산꼭대기에 올라갔고, 사무엘은 신이 천막 안에 있다고 생각했다. 그들은 신이 어디에나 존재할 수 있다는 사실을 미처 알지 못했던 것이다.

그렇다면 성서에 나타나는 이러한 신인동형론적 묘사와 불일치, 기적 등에 대해서 어떻게 받아들여야 할까? 성서는 그저 무지와 오류로 가득한 책이라고 봐야 할까? 스피노자는 성서 해석의 원리가 자연을 해석하는 원리와 다르지 않다고 본다. 사람들은 흔히 자신의 이해력을 넘어서는 어떤 사건이 일어날 때마다 신이 행한 일, 또는 기적이라고 생각한다. 그럴 때에만 신의 힘과 섭리가 분명하게 나타난 것이라고 여기며, 자연적 원인들을 통해 이를 설명하려는 시도들에 대해서는 신을 부정하거나 신의 섭리를 제거하는 것이라고 믿는 것이다. 사람들은 자연의 힘과는 별개로 신의 힘을 상정하면서, 신을 마치 군주나 통치자의 권능처럼 이해하고 있다. 하지만 이에 대한 스피노자의 입장은 단호하다. "자연의 힘은 신의 힘에 다름 아니기 때문에, 자연적 원인들에 대한 무지가 신의 힘에 관한 무지의 척도라는 것은 의문의 여지가 없다. 따라서 어떤 현상의 자연적 원인을 알지 못할 때(즉 신의 힘을 알지 못할 때) 신의 힘에 호소하는 것은 어리석은 짓이다."(『신학정치론』 1장)

자연의 보편적인 법칙은 신의 본성의 필연성과 완전성으로부터 나오는 것이므로, 자연에서 이러한 보편적인 법칙을 위배하는 기적은 일어날 수 없다. 이런 법칙을 뛰어넘는 사건에 대해 우리는 아무것도 알 수 없을뿐더러, 이를 통해서는 신의 본성이나 자연의 그 어떠한 것에 대해서도 알 수 없다. 따라서 사람들이 기적이라 부르는 것은 자연 안에서 일어나는 사건의 원인을 알지 못함을 의미할 뿐이다. 자연 안에는 인간의 능력을 넘어서는 많은 것이 존재한다. "자연의 법칙은 너무나 완전하고 풍성하기 때문에 그것에 어떤 것을 보태거나 뺄 수 없다는 것, 기적들은 오로지 인간의 무지 때문에 이상한 것으로 보인다."(『신학정치론』 6장)

문제는 기적과 초자연을 설정함으로써 성서를 해석하는 데 있어 성서와는 무관한 외적 근거를 도입하는 것에 있다. 이때 성서는 그 자체 안에서 해명되지 않고, 사람들이 기적이라 부르는 무지에 호소함으로써 성서 해석의 혼란은 가중된다. 더 큰 기적에 성서의 권위를 부여함으로써 사람들은 성서에서 온갖 비의를 찾는 데 열중하게 된다. 그렇다면 여기서 아마도 다음과 같은 의문이 제기될 수 있을 것이다. 성서에 등장하는 무수한 기적을 단지 대중의 무지의 소치라고 봐야 하는가? 스피노자의 주장대로라면, 이는 성서의 내용을 모두 과학적 지식으로 환원시켜버리는 것이 아닐까?

하지만 여기서 스피노자는 예언자들이 말하고 있는 이야기가 틀리다고 하지 않는다. 오히려 그것은 '다른 종류의' 지식임을 보여주고자 한다. 우리가 성서를 신뢰할 수 있는 것은 그것의 철학적, 과학적 확실성 때문이 아니다. 성서의 확실성 또는 그것의 권위는 자연적 지식과의 일치 여부에 있는 것이 아니라, 예언자들이 보여준 경건과 성실함, 그들이 제시한 신의 가르침에 근거할 뿐이라는 것이다. "따라서 예언자들의 책에서 자연적이고 정신적인 것들의 이해와 지식을 발견하리라고 기대하는 사람들은 길을 잃는다."(『신학정치론』 2장) "신은 자신의 계시들을 예언자의 이해력과 신념에 맞추었으며, 자비와 도덕규범과는 아무 상관없는 철학적 사변에만 관련된 문제들을 예언자들이 몰랐다는 것은 당연하며 (…) 따라서 오로지 계시의 목적과 요지에 관해서만 예언자들을 믿어야 한다고 결론 내린다."(『신학정치론』 2장)

성서 안에서 발견되는 무수한 불일치나 신인동형론적 묘사
들은 단지 예언자들이 자신의 상상력을 동원해 대중에
게 신의 말씀을 가장 알기 쉽게 전달하려는 의도에
서 비롯되었다. 이들은 신을 곧잘 정의로운 입법자
나 통치자로 묘사했는데, 이는 신의 본
성과는 무관한 인간적 정서를 신
에게 부과하는 것으로서, 신에게
는 적용될 수 없는 것이었다. 그것
은 오로지 대중의 이해력과 지성의 부
족함에 대한 양보로서만 그렇게 불릴 수
있었다. 모세는 마치 부모가 철들지 않은 아
이들에게 가르치는 것처럼 대중에게 율법을 부과했다. 어기면
처벌하고 지키면 은총과 선물을 약속하는 것이다.

그러므로 성서의 문구 하나하나를 신봉하는 것이야말로 도
리어 성서를 곡해하는 것이자 미신이다.(『신학정치론』 7장) 우
리는 어떤 점에서 성서를 신의 말씀이라고 볼 수 있는가? 우
리가 성서와 예언자들을 신뢰할 수 있는 근거는 어디에 있는
가? 그것은 '신을 사랑하고 이웃을 사랑하라'는 성서의 가르
침에 있다. 이것이야말로 성서가 일관되게 주장하는 신의 말
씀이자 참된 종교의 토대라는 것이다.(『신학정치론』 7장) 성서
의 계시들은 과학적 지식과는 무관하며, 오히려 신의 말씀에
복종할 것만을 요구할 뿐이다.

예언자들이 대중으로부터 존경과 신뢰를 받았던 것도 그들이 도덕적으로나 종교적으로 충실했기 때문이다. 그들이 대중에게 요구했던 것도 신의 본성에 대해 철학적으로 이해하라는 것이 아니라, 다만 성서의 가르침을 순전한 마음으로 받아들이고 복종하라는 것뿐이었다. 예언자들의 설교는 철학이나 과학에서가 아니라 이러한 도덕적 가르침에서 신의 말씀과 일치한다고 할 수 있다. "이 결론은 우리가 그들의 모든 도덕적 가르침이 이성과 완전히 일치한다는 것을 깨달을 때 더욱 확증된다. 왜냐하면 예언자들에 의해 선언되었던 신의 말씀(신을 사랑하고 이웃을 사랑하라)이 우리 마음속에서 말하는 신의 말씀과 모든 점에서 일치한다는 것은 전혀 우연이 아니기 때문이다."(『신학정치론』 15장) 그런 점에서 성서의 계시들은 과학적 지식과는 무관하며, 오히려 신의 말씀에 단순히 복종할 것만을 요구한다. 성서의 확실성 또는 그것의 권위는 자연적 지식과의 일치 여부에 있는 것이 아니라 도덕적 확실성에 근거할 뿐이다.

여기서 스피노자가 예리하게 구분하는 것은 신의 본성에 대한 지적인 인식과 참된 삶의 방식에 관련된 행위 규칙들이다. 성서는 난해한 사변이나 철학적 추론이 아니라 어느 누구라도 가장 알기 쉽도록 쓰였다.(『신학정치론』 8장) 성서가 대중이 경험해왔던 역사 이야기들로 기록된 것도 바로 신의 말씀에 대한 복종을 촉구하기 위함이며, 신의 말씀을 참된 삶의 방식으로 실천하도록 하기 위함이다.

신앙과 이성은 서로에게 자유를 허락한다

그렇다면 이로부터 다음과 같은 반론이 제기될 수 있을 것이다. 스피노자의 주장대로라면 종교의 영역과 철학의 영역을 완전히 분리시키게 되지 않겠는가? 결국 종교는 아무런 철학적 지식도 필요로 하지 않는다는 것인가? 그렇다면 성서 해석의 원리가 자연을 해석하는 원리와 다르지 않다는 그의 주장은 어떻게 이해해야 하는가? 이에 대한 스피노자의 대답은 철학과 신앙이 각자 고유한 영역을 가지고 있으면서, 양자는 서로를 배격하지 않는다는 것이다. 그는 이러한 문제를 『신학정치론』 14장, 15장에서 상세히 다루고 있다.

결론부터 말하자면, 스피노자는 이성이 신학에 종속되어야 한다거나, 신학이 이성에 종속되어야 한다는 입장을 모두 거부한다. 성서를 철학적 근거로 삼으려는 시도나, 성서의 구절을 들어 이성을 거부하는 것은 모두 성서에 대한 잘못된 견해에 기반하고 있다는 것이다. 앞 장에서 상술한 대로 그가 성서 해석의 문제를 지적하는 것도 철학과 신앙이 각기 고유한 토대를 갖고 있음을 보여주고, 또한 신앙과 철학은 결코 서로를 제한하거나 침해하지 않으며 오히려 모든 사람에게 철학과 신앙의 자유를 최대한 보장한다는 점을 보여주기 위함이었다.

신학과 이성의 관계를 다루기 위해 스피노자는 유대인 철학자 마이모니데스와 알파카의 견해를 대조시키면서 이를 설명하고 있다. 먼저 마이모니데스는 성서가 이성에 종속되어야 한다는 입장에 서 있었다. 성서에는 이성과 일치하지 않거나 이성과 반대되는 구절이 하나도 없다는 것이다. 성서의 예언자들은 모두가 뛰어난 철학자이자 신학자였다. 만일 성서 안에서 문자적으로 이성에 반대되는 구절이 있다면, 그것은 다른 의미로 해석되어야 한다. 하지만 이런 자의적인 방식은 성서 해석의 일관성을 훼손하게 된다. 성서의 형성 과정과 저자들이 누구인지 살펴본다면 성서를 철학적 진리로 받아들이려는 태도는 쉽게 반박될 수 있다. 뿐만 아니라 이성과 반대되는 구절들에 대해 다른 해석을 도입해야 한다면, 이로 인해 이성에 맞도록 성서를 왜곡시키거나 과도한 유추를 하는 결과를 낳게 된다. 성서가 쓰였던 본래 맥락에 따라 해석하는 것이 해석상의 오류를 줄이는 방법이다.

한편 알파카는 마이모니데스와는 정반대로 이성이 성서에 종속되어야 한다고 보았다. 성서가 명시적으로 확언하는 교리들은 무조건 참인 것으로 받아들여야 한다는 것이다. 성서는 문자적 의미 그대로 해석되어야 하고, 성서 안에서 상충되는 것처럼(?) 보이는 교리들은 은유적으로 설명되어야 한다. 이러한 주장 역시 성서가 상이한 저자들에 의해 쓰였으며, 여러 편집자에 의해 무수하게 첨삭되어왔다는 사실을 간과하는 것이다. 성서가 원형 그대로 보존되어왔다는 것을 대체 어떻게 입증할 것이며, 판본끼리 다르게 서술하고 있는 것은 또 어떻게 받아들여야 하는가? 뿐만 아니라 이성이 성서에 종속되어야 한다면, 그것은 이성의 협력에 의한 판단인가, 아니면 아무런 분별없이 맹목적으로 이루어진 판단인가? 이성이 성서에 종속되어야 한다는 주장은 애초부터 성립될 수 없는 것이었다.

스피노자는 성서에 대한 그들의 맹신이 도리어 확신의 부족에서 오는 두려움의 표시일 뿐이며, 결국 고대의 일반 대중이 지녔던 미신적 편견을 분별없이 받아들이게 만드는 결과를 초래한다고 비판한다. 성서에서 말하는 가장 기본적인 교의들이란, 이웃에게 정의와 자비를 실천함으로써 신에게 복종하라는 것이다. 그리고 이를 자신의 신념이나 이해에 맞춰 쉽게 받아들인다면, 각자는 나름대로 이것을 판단할 자유를 갖는다. (성서를 기록해왔던 예언자들이 바로 그러했다!) 성서의 가르침은 결코 이성과 반대되거나 이성을 거부하지 않으며 오히려 일치한다.

우리가 혼동해서는 안 될 것이 신앙과 철학은 제각기 고유한 토대를 갖는다는 점이다. 이성의 영역은 진리와 지혜이며, 신앙의 영역은 경건과 복종이다. "신학은 그것의 종교적 교의들을 오로지 복종을 확보하기에 충분할 정도로만 정의하며, 이 교의들이 진리에 관해서 정확히 어떻게 이해되어야 하는가를 결정하는 것은 이성에 맡긴다."(『신학정치론』 15장) 이를테면 성서를 수학적 확실성으로 입증될 수 없다고 거부하는 것은 어리석은 일이 되며, 반대로 수학적 확실성의 근거를 성서에서 찾아내려는 시도 역시 부질없는 짓이 된다. 성서의 권위는 성서의 가르침에 있으므로 비록 종교적 교의가 다르더라도 그의 행위가 선하면 참된 신자일 테지만, 그의 행위가 악하다면 아무리 입으로 종교적 교의에 동의하더라도 그는 참된 신자일 수 없다.(『신학정치론』 14장) 왜냐하면 신앙은 진리에 의해서가 아니라 행함에 따라 판단하기 때문이다.

그렇다 하더라도 신앙이 철학을 배제하는 것은 아니다. 도리어 오직 신앙과 철학 가운데 어느 하나가 다른 하나에 종속되어야 한다고 강요할 때에만 서로 부당한 간섭을 하게 되며, 신앙과 철학의 자유를 제한시키게 된다. 따라서 신앙은 모든 사람에게 철학할 자유를 최대한 허용하며, 모든 사람은 비난을 받지 않으면서 그 어떤 주제에 대해서든 자신이 원하는 어떤 견해라도 가질 수 있다.(『신학정치론』 14장)

여기서 유념해야 할 것은 스피노자의 이러한 지적이 단순히 철학과 신학, 계시와 이성을 혼동하는 문제에만 맞춰져 있지 않다는 점이다. 성직자들이 성서 해석의 권한을 독점하면서 자신들의 야심을 채우고자 대중을 예속시키는 것을 겨냥하는 것이다. "성서가 당대 대중의 이해력에 맞춰졌듯이 자신으로 하여금 정의와 자비에 관한 문제들에 대해 진정으로 신에게 복종하도록 한다면, 누구든지 동일한 방식으로 그것을 자신의 신념에 맞춰도 된다. 내가 그들에게 비난을 퍼붓는 것은 그들이 이 자유를 다른 사람들에게 부여하기를 거절한다는 점 때문이다."(『신학정치론』 9장) 스피노자가 참된 종교의 기초라고 보는 것은 모든 사람의 마음 안에 새겨져 있는 신법을 따르는 것, 즉 신앙에 대해 각자가 자유롭게 판단하는 데 있다. 사람들의 판단 능력을 훼손하거나 가로막는 것이야말로 미신이고 악덕이다. 성직자나 교회가 신앙에 대한 대중의 판단을 대신하거나 신과의 관계를 중재해줄 수 없으며, 또한 어떠한 종교적 교리도 신법에 위배되는 한 이를 받아들이지 말아야 한다. "따라서 모든 사람은 다른 누가 아니라 바로 자신이 원하는 대로 살아갈 의무를 지니며, 어떤 인간도 심판관이나 종교에 관한 중재인으로 인정하지 않을 의무를 갖는다." (『신학정치론』 16장)

스피노자는 참된 종교를 희망하면서 자신을 무신론자라고 비난하는 사람들에게 "신을 최고의 신으로 인정해야 하며, 자유로운 정신으로 그를 사랑해야 한다고 주장하는 사람이 과연 모든 종교를 부정하는 자라고 할 수 있습니까?"(43번째 편지)라고 답하고 있다. 이미 살펴본 대로 스피노자는 종교를 삶의 방식과 관련지어 설명했었다. 그리고 『에티카』에서도 그는 자유로운 인간들의 삶을 종교와 결부시켜 설명하고 있다. "다른 사람들을 이성에 의해 이끌어가려고 노력하는 이들은 충동에서가 아닌, 인간적으로 선의적으로 행동하고 그의 마음과 항상 일치한다. 더 나아가 우리가 신의 관념을 갖는 한, 또 우리가 신을 인식하는 한에서 우리가 원인이 되어 욕구하고 행동하는 모든 것을 나는 종교에 관련시킨다."(『에티카』 4부 정리 37 주석 1) 이제 스피노자가 제시하는 참된 종교에 관해 살펴볼 차례다.

처 벌 과 보 상 의 종 교 를 넘 어

스피노자는 참된 종교란 각종 교리, 규율, 제도 등 어떤 외적인 형식들에 있는 것이 아니라고 보았다. 기독교이건 유대교이건 이슬람교이건 어느 종교든 외적인 형식과 제도는 참된 종교와 아무런 관련이 없다. 참된 종교는 외적 형식에 있는 것이 아니라, 신을 사랑하고 이웃을 사랑하라는 종교적 가르침, 그리고 그것의 실천 여부에 있기 때문이다. 어떤 종교를 믿느냐가 아니라, 종교적 가르침을 어떻게 실천하고 있는가가 중요하다는 것이다.

스피노자가 이런 참된 종교와 대조시켜 보여주는 것은 '처벌과 보상의 종교'다. 스피노자는 신을 인간에게 처벌하거나 보상을 내리는 존재로 간주하는 것은 사람들이 신의 본성을 제대로 알지 못한 데서 기인한다고 보았다. 그것은 어디까지나 신에 대한 인간적 상상에 불과하다는 것이다.

앞서 3장에서도 살펴봤지만, 스피노자는 신이 세상을 심판한다는 신학자들의 주장을 결코 받아들일 수 없었다. 아담이 신의 뜻을 어겨서 인류에게 신의 심판이 내려졌다는 것인데, 이는 달리 말해 신의 뜻이 인간에 의해 거부될 수 있음을 승인하는 것이기 때문이다. 과연 신의 뜻을 어기는 게 가능한가? 그것은 절대적으로 무한하고 완전한 신의 본성에 어긋나게 된다. 신의 뜻이 거부될 수 있다면, 그는 더 이상 신일 수 없는 것이다. 따라서 스피노자는 아담이 신의 뜻을 어겼다고 여긴 것을 그의 무지함에 기인할 따름이라고 보았다. 자연의 영원한 법칙(신의 뜻)에 대해 무지했던 아담은 자신의 행동이 신의 뜻을 어긴 것이라 여겼고, 이에 따라 신의 심판이 있으리라 상상했던 것이다.

성서에서는 신이 인간에게 처벌과 보상을 내리는 존재로 등장한다. 모세를 비롯한 성서의 예언자들은 신이 내려준 율법을 준행하면 축복을 받지만 이를 어기면 처벌이 따른다고 설파했다. 그것은 이스라엘 민족이 이집트를 탈출하면서 갖게 된 삶의 규칙이었다. 그들에게 신은 처벌과 보상을 내리는 입법자이자 통치자였다. 율법을 어기면 처벌받지만, 지키면 은총과 축복이 주어지는 것이다. 모세는 율법을 어겨서 신의 노여움을 사서는 안 되며, 신은 질투심이 많기 때문에 다른 이방 민족의 신을 섬겨서도 안 된다고 가르쳤다. 하지만 신은 또한 자비롭고 정의로우신 분이기 때문에, 자신들이 율법을 준수하기만 한다면 신으로부터 많은 축복을 받게 될 것이라 믿었다. 그들이 받을 보상이란 신이 제공해준 땅에서 무병장수하며 풍족하게 살아가는 것인 데 반해, 처벌은 땅을 빼앗기고 쫓겨나서 빈궁 속에 고통받으며 살아가는 것이었다.

과연 신은 율법 준수의 여하에 따라 사람들에게 처벌과 보상을 내리는 분일까? 신은 인간처럼 분노하기도 하고 질투하기도 하는 분일까? 하지만 스피노자는 그들이 신의 본성을 제대로 알지 못했으며, 그것은 다만 신에 대해 인간적인 방식으로 상상한 것에 불과하다고 보았다. 그들의 주장은 신의 본성상 성립될 수 없었기 때문이다. 율법이 규정한 처벌과 보상도 다만 물질적인 이익과 현세적인 번영만을 규정하고 있었다. 율법을 지키면 국가의 안전과 번영을 보장받지만, 이를 어기면 국가의 몰락을 피할 수 없으리라는 것이다. 하지만 스피노자는 이것이 율법을 신의 말씀과 결코 동일시할 수 없는 이유라고 보았다. 왜냐하면 신의 말씀은 이스라엘이라는 특정 국가만을 위한 것이 아니라, 자연 전체에 적용되는 영원하고도 필연적인 법칙이기 때문이다. 따라서 스피노자는 율법이 오직 사회 유지와 안전을 위해 제정된 이스라엘의 법령일 뿐이며, 그것도 이스라엘 국가가 존립할 때에만 유효하다고 결론짓는다. 스피노자의 이런 결론은 '처벌과 보상의 종교'가 가진 한계가 무엇인지 분명하게 보여준다. 성서의 예언자들은 처벌과 보상의 규칙을 통해 무지한 대중의 마음을 일깨우고 올바른 삶의 방식을 지키며 살아가도록 가르치고자 했다. 하지만 이는 어디까지나 대중의 무지에 양보해서만 허용될 수 있는 것이었고, 그리스도의 종교와는 다른 것이었다.

이처럼 처벌과 보상의 종교는 무엇보다도 대중의 무지와 공포에 의해 유지된다는 점을 그 특징으로 한다. 사람들은 자신들이 경험하는 행복과 불행의 원인을 알지 못할 때 공포에 사로잡히며, 그러한 공포에 압도당한 이들은 '처벌과 보상'이라는 외적인 강제에 자신의 판단을 내맡겼던 것이다. 온갖 미신이나 폭정이 대중을 지배할 수 있었던 이유가 여기에 있다. 대중은 공포의 원인을 찾아내 해결하는 것보다는, 미신에 도움을 청하거나 폭정에 자신들을 내맡기는 것이 한층 손쉬웠던 탓이다. 그런 점에서 처벌과 보상의 종교는 무지와 공포에 예속된 사람들 스스로 욕망했던 것이기도 했다. 성직자들 역시 사람들에게 이러한 공포를 주입함으로써 자신들의 종교를 유지할 수 있었다. 여기서는 신의 말씀조차 명령과 복종의 체계가 되며, 참된 행복은 내세에 받게 될 보상(천국)으로 뒤바뀐다. 하지만 이는 종교를 하나의 미신으로 만들어버린 것에 다름 아니었다. 그들은 미신에 예속된 '노예'나 마찬가지였고, 그들에게 처벌과 보상을 약속했던 종교는 그야말로 '노예의 종교'였던 것이다.

이와 달리 스피노자가 제시하는 참된 종교는, 그리스도의 자유로운 정신과 실천에 입각한 '자유인의 종교'였다. 그리스도는 율법이라는 외적 강제에 복종하기보다는, 각자의 마음(정신)에 새겨진 신법divine law을 따르도록 촉구했다. 그래서 율법이 보장하는 물질적인 이익과 안정을 추구하기보다는, 먼저 '신을 사랑하고 이웃을 사랑하라'는 신의 가르침에 충실하라고 가르쳤던 것이다. 따라서 참된 종교는 더 이상 율법의 강제 아래 놓여 있지 않다. 참된 종교가 요구하는 신앙은 그가 율법의 각 조항을 준수하는지 여부에 있는 것이 아니라, 그의 삶에서 신과 이웃에 대한 사랑을 실천하는 데 달려 있다는 것이다.

따라서 여기서는 신의 말씀이 더 이상 명령이기를 그친다. 신의 말씀이 명령이 되는 것은 그것이 영원한 진리임을 알지 못하는 한에서일 뿐이다. "(영원한 진리에 대한) 즉각적인 복종은 사랑으로 변하는데, 이러한 사랑은 태양으로부터 나오는 빛과 마찬가지로 동일한 필연성에 의해 참된 지식으로부터 일어나는 것이다. 따라서 이성의 지도에 의해서는 신을 사랑할 수 있지만 그에게 복종할 수는 없다."(『신학정치론』 16장) 무엇보다도 그것은 우리에게 능력의 확장과 동시에 더 큰 자유를 부여하게 된다. 이런 자유야말로 강제로 주어질 수 없으며, 당연히 그것은 복종이라 부를 수 없다는 것이다.

이는 '처벌과 보상의 종교'와 좋은 대비를 이룬다. 처벌과 보상의 종교에는 언제나 죽음과 악에 대한 공포가 그 중심에 자리잡고 있었고, 그것이 사람들로 하여금 신에 대해 명령하고 처벌하는 분으로 여기도록 만들었다. 사람들은 자신의 불행이 신의 명령을 어긴 데서 비롯됐다고 보았고, 신의 명령을 어기는 자는 사후死後에까지 처벌을 받게 되리라고 믿었다. 반면 신의 명령에 복종하는 이들에게는 현세에 이루지 못한 모든 소망까지 신이 보상해주리라고 믿었다. 그들이 종교에 인도되는 것은 다만 사후의 처벌을 피하기 위함이었으며, 그들이 추구하는 경건함은 사후에 보상받기 위한 복종에 불과했던 것이다.(『에티카』 5부 정리 41 주석) 만약 보상과 처벌이 있다면 다만 자유로운 삶과 노예의 삶이 있을 따름이다. "신법의 최고 보상은 법 그 자체, 즉 신을 알고 참된 자유 속에서 진심으로 신을 사랑하는 것이다. 그것이 내리는 형벌은 이러한 것들의 결핍과 육체에 속박되는 것, 즉 변덕스럽고 우유부단한 정신이다."(『신학정치론』 4장)

하지만 자유인들의 '참된 종교'는 더 이상 죽음과 악에 대한 공포에 의해 유지되지 않는다. 그들에게서 사후에 받을 보상이란 아무런 의미가 없기 때문이다. 보상을 받기 위해 노력하는 자는 자유인이 아니라 노예다. 자유인은 보상을 위해 선을 행하는 것이 아니라, 신에 대한 사랑 그 자체에서 행할 뿐이다. 따라서 스피노자는 지복이 덕에 대한 보상이 아니라 덕 그 자체라고 선언한다.(『에티카』 5부 정리 42) 지복은 사후에 받게 될 보상이나 우리의 노력 여하에 따라 받게 될 보상이 아니라, 덕 그 자체가 우리 삶 속에서 누리는 최고의 기쁨이라는 것이다. "신에 대한 사랑이 인간의 최고 행복이자 모든 인간 행위의 궁극적인 목적이기 때문에, 처벌의 공포에 의해서나 육체적 쾌락, 명성 등과 같은 다른 어떤 것의 사랑에 의해서가 아니라, 오직 그가 신을 안다 혹은 신에 대한 지식과 사랑이 최고선이라는 것을 안다는 사실에 의해서만 신을 사랑한다는 것을 자신의 목표로 삼는 사람만이 신법을 준수한다고 할 수 있다."(『신학정치론』 4장)

따라서 참된 종교는 사후를 대비하는 것이 아니라, 삶을 자유롭고 풍요롭게 만드는 종교라 할 수 있다. 여기에는 더 이상 내세에서의 영원한 형벌이나 보상이 있을 수 없다. 스피노자는 종교의 이름으로 삶을 증오하도록 만들며, 사람들에게 공포를 주입함으로써 미신을 강화해왔던 모든 거짓 종교를 고발한다. 그것은 내세를 위해 삶을 희생시켜왔던 종교이기를 그만두라는 요구였던 것이다. 자유로운 삶을 함께 누리는 종교. 더 이상 죽음과 고통에 대한 두려움에 속박된 종교가 아니라, 삶에 대한 성찰로 이뤄지는 종교. 이는 더 이상 종교의 이름으로 삶을 증오하게 만들고, 슬픔에 의해서만 유지되었던 종교이기를 그만두는 것이다. 그래서 스피노자의 참된 종교는 죽음조차도 넘어선 기쁨의 종교가 되며 그 자체로 삶이 된다.

행복해지는 것을 두려워 말자: 스피노자 vs 홉스

스피노자는 사람들이 사회를 조직하며 살아가기 이전의 상태를 '자연 상태'라 부른다. 자연 상태에서 살아가는 이들은 언제 어떻게 자신에게 위험이 들이닥칠지 알지 못하며, 그것에 대처하는 것 역시 전적으로 운에 맡겨진다. 운 좋으면 살아남고, 그렇지 않으면 죽는 것이다. 성서에서 말하는 최초의 인간 아담은 '자연 상태'에서 살아가는 인간이다. 아담처럼 혼자 살아가는 사람일수록 자신의 존재를 유지하는 데 무능할 수밖에 없다. 외부로부터 가해지는 돌발적 위험에 무방비로 노출되어 있으며, 그런 만큼 불안과 공포에 끊임없이 시달릴 수밖에 없다. 따라서 사람들은 자연 상태의 무작위적이고 우발적인 폭력으로부터 벗어나기 위해 사회를 구성하게 된다. 이로써 '자연 상태'에서 '사회 상태'로 이행하는 것이다.

하지만 우리가 익히 알고 있는 대로, 모든 사회가 사람들을 자유롭고 행복하게 해주는 것은 아니었다. 대중의 희생을 통해서 유지되어온 국가와, 그리고 이러한 국가들에 충성을 바쳐온 대중을 만날 수 있었다. 어떻게 대중은 자신들의 안녕과 평화를 위하는 사람들을 따르기보다 자신들을 억압하고 착취하는 독재자에게 헌신하게 되는가? 과연 대중으로 하여금 자유롭게 살아가도록 만드는 정치 체제는 가능한가? 스피노자의 후기 저작들인 『신학정치론』과 『정치론』에서는 이러한 문제들을 집중적으로 다루고 있다.

자연 상태의 위험이 인간의 이기적 본성으로부터 비롯된다고 본 사람은 다름 아닌 토머스 홉스였다. 인간에게는 누구나 자신의 존재를 보존하고자 하는 본성(코나투스)이 있으며, 이러한 코나투스는 각 개인이 자신의 존재를 보존할 수 있는 물리적 힘과 다르지 않다. 각 개인의 코나투스는 본질적으로 동일하다. 하지만 자연에 주어진 한정된 재화와 수단 안에서 서로 자신이 욕망하는 것을 획득하고자 하므로 경쟁과 투쟁은 불가피하다. 그런 점에서 인간은 다른 인간에 대해 '늑대'일 수밖에 없다는 것이다. 따라서 홉스는 자연 상태를 '만인에 대한 만인의 전쟁'으로 규정한다. 자연 상태에서 사람들은 언제나 폭력에 의한 죽음의 공포에 시달리며, 이들을 지배하는 것은 우발적이고 무차별적인 폭력의 법칙일 따름이다.

그렇다면 이러한 공포와 폭력이 지배하는 자연 상태로부터 벗어나기 위한 방안은 무엇인가? 여기서 홉스의 그 유명한 '사회계약설'이 등장한다. 만약 사람들이 자신의 권리를 마음껏 행사하고자 한다면 '만인에 대한 만인의 전쟁'을 피할 수 없을 것이다. 하지만 각자의 권리를 제한하여 제3자에게 양도한다면 이를 저지할 수 있다. 다시 말해 사람들의 권리를 단일한 의사로 모아 이를 대신 행사해줄 하나의 주권자, 즉 국가를 세우는 것이다. 국가는 바로 이러한 계약을 기초로 설립되며, 이로부터 사회는 자연 상태에서 평화로운 사회 상태

로 이행하게 된다.

　사실 홉스의 이런 제안은 당시에 매우 당혹스럽고 불경스러운 주장으로 들렸다. 왜냐하면 기존의 전통적인 국가관이 신의 초월적·보편적 권위에 근거를 두었던 것과 달리, 인간의 이기적인 본성으로부터 국가 존립의 근거를 이끌어냈기 때문이다. 국가는 신성한 존재가 결코 아니다. 그것은 단지 사람들의 이기적이고 폭력적인 본성으로부터 자신들의 안전을 보장받기 위해 설립되었을 따름이다. 그래서 홉스는 국가를 신과 대비되는 의미에서 거대한 괴물, '리바이어던'이라고 불렀다(리바이어던은 구약성서 「욥기」에 등장하는 바다 괴물로, 인간이 만든 어떤 무기로도 이길 수 없는 무시무시한 힘을 지녔다). 그것은 사회 질서와 평화를 수호하기 위해 사람들의 삶을 강제하고 처벌을 가하는 '불멸의 신'이라는 것이다. 하지만 이제 신이 있던 그 자리에 국가가 대신 들어서게 된 것이나 다름없었다. 국가가 사람들을 지배하고 관리하는 전능자로 군림하게 되는 것이다.

　하지만 스피노자는 홉스의 이러한 제안에 동의할 수 없었다. 스피노자 역시 홉스와 마찬가지로 자연 상태의 위험성과 사회 상태가 주는 유익함에 대해 말했지만, 그의 결론은 홉스와 전혀 다른 방향으로 나아갔다. 자연 상태의 위험으로부터 벗어나기 위해 우리는 자신의 권리를 국가에 양도해야만 하는가? 과연 그것이 사람들을 더 자유롭고 행복하게 만드는 방안인가?

홉스의 사회계약설에 대한 스피노자의 비판

사실 스피노자의 자연권 개념은 홉스에게서 가져온 것이었다. 홉스는 기존의 전통적인 자연권 개념과는 전혀 다른 자연권 개념을 제시하고자 했다. 전통적인 자연법 사상에 의하면, 모든 존재는 제각기 고유한 본성을 지니고 있으며 자신의 본성을 실현하는 것이 곧 자신의 존재 목적이자 선善이 된다. 인간은 그 본성에 있어 여느 피조물과 달리 '이성'을 지닌 존재이며, 이성에 따라 사는 것이 곧 인간 자신의 본성을 실현하는 길이라 할 수 있다. 또한 인간은 본성상 사회 안에서 살아가려고 하는 존재로서, 훌륭한 시민으로서 사는 것이 인간의 자연적인 본성에 가장 부합한다. 여기서 중요한 것은 시민으로서 지켜야 할 의무들이다. 그런 의무들을 지킬 때에만 그는 자신의 본성을 실현하며 살아갈 수 있는 것이다. 그리고 오직 현자賢者만이 각각의 존재에게 어울리는 삶에 대해, 그리고 이를 위해 반드시 지켜야 할 의무와 규범에 대해 판단할 수 있다. 그러므로 사회 안에서 현자가 지시하는 의무와 규범들을 지키는 삶이 가장 바람직한 삶으로 제시된다.

하지만 홉스에게서 이러한 생각은 모두 뒤바뀐다. 우선 홉스는 자연 법칙에 어떤 목적성이 존재하지 않는다고 보았다. 인간의 본성 또한 결코 이성적이지 않다. 인간 본성은 그저 자신의 존재를 보존하려는 맹목적인 '욕망'(코나투스)에 있을 따름이다. 여기서는 자신이 욕망하는 것이 곧 선(善)이고, 혐오하는 것이 악(惡)이다. 인간을 비롯한 모든 생명체는 자신의 존재를 보존하기 위해 모든 노력(코나투스)을 다하고자 한다. 이러한 노력에 있어서는 현자나 바보가 다르지 않다. 각자가 자기 행위에 대한 최고의 판단자인 것이다. 그런 점에서 홉스의 자연법은 기본적으로 '힘'의 법칙에 기초를 두고 있다. 하지만 이러한 자연 상태를 그대로 방치한다면 '만인의 만인에 대한 전쟁'은 불가피해진다. 인간의 '욕망'을 억압하는 사회를 만들지 않는다면 자신의 생명을 안전하게 보존할 수 없다. 따라서 홉스에게 있어 사회는 이성적이지 않으며, 사회적 규범이나 도덕 또한 결코 인간의 본성에 부합하지 않는다. 전통적인 자연법 사상에서처럼 정의나 도덕, 법은 선험적으로 주어져 있는 어떤 것이 아니다. 그것은 다만 자연 상태의 공포로부터 벗어나기 위해서 인위적으로 고안해낸 것일 따름이다.

스피노자는 홉스를 따라서 자연권을 다음과 같이 설명한다. 자연권이란 각자 본성과 능력에 따라 자신이 할 수 있는 모든 것을 할 최고의 권리를 뜻한다. 큰 물고기가 작은 물고기를 잡아먹는 것은 최고의 자연권에 의한 것이다. 고양이가 사자의 본성대로 살 의무가 없는 것처럼, 바보도 현자도 이성에 따라 살아야 할 의무는 없다. 각자가 자신의 자연권에 따라 살아갈 최고의 권리를 갖는다. 그러므로 자연은 우리가 "욕망할 수 없는 것만을, 할 수 없는 것만을 금지한다."(『신학정치

론』16장)

그런데 과연 홉스의 주장처럼 인간의 본성(코나투스)은 이기적이고 파괴적이라서 인간을 불행하게 만드는 원인이라고 봐야 할까? 그래서 사람들의 권리를 제한시켜 국가에 자신의 권리를 양도해야만 행복을 보장받을 수 있는 것일까? 스피노자는 인간의 이기적 본성에서 대립과 갈등, 전쟁이 일어난다고 보는 홉스의 견해를 받아들일 수 없었다. 스피노자가 홉스에게서 발견하는 것은 인간 본성에 대한 혐오이자 멸시였다. 홉스가 바라본 인간의 행복은 어디까지나 인간 본성의 제어, 즉 이기적 본성을 제한하고 억누르는 것에 있었다. 그러나 스피노자가 보기에 코나투스의 제한을 통해서 행복을 보장받을 수 있다는 주장은 애초부터 불가능한 것이었다. 인간의 모든 행복은 자신의 존재를 유지하는 것 안에서 성립될 수 있기 때문이다.(『에티카』 4부 정리 18 주석) 홉스가 코나투스를 억제시킴으로써 사회가 형성될 수 있는 것으로 보았다면, 스피노자는 오히려 코나투스 때문에 사회가 형성될 수 있다고 여겼다. 사회 안에서 인간은 자신의 행복을 더 잘 추구할 수 있다는 것이다.

이처럼 스피노자는 코나투스에 대한 적극적인 평가를 통해 능력의 확장과 증대를 위한 사회의 구성으로 나아간다. 혼자 살아가는 것보다 두 사람이 능력을 합치면 더 큰 권리를 지닐 수 있다. 따라서 사람들이 협력하여 사회를 구성하는 것은 그들에게 매우 유익하다.(『에티카』 4부 정리 18 주석) 사람들은 사회를 조직함으로써 위험에 더 잘 대처할 수 있을 뿐만 아니라, 이를 통해 자신들의 존재를 유지하는 데 더 안정적인 조건을 확보할 수 있다. 여기서는 개인의 힘만으로 해낼 수 없었던 많은 새로운 일이 가능하다. 논밭을 경작하거나 교육 기관을 설립해 각종 새로운 지식을 습득하고 보급할 수 있다. 이는 개별 신체individual body들의 능력을 뛰어넘는 사회적 신체social body만의 새로운 능력인 것이다. 이는 홉스가 권리의 제한과 양도를 통한 국가의 설립을 주장하고, 이를 통해 그들의 안전을 보장받을 수 있다고 말했던 것과 크게 대조되는 부분이다.

권리(자연권)의 양도에 관한 문제에서도 스피노자와 홉스는 전혀 다른 견해를 보여준다. 홉스의 주장과 달리, 권리(자연권)란 다른 사람에게 결코 양도될 수 없다. 만약 그렇게 된다면 자신의 자연권을 행사하지 못하도록 강제로 저지당하는 것일 뿐이다. 우리는 다른 사람을 대신해서 기뻐하거나 슬퍼할 수 없으며, 다른 사람을 대신해서 운동하거나 잠을 잘 수도 없다. 각자의 욕망, 각자의 코나투스는 주거나 받을 수 있는 것이 결코 아닌 것이다.

과연 홉스의 주장처럼 사회 상태로 이행할 때 우리의 자연권은 포기되는 것일까? 홉스의 사회계약론은 이 점을 분명히 한다. 대중 각자의 권리(자연권)는 포기되고, 제3자인 국가에 모두 양도될 것이다. 자연권 자체는 더 이상 그들 자신의 것이 아니다. 대중 자신의 판단과 행동을 결정하는 것은 그들이 아니라 국가다. 국가가 대중의 판단과 행동을 대신하며, 이를 위한 합법적 절차가 바로 양도인 것이다. 대중은 더 이상 독자적으로 자신의 정치적 권리를 행사하지 못한다.

하지만 스피노자의 관점에서 보자면, 이는 어디까지나 '명목상'의 양도에 불과하다. 현실에서 자연권의 양도는 결코 이뤄지지 않기 때문이다. 국가의 통치 아래 놓이더라도 대중이 자신의 본성을 잃고 다른 본성을 지닌 존재로 되지 않는 것과 마찬가지다. 대중은 자신의 안전을 보장받을 수 있는 국가에 대해서만 복종하며, 만약 자신의 안전을 보장받지 못한다면 더 이상 국가의 통치 아래 있기를 거부할 것이다. 즉, 사회상태 안에서도 대중의 판단 능력은 결코 양도되지 않는 것이다. 따라서 사회계약론에서 말하는 권리의 양도란 국가가 국민에게 행복과 자유를 보장해주는 경우에만 성립되며, 그것을 충족시켜주지 못한다면 자연히 그 합의는 파기될 수밖에 없다. 즉, 양도에 대한 합의는 어디까지나 유용성utility에 따를 뿐이며, 이러한 유용성이 없어진다면 합의는 자동적으로 무효가 된다.(『신학정치론』16장) "홉스와 나의 차이점은 다음과 같습니다. 즉, 나는 항상 자연권을 온전히 보존하고, 어떤 국가든 주권자는 그가 신민을 능가하는 능력을 발휘하는 만큼 신민에 대한 권리를 가질 뿐이라고 주장합니다."(50번째 편지)

홉스와 마찬가지로 스피노자 역시 양도에 대해 말하지만,

그가 말하는 양도는 부분과 전체의 관계 속에서 이뤄진다. 홉스에게서 개인은 국가 속으로 해소되지만, 스피노자에게서 개인은 여전히 전체를 이루는 부분으로서 자신의 자연권을 결코 상실하지 않는다. 전체는 본성이 서로 다른 무수한 부분(개체)의 연합으로 구성되어 있으며, 부분은 전체 안에서 자신의 권리를 조금도 상실하지 않고 자신을 전체로 구성한다. 개인들은 전체를 이루는 부분으로서 전체에 희생하고 복종하는 것이 아니라, 그 자신이 전체로서 공동으로 결정하고 실행하는 것이다. 반대로 이러한 공동의 결정에 반발할 경우, 개인들은 자신을 더 이상 부분이 아닌 새로운 전체로 구성하게 된다. 또 다른 전체를 새롭게 구성하게 되는 것이다.

따라서 스피노자는 우리가 "능력만큼의 권리", 즉 각자의 자연권만큼 권리를 갖는다고 말한다. "모든 사람의 자연권은 그의 능력에 의해서만 결정된다는 것을 이미 입증했으므로, 각자가 자신의 능력을 강제로든 자발적으로든 다른 사람에게 양도하는 정도만큼만 그의 권리 역시 양도하는 것이다."(『신학정치론』 16장) 주권자가 대중에 대해 갖는 권리 역시 그가 갖는 능력만큼이다. "자신이 원하는 대로 실행할 수 있는 이러한 능력을 지닌 한에서만 이 권리를 보유할 것이다. 그렇지 않으면, 그의 지배는 불확실해질 것이며, 그보다 더 강한 힘을 지닌 어떤 사람도 자발적으로 그에게 복종하지 않을 것이다."(『신학정치론』 16장) 주권자의 능력이 대중을 능가하지 못하거나 자신의 능력에서 벗어나는 것을 대중에게 강요할 경우, 대중은 더 이상 그에게 복종하지 않게 될 것이다. 따라서 이 경우에는 독재 정치나 폭정이 나타나기 어렵다. 명목상으로는 주권자가 통치하는 것이지만 실질적으로는 대중 전체가 통치하는 상태가 되기 때문이다. 반대로 대중의 능력이 주권자보다 취약하다면, 대중은 통치자의 기질이나 취향에 더 많이 좌우되고 예속될 수밖에 없다. 이 경우 대중은 가장 비참한 상태에 놓일 것이다.

그런 점에서 홉스의 사회계약론이 유지되는 비밀은 대중이 갖는 '공포'에 있다고 할 수 있다. 대중은 '공포'의 정서에 따라 자신의 자연권을 국가에 양도해야 한다는 상상에 사로잡히게 된다. 공포가 만들어내는 상상이 대중으로 하여금 자신의 자연권을 포기하게끔 만드는 것이다. 결국 대중은 자신들의 자연권, 즉 판단의 자유를 포기한 채 모든 것을 국가의 결정에 내맡겨버리게 된다.

사실 홉스의 주장에는 사람들이 결코 공포의 지배에서 벗어날 수 없다는 전제가 깔려 있다. 어차피 사람들은 자연 상태의 공포에 놓이거나, 아니면 국가에 대한 공포에 놓일 수밖에 없다는 것이다. 따라서 평화란 사람들을 자연 상태로부터 떼어내 국가의 강제력 아래 두는 것을 의미했다. 사람들이 국가의 공포 아래 놓일 때, 사회에는 비로소 자연 상태의 전쟁이 중지되어 평화가 찾아온다는 것이다. 이로부터 평화는 공포를 통해서 확보된다는 결론에 이른다.

하지만 과연 전쟁의 공포가 없는 상태를 평화라고 부를 수 있을까? 스피노자는 이러한 주장에 반문한다. 평화를 그저 전쟁이 없는 상태 또는 공포를 통해 유지되는 것으로 볼 수 있는가? 스피노자에게서 평화란 '…이 없는' 식으로 규정되는 부정적인 것이 아니라, 우리 자신의 덕과 능력에서 나오는 적극적이고 긍정적인 것이어야 한다. 특히 전쟁이 없는 상태가 사람들의 무능력에 기반하거나 그들을 더욱 예속되도록 만든다면, 그것은 진정한 평화가 아니라 오히려 노예 상태라고 해야 할 것이다. "진정한 평화는 전쟁의 부재에서 오는 것이 아니라, 정신의 덕성에서 생겨나는 것이어야 한다. (…) 평화가 신민의 무능력함의 결과이거나, 그들이 마치 양 떼처럼 끌려 다니며 그저 예속되어 있을 뿐이라면, 그것은 국가가 아니라 차라리 황량한 벌판에 불과하다고 해야 할 것이다."(『정치론』 5장 4절)

여기서 우리는 홉스의 국가가 자연 상태의 '공포'를 저지시키는 또 다른 '공포'이며, 자연 상태의 '폭력'을 저지시킬 또 다른 '폭력'임을 알 수 있다. 홉스의 사회계약설에 따르면, 사회 상태에 살아가는 사람은 누구나 자신의 권리를 국가에 양도하기로 계약한 동등한 법적 주체Subject이자, 국가 권력에 복종하는 신민Subject이 되어야 한다. 그럴 경우에만 비로소 사회 질서와 평화가 유지될 수 있다.

여기서도 중요한 것은 이러한 계약이 실행되도록 강제하는 '폭력'이다. 홉스는 사람들 간의 계약에서 그것을 강제할 폭력이 없다면 결국 아무런 효력을 지니지 못할 것이라고 보았다. "칼이 없는 계약은 다만 말에 불과하며, 인간을 안전하게 보존시킬 힘을 갖지 못한다."(『리바이어던』) 국가도 마찬가지다. 국가가 계약을 어긴 사람들을 처벌할 힘을 갖지 못한다면, 국가는 무용지물이 될 것이며 사회는 다시금 자연 상태로 되돌아갈 것이다. 따라서 국가에는 반드시 사람들을 처벌할 강제력이 부여되어야 한다. 결국 자연 상태에서든 사회 상태에서든 사람들은 공포의 지배로부터 벗어날 수 없게 된다.

국가가 대중의 충동으로부터, 그들의 이기적 본성으로부터 세워진 것이라는 홉스의 지적은 타당하다. 그러나 홉스의 국가는 결코 이성적이지 않으며, 대중의 공포라는, 매우 부적합한 정서에 의해 설립되고 유지될 뿐이다. 무엇보다도 대중의 자유로운 이성의 사용을 포기하도록 만든다. 국가가 대중의 판단을 대신하며, 그 자리에는 선과 악, 도덕 등의 초월적 가치들이 들어선다. 여기서 우리는 국가의 출현이 대중의 능력이 아닌 무능력에 기반하고 있음을 알 수 있다.

홉스와 마찬가지로 스피노자도 자연 상태에서 사회 상태로 이행하는 것은 불가피하다고 보았다. 자연 상태의 공포와 불안으로부터 벗어나는 것이 반드시 필요하기 때문이다. 하지만 이렇게 사회 상태로 이행함으로써 사람들이 공포와 불안으로부터 벗어날 수 있는 것은 아니었다. 홉스의 주장에서 볼 수 있듯이 오히려 그들은 새로운 종류의 공포 아래 놓이게 되었다. 즉, 사회 상태에서 세워진 국가civitas는 처벌과 보상이라는 외적 강제를 부과함으로써 유지될 수 있었던 것이다. 그런 점에서 국가는 여전히 공포라는 부적합한 관념에 의해 지배되고 있다고 할 수 있다.

여기서 유념할 것은 스피노자가 말하는 국가civitas가 오늘날 우리가 말하는 국민국가nation state와는 다르다는 점이다. 스피노자가 사용하는 civitas라는 용어는 시민들의 결합에 의해 이뤄진 공동체로서의 도시city를 지칭한다. 그에 반해 종족이나 민족을 뜻하는 nation은 18~19세기 이후 서구에서 국민적, 민족적 일체감을 바탕으로 성립된 중앙집권적 주권국가를 지칭하게 되었다. 당연하게도 스피노자 당대에는 근대적 의미의 국민국가nation state란 존재하지 않았다. 스피노자가 말하는 국가civitas는 일종의 시민적 결사체, 도시, 지역 공동체로서의 의미가 더 크다고 할 수 있다.

좀더 근본적으로 보자면, 스피노자에게서 사회 상태로서의 국가civitas는 분명한 한계를 지니며, 그가 지향하고자 한 것은 국가가 아니라 자유로운 인간들의 결합, 즉 이성 상태였다. 하지만 스피노자는 이성 상태에 도달하는 데 있어 국가civitas를 활용하는 것이 어느 정도 유용하다고 보았다.

우선 인간이 자유로운 상태로, 즉 이성적인 존재로 태어나지 않는다는 점을 감안해야 한다. 스피노자는 인간이 인간에게 가장 적합하다고 말하지만, 이는 어디까지나 인간이 이성적인 한에서만 그러하다. 우리가 부적합한 관념에 의해 지배될 때, 인간은 인간에게 서로 반대되며 심지어 적대적이기까지 하다. "사람이 정념에 복종하는 한 그들은 본성상 일치한다고 말할 수 없다."(『에티카』, 4부 정리 32) "사람이 정념의 정서에 사로잡히는 한 본성상 서로 다를 수 있으며, 그러한 한에서 동일한 인간조차도 변하기 쉽고 불안정하다."(『에티카』 4부 정리 33)

만약 인간이 본성상 참된 이성이 지시하는 것만을 바라도록 구성되어 있다면, 사회에는 어떤 법도 필요하지 않을 것이다. 인간에게 참된 도덕적 교의를 가르치는 것 말고는 어떤 것도 필요하지 않을 것이며, 그들은 자신에게 진정으로 이익이 되는 행동을 자발적으로, 성심성의껏 그리고 자유롭게 할 것이다. 하지만 인간 본성은 전혀 다르게 구성되어 있다. 모든 인간은 자기 자신의 이익을 추구하지만, 건전한 이성의 명령에 따라 그렇게 하지 않는다. 왜냐하면 그들이 추구하고 유익한 것으로 판단하는 대부분의 목표는 오로지 육체적인 욕망에 의해 결정되며, 그들은 미래나 다른 고려 사항들을 무시하는 그들의 정서에 정신을 빼앗기기 때문이다.(『신학정치론』 5장)

또한 자연 상태는 이성 상태에 도달하는 데 결코 좋은 환경이 아니다. 자연 상태에서 각자의 개별적인 노력만으로 적합한 관념을 갖는다는 것은 어려운 일이 될 수밖에 없다. 자연 상태에서 벗어나 사회를 형성하는 것은 이성적으로 살아가는 데 매우 유리하다.

사람들이 이성의 지도에 따라 사는 일은 매우 드물다. 오히려 그들은 대부분 서로 시기하고 해를 끼친다. 하지만 그럼에도 불구하고 그들은 거의 고독한 삶을 살 수 없기 때문에, 인간이 사회적 동물이라는 정의는 많은 사람의 동의를 얻는다. 그리고 실제로 우리는 인간의 공동사회에서 불이익보다는 이익을 더 많이 얻는다.(『에티카』 4부 정리 35 주석)

이성 상태에 도달하기 위해서는 많은 어려움이 따른다. 무엇보다도 이성을 올바르게 사용하는 데는 무수한 시행착오와 경험이 요구된다. 그런 점에서 사회 상태 아래서 국가를 설립하는 것은 우리가 이성적으로 살아가는 데 있어 일정한 유용성을 갖는다. 그것은 자연 상태의 무작위적인 폭력들로부터 지켜줌으로써 우리로 하여금 안전하게 살아가도록 해준다. 또한 국가의 법과 제도 등은 우리가 이성적으로 살아가기 위한 유용한 환경을 제공해준다. 그럼에도 국가는 결코 이성적이지 않다. 국가는 통치자 또는 법을 어긴 사람들을 처벌하는 외적 강제력을 행사하는 방식으로 자신을 유지하기 때문이다.

반면 이성 상태는 국가처럼 사람들에게 어떤 외적 강제력을 부과하지 않고 오직 각자의 내적인 덕에 의해서만 유지될 수 있다. 이성적인 인간들은 서로에게 적합하기 때문에 국가나 제도, 법이라는 외적 수단을 매개로 하지 않고 서로가 '직접적으로' 결합한다. 이성을 사용하는 한에서 우리는 어떤 주권자 혹은 통치자에게 의존하는 것이 아닌, 오직 자기 자신에게만 의존하기 때문이다.(『신학정치론』 3장) 따라서 이성 상태에 도달하는 데 유용한 국가, 즉 스피노자가 말하는 '최선의 국가'는 '강제와 복종'이 아닌 '자유에 대한 사랑'을 추구하는 국가를 의미한다. 아마도 마르크스라면 이를 '자유로운 개인들의 자발적인 연합'이라고 했을 것이다.

이로부터 우리는 스피노자와 홉스가 말하는 정치체가 서로 목표를 달리하고 있음을 알게 된다. 스피노자가 말하는 참된 정치체란, 홉스처럼 사람들의 권리를 제한하여 그에 대한 보상과 처벌을 가하거나 그들의 재산을 보존하는 것에 목적을 두지 않는다. 오히려 사람들이 강제나 명령에 의해서가 아니라 자신들의 자유로운 판단에 따라 공동선을 추구하며, 이에 따라 그들로 하여금 평화롭고 조화롭게 살아가도록 만드는 데 있다.

이성에 의해 인도되는 인간이 가장 자유롭고 유덕하듯이, 이성에 의해 인도되는 정치체가 가장 이상적인, 최선의 국가가 된다. 그런 점에서 기존의 국가, 혹은 홉스의 국가가 〈1종 인식〉에 의존한다면, 스피노자의 최선의 국가는 〈2종 인식〉에 의존한다. 최선의 국가는 결코 미신과 공포에 예속된 노예에 의해 설립되지 않는다. 그것은 자유로운 인간들의 능력, 즉 이성과 덕에 의해 설립되는 국가라 할 수 있다. "최선의 국가를 인간이 화합하여 살아갈 수 있는 국가라고 할 경우 (…) 이성, 그리고 진정한 정신의 덕과 정신적 삶에 의해서 규정되는 인간 생활을 뜻한다."(『정치론』 5장 4절)

여기서 스피노자가 말하는 최선의 국가는 어떤 특정한 정치체를 의미하는 것이 아니다. 어떠한 정치체에서도 '최선의 국가'를 추구해야 하지만, 어떠한 정치체도 그 자체로 '최선의 국가'일 수 없기 때문이다. 즉, 군주정이든, 귀족정이나 민주정이든 그 자체로 최선의 국가일 수 없다. 따라서 최선의 국가는 국가가 지향해야 할 이성 상태를 가리킨다. 국가는 대중에게 법이라는 외적 강제를 부과하는 방식을 통해서만 자신을 유지할 수 있다는 점에서, 그리고 보상과 처벌이라는 부적합한 관념에 기초해 있다는 점에서 이성 상태와는 근본적으로 구별된다. 따라서 최선의 국가는 국가 안으로 이성 상태를 도입하려는 시도이며, 이는 국가 내부에서 국가를 넘어선 '외부'의 정치를 실행시키는 것이라 할 수 있다.

스피노자의 절대적 통치와 민주주의

스피노자는 그의 마지막 저작인 『정치론』에서 어떠한 정치체가 이성 상태에 가장 근접한 것인지, 즉 대중의 이성과 능력, 자유를 제한 없이 확장시킬 수 있는 정치체인지 차례로 검토해나간다. 그는 제일 먼저 군주정을 검토한다. 만약 모든 사람이 왕에게 자신의 권리를 양도하고 왕의 폭정에 대해 그저 맹목적인 복종과 충성만을 강요당한다면, 그것은 인간을 가장 비참하고 불행하게 만드는 정치체일 것이다. 그러한 통치 아래서는 왕의 일시적인 기호나 능력 유무에 따라 국운이 좌우되며, 이로 인해 대중의 자유와 능력은 크게 위축될 수밖에 없다. 반면 왕이 대중의 복리를 위해 진정으로 노력할수록 대중의 자유와 능력은 신장된다. 비록 그것이 군주정이라 하더라도 이는 실제로 대중 자신의 능력으로부터 결정되는 것이며, 이로써 대중은 왕의 통치 아래서도 충분한 자유를 누릴 수 있기 때문이다. 따라서 군주정에서는 통치자 개인에게 권력이 배타적으로 집중될수록 대중이 그만큼 예속되고 불행해지지만, 반대로 통치자의 권력이 대중의 능력에 의해 유지되고 결정될수록 더 많은 자유와 행복을 누리게 된다.

귀족정과 민주정은 어떠한가? 이들 가운데 어떠한 정치체가 가장 좋은 것일까? 적어도 특정 개인이나 집단에 모든 권한이 집중되는 정치체보다는, 대중이 서로 화합하고 일치하며 그들의 능력에 따라 권력이 결정될 수 있는 정치체가 나을 것이다. 그러므로 군주정보다는 귀족정이, 귀족정보다는 민주정이 좀더 좋은 정치체가 될 것이다. 민주정 아래에서는 사람들이 태어날 때부터 갖는 권리(자연권)와 능력이 예외 없이 승인되기 때문이다. 공동으로 이루어진 결정에 모두가 따라야 하지만, 그것에 대한 판단은 대중 각자에게 맡겨진다. 그리고 더 좋은 방안이 있다면 그것을 폐지시킬 권한 또한 지니고 있다. 그래서 스피노자는 민주정에 가장 후한 점수를 준다. 그렇지만 아쉽게도 우리는 민주정에 관한 그의 논의를 더 이상 들을 수 없다. 그의 죽음으로 인해 『정치론』의 집필이 돌연 중단되었기 때문이다.

스피노자는 민주정을 '절대적 통치imperium absolutum'에 가장 근접한 정치체로 여겼다. 절대적 통치란 통치 대상이 그 자체로 통치자가 되는 것이라 할 수 있다. 즉, 대중 자신이 스스로 통치자가 되고 스스로 통치를 받는 것이다. 민주정 아래서 적어도 형식상으로는 사람들이 자신의 권리와 능력을 다른 사람에게 양도하거나 포기하지 않으며, 자신의 능력을 직접 소유하고 직접 실행함으로써 자기 자신에게 복종한다. 그런 점에서 민주정은 자연 상태와 가장 가까운 정치체라 할 수 있다. 하지만 스피노자에게서 절대적 통치는 민주정에만 국한되지 않는다. 군주정이나 귀족정에서도 자유로운 대중에 의한 통치가 이뤄진다면, 다시 말해 각자의 정신적, 신체적 능력을 자유롭게 발전시키며 이성을 제한 없이 사용할 수 있다면 절대적 통치에 근접했다고 할 수 있다.

또한 정치체는 통치자 개인이 아닌 전체를 위해서 이성적인 통치를 지향해야만 존립될 수 있다. 만약 전체를 위하지 않고 통치자 개인의 취향이나 이익에 따라 임의로 통치한다면 대중은 이를 받아들이지 않게 되며, 따라서 통치자 스스로를 위태롭게 하는 결과를 낳는다. 그런 점에서 정치체는 이성적 통치를 추구하고자 노력하며, 법 또한 이성에 부합하도록 노력하게 된다. 달리 말하면, 정치체는 대중 전체를 위한 통치를 하도록 해야 한다. 그것이 이성에 부합하는 통치가 될 것이다.

여기서 스피노자는 그 어떤 정치체라도 그것의 성패가 대중 자신의 능력에 달려 있음을 강조한다. 이를테면 군주정 아래에서도 그것의 성패는 대중 자신의 능력에 의해 결정된다. 만일 왕이 이성에 반하는 것을 명령했을 경우, 신하들은 그 명령을 거부하는 것이 진정으로 그 왕에게 복종하는 것이 된다. 그럴 때에만 이성에 부합하는 통치가 된다.(『정치론』 7장

1절) 왕이 사망하면 국가는 자연 상태로 되돌아가며, 대중은 새로운 법률을 제정하고 낡은 법률을 폐지할 최고 권력을 갖는다. 결국 군주정 아래에서도 왕의 권리는 대중 자신의 권리 하에 놓여 있다는 것이다.(『정치론』 7장 25절)

그런 점에서 스피노자에게 있어 군주정이냐 민주정이냐 하는 정치체의 형태는 그리 중요한 문제가 아니었다. 그가 주시하는 것은 오히려 대중의 능력이다. 어떤 정치체이며 누가 통치하는가에 따라 그 사회의 평화가 위협받지 않을 만큼, 대중 자신의 자유와 능력이 충분히 신장되어 있느냐가 더 중요한 문제라는 것이다. 참된 정치체라면 통치자가 얼마나 이성을 따르며 덕성을 갖췄는지, 또는 어떤 통치 방식을 따르는지에 크게 좌우되지 않는다. 민주정이라 하더라도 그것이 대중의 무능력과 예속에 의해 유지되고 있다면, 따라서 통치자에 의한 폭정에 의해 유지되고 있다면, 그것은 군주정이나 귀족정보다 더 비참한 상태가 될 것이다. 반대로 군주정이나 귀족정이라도 통치자가 대중의 자유와 권리를 따를 수밖에 없을 정도로 대중의 능력과 자유가 신장되어 있다면, 그것은 독재자의 폭정이 이뤄지는 민주정보다 더 나은 상태가 될 것이다.

그러므로 스피노자에게서 좋은 정치체와 나쁜 정치체의 구분은 대중의 능력과 자유의 크기에 의해 결정된다. 대중이 공포에 예속될수록 그들의 능력은 축소되며, 그런 만큼 사회는 대중 자신의 능력이 아닌 폭군에 의한 강제적 통치에 의존하게 될 것이다. 반대로 대중의 능력이 커질수록 그들은 더 이상 폭정에 희생되기를 거부할 것이며, 사회는 공동의 선과 자유를 향한 정치체로 나아가게 될 것이다.

이로부터 우리는 홉스와 스피노자의 정치학이 어째서 전혀 다른 결론으로 나아가게 되었는지 알 수 있다. 공포를 통해 유지되는 사회를 지향할수록 정치의 관심은 대중을 통치하고 관리하는 데 모아질 수밖에 없다면, 자유에 대한 사랑으로 협력하고 일치되는 사회를 추구할수록 대중의 자유와 능력을 확장시키는 데 초점을 맞추게 될 것이다. 따라서 스피노자에게 정치학의 문제는 네그리의 주장처럼 '통치의 형태'를 고민하는 데 있지 않고, 다양한 '자유의 형태'들을 창안하는 데 있다고 할 것이다.(네그리, 『야만적 별종』 438쪽)

6장 자유로운 인간들의 덕과 지복

어쩌면 스피노자의 이러한 주장은 매우 이상적인 이야기처럼 들릴 수 있다. 사람들이 저마다 자신의 이익을 추구하면서 살아간다면, 그들 사이에 분쟁과 갈등이 일어나는 것은 당연하지 않은가? 홉스가 주장한 대로 '만인에 대한 만인의 전쟁'은 피할 수 없는 일이 아닐까? 하지만 스피노자는 이에 대해 홉스와 전혀 다른 진단을 내렸다. 사람들이 자신의 이익을 추구한다고 해서 그것 때문에 서로를 '물고 뜯는' 전쟁 상태로 이어지지는 않는다는 것이다. 그러면 과연 이런 분쟁과 갈등은 어디서 기인하는 것일까? 홉스가 그것을 인간의 이기적 본성 때문이라고 여겼다면, 스피노자는 우리가 정서에 예속되어 있는 한에서만 그렇게 될 따름이라고 보았다.

홉스에게서 모든 인간은 이기적이며 각자가 욕망하는 것 또한 크게 다르지 않다. 그래서 서로 동일한 것을 욕망하고 그것을 차지하고자 갈등과 대립을 피할 수 없게 된다. 이에 대해 스피노자는 정면으로 반박했다. 인간들이 동일한 것을 추구하기 때문에 대립하는 게 아니라는 것이다.

> 표면적으로 보면, 두 사람이 동일한 것을 사랑함에 의해서, 즉 본성상 일치하는 것에 의해서 서로 해가 되는 것으로 보인다. (…) 그러나 만일 우리가 사태를 공정하게 검토한다면 (…) 이 두 사람은

동일한 것을 사랑하기 때문에 불쾌한 것이 아니라 서로 다르기 때문에 불쾌한 것이다. (…) 왜냐하면 베드로가 자신이 소유하는 사랑하는 것의 관념을 가지며, 반대로 바울은 그가 상실한 사랑하는 것의 관념을 가지기 때문이다. 이로부터 다음과 같은 결론이 나온다. 바울은 슬픔으로, 베드로는 기쁨으로 자극받으며, 그러한 경우에 서로 대립한다.(『에티카』 4부 정리 34 주석)

베드로와 바울이 동일한 것을 사랑할 때, 표면적으로는 그들이 일치하는 것 때문에 대립하는 듯 보인다. 하지만 사실은 정반대다. 베드로와 바울이 동일한 것을 사랑하는 한에서 본성상 서로 일치하며, 이로 인해 각자의 기쁨 또한 강화될 수밖에 없다는 것이다. 혼자서 기뻐하던 것보다 동일한 것을 사랑하는 다른 사람과 함께 기뻐하게 될 때 그들의 기쁨은 배가된다. 이와 달리, 베드로와 바울이 대립한다면 그들은 서로 불일치하는 것 때문에 대립하게 된다. 즉, 베드로는 자신이 사랑하는 것을 소유한다는 관념으로 인해 기쁨으로 변용되지만, 바울은 베드로 때문에 자신이 사랑하는 것을 소유하지 못한다는 관념으로 인해 슬픔으로 변용되는 것이다. 따라서 베드로와 바울은 각기 상반된 관념을 가짐으로써 대립하게 된다. 하지만 이는 바울이 지닌 수동적 정서에 의한 판단으로서 부적합한 관념일 따름이다. 우리가 수동적 정념에 따를 때는 서로 대립하지만, 반대로 이성에 따를 때는 일치한다.

스피노자에게서 인간이 자신에게 유익한 바를 추구하는 것은 이성의 노력과 결코 다르지 않다. 그가 우리에게 제시하는 정식은 "각 인간이 자신에게 유익한 것을 최대한 많이 추구할수록 인간은 서로에게 가장 유익하다"는 점이다.(『에티카』 4부 정리 35 보충 2) 이성에 따라 살아가는 사람일수록 자신의 유익을 위해 추구하는 선善을 다른 사람을 위해서도 욕망한다.(『에티카』 4부 정리 37) 따라서 스피노자에게 인간의 이기적인 본성과 이타적인 본성은 상반된 것이 아니다. 그는 인간의 이기적 본성 때문에 서로 대립하고 갈등할 수밖에 없다는 홉스의 정치학을 정면으로 반박하고 각자가 자기 이익을 추구하려는 경향을 죄악시하는 견해에 맞서고자 했다. "각자가 자신의 이익을 추구하는 경향이 있다고 하는 이 원리가 덕과 경건함의 기초가 아니라 불경건함의 기초라고 믿는 사람들의 주의를 끌기 위해 나는 이상의 것을 제시하였다."(『에티카』 4부 정리 18 주석)

인간에게는 자신의 존재를 보존하려는 본성이 있으며, 어느 누구나 자신의 이익을 추구한다는 사실만큼은 분명하다. 부자나 가난한 자나, 천재나 바보나 모든 인간은 자신의 이익을 추구한다. 자연이 우리에게 가르쳐주는 바는 우리 자신과 본성이 일치하는 것과 결합할수록 유익하다는 사실이다. 왜냐하면 본성이 일치하는 것끼리 결합한다면 단독으로 존재할 때보다 두 배의 능력을 갖게 되기 때문이다. 그런 점에서 인간에게 인간보다 더 유익한 것은 없다.(『에티카』 4부 정리 18 주석) 따라서 사람들이 협력하고 일치하여 살아가는 것보다 더 유익하고 가치 있는 일은 생각할 수 없다. 홀로 살아가는 것보다 사회체를 구성하여 살아가는 것이 절대적으로 유리하다는 것이다. 사회 속에서 우리는 더 자유롭고 유능하게 살아갈 수 있다.

인간이 인간에게 가장 유익한 존재라면 어째서 사회 안에는 그토록 무수한 분쟁과 갈등이 끊이지 않는 것일까? 스피노자는 인간이 인간에게 유익하다고 말하지만, 이는 우리가 '이성적'이라는 전제 하에서만 그렇다. 우리가 이성에 따라 살아갈 때 자신에게 가장 유익한 것을 추구하고 또한 이성적으로 살아가는 것은 다른 사람에게도 필연적으로 유익하다. 이성에 따라 살아가려는 노력은 우리로 하여금 더 유능한 개체(사회)로 자신을 구성하도록 이끈다. 반대로 우리가 '부적합한' 관념에 따라, 즉 외적인 마주침에서 생겨나는 '정념'에 따를 경우는 그렇지 않다. 이때 우리는 해롭거나 무모한 선택을 하도록 강제된다. 이를 통해서는 서로가 대립될 수밖에 없고 따라서 분쟁과 갈등을 피하기 어렵다. 정서의 본성상 그것은 매우 불안정하고 변하기 쉬우며, 정서에 의존하는 사람일수록 자신의 판단을 임의의 충동이나 상상에 내맡기기 때문이다. 정서에 의해서는 동일한 사람조차 변하기 쉽고, 심지어 자신에게 유익한 것을 보더라도 해로운 것에 이끌리게 된다. 그들의 판단을 결정짓는 것은 자신의 이성이 아니라, 우발적으로 마주치게 된 다른 외적 원인들이다. 그러므로 정서에 예속된 사람들의 판단과 행동은 운에 맡겨지며, 운에 의존하는 사회체일수록 사람들 간의 분쟁과 갈등은 극심할 수밖에 없다.

따라서 모든 사람이 **이성에 따라** 하나로 일치하여 저마다의 유익을 추구하고, 모든 사람에게 공통된 이익을 추구하는 것만큼 유익한 것은 없다. 여기서 스피노자가 말하는 일치는 정서에서의 일치나 혹은 모두가 똑같아지거나 획일적으로 되는 것을 의미하지 않는다. 그가 강조하는 바는 사람들의 이성 혹은 본성에서 '공통'된 것을 따르는 데 있다. 이를테면 자유를 사랑하고 이성적으로 살아가는 것은 누구에게나 유익하며 공통된 것이다. 자신의 신체와 정신을 건강하게 만들고 서로의 기쁨을 나누는 것 역시 누구에게나 유익하다. 그러나 정서를 따르는 삶은 그렇지 않다. 정서에 의해서는 사람들이 쉽게 대립하고 싸우게 되며, 정서에 따라 일치되는 경우조차 그것은 단지 표면적으로만 똑같아지는 듯 보일 뿐이다.

정서가 아닌 이성 혹은 본성에서 일치된 것을 추구하는 사회일수록 각자의 다양성 또한 더욱 확대된다. 스피노자에게서 다양성은 능력의 크기와 비례한다. 절대적으로 무한한 능력을 지닌 실체가 자신을 무한히 다양한 속성으로 표현하는 것처럼, 유능한 존재일수록 자신을 다양하게 표현하게 된다. 마찬가지로, 사회 구성원들의 능력이 크면 클수록 다양성이 증대되지만, 능력이 적을수록 다양성은 줄어들고 획일화된다.

이처럼 본성에서 일치한다는 것은 결코 획일화를 의미하지 않는다. 오히려 획일화는 이성이 아닌, 정념에 따라 강제로 동질화하려는 것일 따름이다. 각자의 차이나 다양성을 무시하고 자신이 선호하는 것에 강제로 맞추려는 것이다. 이성적인 인간일수록 다른 사람이 지닌 다양한 능력이 발휘되는 것을 기뻐하지만, 반대로 정념에 지배되는 예속적 인간일수록 자신과의 차이를 허용하지 않으려 하고 오히려 자신의 방식대로 획일화하고자 하여 결국 다른 사람들과의 갈등이나 충돌을 피할 수 없게 된다. 이성적 인간에게서 각자의 유익을 추구하는 것은 서로에게 더 큰 유익이 되며, 그것은 홀로 노력할 때보다 협력할 때 이전과는 비교할 수 없을 만큼 훨씬 유익하다.(『에티카』 4부 정리 35 보충 2)

예를 들어 유능한 요리사라면 각각의 재료의 본성을 잘 알고 있을 것이며, 그래서 각각의 재료가 지니는 다양한 맛과 향이 잘 표현되도록 할 것이고 또한 서로 잘 어울리도록 할 것이다. 각각의 재료가 갖는 차이가 잘 표현되도록 하면서도, 그것을 통해 이전에는 없었던 새로운 차이(맛)를 만들어내는 것이다. 반면 각각의 재료가 갖는 본성을 잘 모른다면 유능한 요리사가 되기 어렵다. 각각의 재료가 갖는 다양한 맛과 향을 살리지 못하고 그저 짜거나 매운 자극적인 맛으로 획일화시킬 것이다. 그래서 무슨 요리를 만들든 비슷한 맛을 내게 된다.

각각의 차이는 모두 획일화되고 더 이상 새로운 차이를 기대할 수 없게 되는 것이다.

　따라서 다양한 개체 간에 공통적인 것(공통 개념)을 포착해 각각의 차이를 풍부하게 표현하도록 하면서도 그것들이 서로 잘 어울리도록 하고, 그래서 끊임없이 새로운 차이를 만들어내는 개체일수록 더 유능하다고 할 수 있다. 그렇게 보자면, 자연은 그야말로 가장 무한한 능력을 지닌 개체임에 틀림없다. 자연 안에서는 무한히 다양한 차이들이 스스로를 표현하면서도 어울려 공존하며, 또한 항상 새로운 차이들이 만들어지고 있기 때문이다.

　'이성'이란 자연의 이러한 능력과 다른 것이 아니다. 서로 섞일 수 없어 보이는 이질적인 개체 간에 공통된 것, 즉 공통 개념을 형성하는 능력인 것이다. 이러한 노력은 자신의 기호나 일시적 정서에 따른 것이 아니며, 서로 다른 개체들과의 내적 관계로부터 공통적인 것을 찾아내고자 한다. 따라서 그들의 마음은 필연적으로 다른 사람들과 일치할 수밖에 없다. 무엇보다도 자유로운 사람들은 서로에 대해 감사한다.(『에티카』 4부 정리 71) 이는 다른 개체가 자신에게 끼친 영향에 대해 공통적인 것을 형성함으로써, 즉 서로가 내적으로 일치함으로써 서로에 대해 감사할 수 있게 되는 것이다. 이는 인간만이 아니라 자연의 다른 개체들, 나아가 자연 전체에 대해서까지도 감사하도록 이끈다. 이는 우연적으로 그렇게 되는 것이 아니라, 우리 본성으로부터 일치되도록 그렇게 결정되는 것이다. "인간은 이성의 지도에 따라 살아가는 한 본성상 언제나 필연적으로 일치한다."(『에티카』 4부 정리 35)

그렇다고 해서 모든 사람에게 이성을 따라 살아야 할 '의무'가 주어지는 것은 아니다. 고양이가 사자의 본성에 따라 살아갈 의무가 없는 것처럼, 바보가 현자처럼 살아갈 의무도 없다. 왜냐하면 각자의 자연권은 이성에 의해 결정되는 것이 아니라, 그의 욕망과 능력에 의해 결정되기 때문이다.(『신학정치론』 16장) 따라서 우리가 짐승처럼 살든 혹은 현자처럼 살든, 그것은 각자의 자연권에 속하는 문제다. 하지만 이성을 따르는 것이 우리에게 엄청난 이익이 된다는 것만큼은 분명하다.(『신학정치론』 16장) 이성은 우리 본성에 반대되는 것을 결코 요구하지 않으며, 각자가 자신에게 진정으로 유익한 것을 추구하고 자신들을 좀더 큰 완전성으로 이끌기 때문이다.(『에티카』 4부 정리 18 주석)

결국 스피노자가 우리에게 제안하는 것은, 정서의 예속으로부터 벗어나 덕과 이성에 따라 살아가는 '자유로운 인간들'의 사회다. 여기서 중요한 것은 사람들의 자유와 능력이다. 자유로운 인간들은 자신들의 내적인 능력(덕)에 따라 살아감으로써 스스로를 좀더 유능하고 풍요롭게 만들고자 노력한다. 그들은 다른 사람들과 우애로 결합하고자 하며, 호의와 친절을 베풂으로써 서로의 기쁨을 증대시키고자 한다. 왜냐하면 이성은 우리가 단독으로 존재하는 것보다 서로 일치하고 협력함으로써 자신들을 좀더 유능하게 만들 수 있다고 가르치기 때문이다. 스피노자가 '덕virtue'이라 부르는 것은 바로 이러한 능력이다. 자유로운 인간들은 홀로 고독 속에서 살아가는 것보다, 협력하여 살아가는 사회 안에서 더욱 자유롭다.(『에티카』 4부 정리 73)

스피노자가 언급하는 자유로운 인간은 무엇이 자신에게 유익한 것인지 잘 알고 있는 이들이다. 따라서 이들은 기쁜 마주침을 조직하고자 노력하며, 이러한 노력은 자신의 활동 능력과 분리되지 않는다. 그는 자신에게 기쁨을 주는 다양한 관계를 맺고자 노력하며, 자신의 신체를 다양한 방식으로 자극받는 데 적합하도록 만들어간다.(『에티카』 4부 정리 38) 그러므로 자유로운 인간은 더 이상 외적인 운에 의존하지 않는다. 스피노자는 자유로운 인간과 노예를 대비시킨다. 노예는 무엇이 자신에게 유익한 것인지 모르고 살아간다. 따라서 그들의 삶은 무작위적이며, 그런 만큼 자신의 활동 능력으로부터 분리되어 있다. 결과적으로 그들은 자신의 능력에 따라 살아가지 못하며, 미신이나 폭정 같은 외적 강제에 자신을 내맡기게 되어 이들의 삶은 운이 지배하게 된다. 언제 자신에게 위험과 죽음이 들이닥칠지 알지 못하며, 공포와 불안의 정서로부터 벗어날 길이 없다.

특히 희망이나 두려움(공포)의 정서에 희생되기 쉬운 사람들이 바로 이러한 예속적인 인간이다. 현실로부터 도피해서 미신이나 행운에 대한 희망에 자신을 내맡기게 된다. 현재가 아닌 내세가 그들이 위안을 받을 수 있는 안식처가 된다. 그들의 삶을 지배하는 것은 현재의 삶이 아니라 미래의 죽음에 대한 공포다. 내세에 받을 보상으로 현실의 고통을 잊고자 한다. 반면 자유로운 인간들은 희망이나 공포의 정서에 지배를 덜 받는다. 그들은 이성을 통해 생겨나는 만족을 통해서 자신들의 삶을 긍정할 줄 알기 때문이다.(『에티카』 4부 정리 52) 현재의 삶을 긍정하는 것과 마찬가지로 그들은 더 나은 미래의 선을 긍정한다. "정신은 더 적은 현재의 선을 더 큰 미래의 선을 위하여 필연적으로 포기하고, 현재에서는 선이지만 미래의 어떤 악의 원인이 되는 것은 결코 욕구하지 않을 것이다."(『에티카』 4부 정리 62 주석)

스피노자가 자주 언급했듯이, 인간은 본성상 정서에 사로잡히기 쉬운 존재다. 사람들은 태어날 때부터 무엇이 자신에게 유익하거나 해로운지 알지 못하며, 따라서 어느 누구라도 무능력하고 예속적인 상태를 경험할 수밖에 없다. 또한 저마다 다른 능력을 갖고 태어날 뿐만 아니라 각자가 지닌 능력의 크기도 전혀 다르다. 하지만 여기서 각자가 지닌 능력의 크기는 중요한 문제가 아니다. 오히려 문제는 자신의 능력으로부터 분리되어 있는가, 아닌가에 있다. 자신의 능력으로 분리되어 있지 않다는 것은 판단하고 행동하는 근원이 바로 자기 자신임을 의미한다. 즉, 능동적으로 판단하고 행동하는 것을 지칭한다. 물론 다른 사람의 조언이나 충고를 구할 수 있고 직접적인 도움도 받을 수 있다. 그렇더라도 그러한 판단과 행동의 출발점은 언제나 자기 자신이다. 설령 자신의 판단과 행동이 잘못되어 실패하더라도 그것은 향후 더 나은 판단과 행동을 위한 귀중한 교훈으로 삼을 수 있다. 그러므로 실패하더라도 잃을 것이 거의 없다. 오히려 그것은 자신의 능력과 온전히 결합되어 있기에 향후 더욱 발전할 계기가 될 수 있다. 무엇보다도 그는 자신이 원하는 삶을 살고 자신이 추구하는 바를 행한다. 자신이 원하는 것을 추구하면서 살아가므로 비록 작은 성취라도 그는 진정한 행복을 누린다.

반면 자신의 능력으로부터 분리되어 있다는 것은 판단과 행동의 근거가 자기 자신이 아니라 외적인 것에 있음을 뜻한다. 즉, 수동적으로 판단하고 행동하는 것이다. 그래서 자신이 세운 내적 기준이 아니라 다른 사람들이 세운 외적 기준에 따라 판단하고 행동한다. 그렇게 하여 다른 사람이 원하는 삶을 살고, 다른 사람이 추구하는 바를 추구한다. 다른 사람이 판단하는 대로 판단하고, 다른 사람이 요구하는 것을 행한다. 그래서 자신이 판단한 것과 행동한 것이 자신의 경험적인 자산이 되지 못한다. 오히려 실패할 경우 그 책임을 외적 환경이나 다른 사람의 탓으로 돌린다. 그는 자신이 어째서 성공과 실패를 겪는지 알지 못한다. 그의 삶을 지배하는 것은 오로지

운이다. 비록 성공을 하더라도 자신이 원하는 바를 성취한 것이 아니기에 진정한 행복으로부터 동떨어져 있게 된다.

이처럼 자신의 능력과 결합되어 있는가, 혹은 분리되어 있는가에 의해 자유로운 인간과 노예로 나뉜다. 자유로운 인간이 자신의 능력과 일치됨으로써 예속에서 벗어나 자유로운 삶을 살아가게 된다면, 노예는 자신의 능력으로부터 분리됨으로써 더욱 예속된 삶을 살아가게 된다. 능력의 크기 자체는 문제되지 않는다. 비록 능력이 작더라도 자신의 능력에서부터 출발하는 사람이 자유로운 인간이라면, 능력이 크더라도 미신이나 폭정과 같은 외적인 강제에 의존해서 살아간다면 노예일 수밖에 없다.

따라서 자유로운 인간들의 사회는, 미신과 폭정이 지배하는 노예들의 사회와 전혀 다른 '삶의 원리'를 갖는다. 여기서는 더 이상 대중의 재산과 안전을 지키고 공포와 위험으로부터 그들을 보호하는 것에 주안점을 두지 않는다. 자유로운 인간들의 진정한 강인함은, 그들이 자신들을 무능력하고 위축되도록 만드는 모든 미신과 정념의 지배로부터 벗어나 자유에 대한 사랑으로 모든 사람을 우애로 결속시킨다는 점에 있다. 따라서 자유로운 인간들의 사회는 각자의 고유한 능력에 따라 자유롭게 기쁨의 관계를 확장시켜나가는 것을 자신의 원리로 삼는다. 이는 그 자체로 새로운 '삶의 방식'이 되며, 대중 스스로 만들어가는 새로운 '자유의 공간'이 된다.

『에티카』의 모든 논의는 '지복'에서 마무리된다. 우리는 이
제껏 인간의 삶과 행복에 관한 스피노자의 논의를 숨 가쁘게
뒤따라왔다. 다시금 그는 인간의 행복에 대해 묻는다. 인간의
최고 행복은 어디에 있는가? 스피노자는 그것이 '신을 인식하
는 것'에 있다고 말한다. 신에 대한 정의로부터 시작된 『에티
카』는 인간의 정서와 능력에 대한 논의를 거쳐 다시금 신에
도달한다. 우리는 신을 인식하게 될 때 비로소 완전한 인식,
즉 〈3종 인식〉을 소유할 것이며, 이로부터 영원하고도 변함
없는 최고의 행복을 누리게 될 것이다.

스피노자에게서 기쁨의 정서는 각별한 중요성을 지닌다. 공
통 개념을 형성할 때부터 신에 대한 인식에 도달할 때까지 기
쁨의 정서는 자신의 역할을 톡톡히 해낸다. 우선, 기쁨의 정
념은 우리 자신의 능력을 일깨워주는 역할을 한다. 인간의 본
성상 우리는 기쁨을 주는 신체와 결합하고자 하며, 반대로 슬
픔을 주는 신체는 피하고자 하기 때문이다. 따라서 우리는 기
쁨의 정념을 통해 우리 자신의 능력으로부터 공통 개념을 형
성하게 된다. 하지만 기쁨의 정념은 여전히 수동의 정서에 불
과하므로 그것만으로는 충분치 않다. 여기서 공통 개념은 우
리 내부에서 나오는 전혀 새로운 종류의 정서, 즉 능동적인
기쁨을 발생시킨다. 그것은 다른 신체와의 마주침에서 나오는

수동적 기쁨이 아닌, 우리 자신의 능력으로부터 나오는 능동적인 기쁨인 것이다.

　이로써 무엇보다도 외적 마주침에 대한 의존, 즉 예속에서 벗어나게 된다. 더 이상 외적인 운에 지배되지 않고 우리 내부로부터 스스로 능동적인 기쁨을 만들 수 있는 것이다. 이러한 능력은 인간이 신의 일부인 한에서 신의 능력의 일부라 할 수 있다. 그러므로 능동적으로 될수록 더 완전한 인식을 갖게 되며, 그만큼 신의 본성에 참여하게participate 된다.(『에티카』 4부 부록 31) 우리 신체가 능동적으로 될수록 우리는 자신이 신의 일부임을 느낀다. 우리는 신 안에 있는 그대로 신이 사유하는 것처럼 사유하며, 신이 느끼는 기쁨 그대로의 기쁨을 느끼게 된다. 스피노자가 말하는 〈3종 인식〉은 바로 이것이다. 〈3종 인식〉에서 우리는 사물의 원인에 대한 적합한 인식에서 사물의 특이한 본질에 대한 절대적 인식에 도달한다. "우리는 우리가 영원하다는 것을 느끼며 경험한다. 왜냐하면 정신은 지성에 의한 파악과 기억을 똑같이 느끼기 때문이다. 왜냐하면 사물을 보고 관찰하는 정신의 눈은 증명 자체이기 때문이다."(『에티카』 5부 정리 24 주석) 이로써 우리 정신은 최고의 완전성으로 이행하며, 최고의 기쁨으로 촉발되는 것이다.(『에티카』 5부 정리 27 증명) 여기서 완전히 새로운 종류의 욕망, 무엇보다도 신에 대한 지적 사랑이 생겨난다. 우리는 구원이나 지복, 자유가 신에 대한 변함없고 영원한 사랑, 또

는 인간에 대한 신의 사랑에 있다는 것을 알게 된다.(『에티카』 5부 정리 36 주석)

그렇다면 우리가 〈3종 인식〉을 갖고 지복을 누리고자 하는 노력은 어떤 의미가 있을까? 우리가 실존하는 동안 〈3종 인식〉에 도달하는 것은 어째서 중요할까? 누구라도 실존하는 동안에는 필연적으로 각자의 변용 능력을 실현한다. 더 능동적으로 변용되거나 아니면 더 수동적으로 변용될 것이다. 어떻든 간에 각자의 변용 능력만큼 실현되는데, 그러나 변용되는 양상에는 큰 차이가 생긴다.

수동적으로 변용될수록 외적 변용에 좌우되며 우리 삶을 지배하는 것은 운일 것이다. 자신의 삶을 구성하는 대부분이 외적인 부분이며, 따라서 자신의 생존과 연관된 개별적이고 우연적인 것만이 삶 대부분을 차지하는 반면, 영원한 부분이 차지하는 것은 매우 적을 것이다. 그런 만큼 죽을 때 거의 모든 것을 잃게 된다. 따라서 죽음에 대해 두려워할 것이 더욱 많아지며, 슬픔과 공포, 미신들이 그의 삶을 점하게 될 것이다. 반면 능동적으로 변용될수록 우리는 외적인 변용에 덜 좌우되며 자신이 할 수 있는 모든 것을 실현하게 된다. 자신의 삶을 구성하는 것은 신의 영원한 부분들이며, 그런 만큼 죽을 때 잃어버리는 것은 거의 없다. 잃는 것은 다만 외적인 것들뿐이며, 우리 자신이 소유한 영원한 부분은 더욱 크게 남아 있게 된다. 따라서 우리는 죽음에 대해 거의 두려워하지 않게 되며, 능동적 기쁨이 그의 삶을 지배하게 될 것이다. 이로써 우리의 변용 능력을 절대적으로 실현하게 된다. 그렇게 우리는 신의 본질을 표현하고, 그렇게 우리 자신이 신의 본질을 표현하는 하나의 관념이 되는 것이다.

무엇이 우리로 하여금 수동적인 변용으로 이끄는가? 그것은 슬픈 정념들이자 공포이며, 그것이 만들어내는 모든 신비화와 미신적 가치들이다. "미신적인 것은 사람들에게 덕을 가르치는 방법보다는 그들의 악덕에 대해 비난하는 방법에 대해 가르치며, 이성에 인도되도록 가르치기보다는 공포에 움츠러들도록 함으로써, 덕을 사랑하기보다는 악으로부터 도망하도록 만든다." 모든 폭정이 성공할 수 있었던 진정한 비결은 대중에게 바로 이러한 슬픈 정념과 미신적 가치들을 불어넣는 것에 있었다. 예속된 대중은 자신의 불행과 슬픔에 대한 해답을 미신에서 찾으며, 폭군에게 의탁해 자신의 삶을 구출하고자 한다. "불행한 자의 위안은 나쁜 동료를 갖는 것이다."(『에티카』 4부 정리 57 보충) 이러한 슬픈 정념과 미신적 가치들이 우리를 자신의 능력으로 분리시키며, 우리로 하여금 자신의 예속과 억압을 갈망하도록 만드는 것이다.

물론 이러한 것을 안다고 해서 모두가 자신의 진정한 자유를 위해 노력하는 것은 아니다. 대부분의 사람은 이를 위해 노력하는 것을 '예속'된 것으로, 괜한 '고생'을 사서 하는 것으로 받아들인다. 그리하여 자신이 누릴 수 있는 행복을 포기하는 것으로 간주한다. 매순간 마음 내키는 대로 살아가는 게 더 자유로운 것이라 여긴다. 혹은 죽음 이후에 받게 될 신의 심판이나 형벌을 피하기 위해 선행을 하고자 한다. 그리고 이를 현재의 행복을 포기한 것이라 여기고 내세에 이에 대한 보상을 받고자 한다.

> 대중의 일반적인 신념은 이와 다른 것처럼 보인다. 왜냐하면 대부분의 사람은 자신들의 욕심에 복종하도록 허용되는 한에 있어서 자신들이 자유롭다고 믿으며, 신적인 법의 명령에 따라 생활하도록 구속되는 한에 있어서 자신들의 권리를 포기한다고 생각하는 것처럼 보이기 때문이다. 그러므로 그들은 도의심과 신앙, 그리고 절대적으로 정신의 힘에 속하는 모든 것을 부담이라고 믿고, 사후死後에는 그것들에서 벗어나서, 자신들의 예속에 대하여, 즉 자신들의 도의심과 신앙에 대하여 보상받기를 희망한다.(『에티카』 5부 정리 41 주석)

하지만 스피노자는 지복은 덕에 대한 보상이 아닌, 덕 그 자체라고 말한다. 자유로운 사람들은 지복을 누리기 위해서 쾌락을 억제하는 것이 아니라, 지복을 누리기 때문에 쾌락을 억제할 수 있는 것이다.(『에티카』 5부 정리 42) 지복을 누리기 위해 현재의 행복을 포기한다는 생각은 스피노자가 말하는 지복과는 거리가 멀다. 스피노자에게 지복이란 사후나 먼

미래에 누리게 되는 것이 아니라 이미 현재의 삶 속에서 누리는 유덕한 삶으로 제시된다. 지옥 또한 미래에 닥칠 심판이 아닌 현재 삶의 일부로 존재한다. 그것은 정서에 예속되어 운의 지배 아래 살아가는 삶을 의미한다. 스피노자는 이런 예속된 삶을 가리켜 '진짜 지옥 그 자체'라고 말하고 있다.(『신, 인간, 그리고 인간의 행복에 관한 소론』 2부 18장)

자유로운 인간들은 공포나 악을 피하기 위해서 선을 행하는 것이 아니라 선 그 자체를 위해서 선을 행할 따름이다. 악을 피하기 위해 하는 행동은 이미 악에 예속된 것이기 때문이다. 또한 자유로운 인간들은 어떤 보상을 받기 위해 선을 행하지 않는다. 보상을 위해 선을 행하는 자는 자유인이 아니라 노예일 뿐이다. "환자는 죽음에 대한 두려움으로 인하여 자신이 싫어하는 것을 먹는다. 그러나 건강한 사람은 음식을 즐기고 죽음을 두려워하여 그것을 직접 피하려는 사람보다 삶을 즐긴다."(『에티카』 4부 정리 63 보충) 따라서 자유로운 인간들은 결코 죽음을 생각하지 않으며 그의 지혜는 죽음이 아닌 삶에 대한 성찰이다.(『에티카』 4부 정리 67) 그런 점에서 자유로운 인간들은 유덕하고 강인한 영혼의 소유자라고 할 수 있다.

물론 스피노자가 아무런 노력 없이 손쉽게 지복을 누릴 수 있다고 주장하는 것은 아니다. 또한 우리가 능동적인 기쁨만을 소유하기를 바라는 것은 부질없는 일이다. 우리는 다른 양태들과의 관계 안에서 살아갈 수밖에 없는 양태이기 때문이다. 따라서 우리가 부적합한 관념들과 슬픔을 갖는 것은 피할 수 없다. 하지만 우리 신체로 하여금 수동의 정념들보다 능동적인 기쁨을 더 많이 갖도록 할 수는 있다. 스피노자가 〈3종 인식〉을 강조했던 것도 이러한 이유에서다. 〈3종 인식〉에서 우리는 수동적 정념들이 우리 정신의 가장 적은 부분만을 차지하도록 하고, 반대로 신에 대한 사랑에서 나오는 능동적 기쁨으로 우리 정신의 가장 많은 부분을 차지하도록 만드는 것이다.(『에티카』 5부 정리 36 주석)

스피노자는 앞에서 이를 위한 실천적인 방안들, 즉 기쁨을 지속적으로 증대시킬 방안을 제시한 바 있었다. 저마다 좋은 음식과 맑은 공기, 적절한 운동 경기와 이런저런 예술활동을 즐기는 것은 매우 유익하다. 이러한 생활 방식을 통해 우리는 자신의 신체를 좀더 유능하고 활기차게 만들어갈 수 있을 것이다. 무엇보다도 다른 사람들과 유대를 맺고 우정을 강화시키는 것만큼 유익한 것은 없다. "인간에게는 교제하며 그들 모두를 하나로 만들기에 가장 알맞은 유대를 결속하는 것, 절대적으로 말해서, 우정의 강화에 도움이 되는 행위가 무엇보다도 유익하다."(『에티카』 4부 정리 41 주석)

여기서 스피노자의 윤리학은 다시금 정치학과 만난다. 스피노자가 추구했던 이상적인 사회란 우정과 사랑으로 하나로 일치하며 저마다의 능력에 따라 자유롭게 살아가는 인간들의 자발적인 결사체를 의미했다. 우리는 이러한 사회체 안에서 더욱 자유롭고 유능해지며, 더 많은 지복을 누리게 될 것이다. 물론 쉽게 얻어질 수 있는 것은 아니지만, 그렇다고 불가능하지도 않다.

이제 여기에 이르는 것으로 내가 제시한 길은 매우 어려워 보일지라도 그것은 발견될 수 있다. 물론 이처럼 드물게 발견되는 것은 분명 어려운 일임에 틀림없다. 왜냐하면 구원이 가까운 곳에 있고 큰 노력 없이도 발견될 수 있다면, 어떻게 거의 모든 사람이 그것을 등한시할 수 있었겠는가? 하지만 모든 고귀한 것들은 힘들 뿐만 아니라 드물다.(『에티카』 5부 정리 42 주석)

참고문헌 및 더 읽어볼 책들

I. 스피노자의 저서

· **영역본**

Spinoza, Benedictus. *The collected Works of Spinoza*, Vol. I, edited
    & trans by E. Curley. Prinston : Prinston Univ Press, 1985
    _____. *The Chief Works of Benedict de Spinoza*, Vol. I,
    edited & trans by R.H.M. Elwes. Newyork : Dover Publications,
    1951
    _____. *SPINOZA The Letters*, trans by S. Shirley.
    Cambridge : Hackett Publishing Company, 1995

· **국역본**

베네딕투스 데 스피노자, 『에티카』, 강영계 옮김, 서광사, 1990
    _____, 『에티카』, 황태연 옮김, 신아출판사, 2010 (『지성교
    정론』 포함)
    _____, 『지성개선론』, 강영계 옮김, 서광사, 2015
    _____, 『데카르트 철학의 원리』, 양진호 옮김, 책세상, 2010
    _____, 『신학정치론』, 황태연 옮김, 신아출판사, 2010
    _____, 『신학정치론·정치학 논고』, 최형익 옮김, 비르투, 2011
    _____, 『정치론』, 황태연 옮김, 비홍출판사, 2013

II. 참고 문헌

로저 스크러턴, 『스피노자』, 정창호 옮김, 시공사, 2000

루이 알튀세르, 『철학과 맑스주의』, 서관모 옮김, 새길, 1996

르네 데카르트, 『성찰 외』, 이현복 옮김, 문예출판사, 1997

——————, 『정념론』, 김선영 옮김, 문예출판사, 2013

——————, 『방법서설, 정신지도를 위한 규칙들』, 이현복 옮김, 문예출판사, 1997

——————, 『철학의 원리』, 원석영 옮김, 아카넷, 2002

발터 슐츠, 『근대 형이상학에 있어서 철학자의 신』, 이정복 옮김, 사랑의 학교, 1995

매튜 스튜어트, 『스피노자는 왜 라이프니츠를 몰래 만났나』, 석기용 옮김, 교양인, 2011

스티븐 내들러, 『스피노자: 철학을 도발한 철학자』, 김호경 옮김, 텍스트, 2011

——————, 『에티카를 읽는다』, 이혁주 옮김, 그린비, 2014

——————, 『스피노자와 근대의 탄생』, 김호경 옮김, 글항아리, 2014

아리스토텔레스, 『니코마코스 윤리학』, 김재홍·김상진·이창우 옮김, 이제이북스, 2006

——————, 『범주론·명제론』, 김진성 옮김, 이제이북스, 2005

앤서니 케니, 『데카르트의 철학』, 김성호 옮김, 서광사, 1991

안토니오 네그리, 『야만적 별종』, 윤수종 옮김, 푸른숲, 1997

——————, 『전복적 스피노자』, 이기웅 옮김, 그린비, 2005

알렉상드르 마트롱, 『스피노자 철학에서 개인과 공동체』, 김문수, 이은주 옮김, 그린비, 2008

에드윈 컬리, 『데카르트와 회의주의』, 문성학 옮김, 고려원, 1993

에티엔 발리바르, 『스피노자와 정치』, 진태원 옮김, 이제이북스, 2005

에티엔 질송, 『철학과 신』, 김규영 옮김, 성바오로출판사, 1981

——————, 『중세철학사』, 김기찬 옮김, 현대지성사, 1997

제임스 콜린스, 『합리론: 데카르트, 스피노자, 라이프니츠』, 이성환·박은옥 옮김, 백의, 1999

질 들뢰즈, 『스피노자의 철학』, 박기순 옮김, 민음사, 1999

토마스 아퀴나스, 『신학대전』(1·2), 정의채 옮김, 성바오로출판사, 1993

토머스 홉스, 『리바이어던 1』, 진석용 옮김, 나남출판, 2008

프레더릭 코플스턴, 『합리론: 데카르트에서 라이프니츠까지』, 김성호 옮김, 서
　　광사, 1994
　　　　　　　　　, 『토마스 아퀴나스』, 강성위 옮김, 성바오로출판사, 1993
　　　　　　　　　, 『중세철학사』, 박영도 옮김, 서광사, 1988
피에르 마슈레, 『헤겔 또는 스피노자』, 진태원 옮김, 그린비, 2010
피에르 프랑수아 모로, 『스피노자』, 류종렬 옮김, 다른세상, 2008
Yovel, Yirmiyahu. *Spinoza and Other Heretics.* Vol. II. Prinston Univ
　　Press, 1989
　　　　　　　　　, *The Third Kind of Knowledge as Alternative
　　Salvation, SPINOZA — Issues and Directions,* ed. E.M. Curley & P.F.
　　Moreau. E.J. Brill, 1990

III. 더 읽어볼 책들

1. 스피노자의 생애에 관한 책

스티븐 내들러, 『스피노자: 철학을 도발한 철학자』, 김호경 옮김, 텍스트, 2011
매슈 스튜어트, 『스피노자는 왜 라이프니츠를 몰래 만났나』, 석기용 옮김, 교
　　양인, 2011

2. 입문자를 위한 책

(1) 스피노자의 주요 저작에 대한 해설
스티븐 내들러, 『에티카를 읽는다』, 이혁주 옮김, 그린비, 2014
스티븐 내들러, 『스피노자와 근대의 탄생』, 김호경 옮김, 글항아리, 2014
(2) 스피노자의 주요 개념에 대한 설명
질 들뢰즈, 『스피노자의 철학』, 박기순 옮김, 민음사, 1999

3. 스피노자에 대해 더 공부하고 싶은 이들을 위한 책

질 들뢰즈, 『스피노자와 표현 문제』, 현영종, 권순모 옮김, 그린비, 2019
알렉상드르 마트롱, 『스피노자 철학에서 개인과 공동체』, 김문수, 이은주 옮
　　김, 그린비, 2008

에티엔 발리바르, 『스피노자와 정치』, 진태원 옮김, 이제이북스, 2005
피에르 마슈레, 『헤겔 또는 스피노자』, 진태원 옮김, 그린비, 2010

고요한 폭풍, 스피노자

ⓒ손기태

1판 1쇄 2016년 2월 5일
1판 5쇄 2023년 10월 12일

지은이 손기태
펴낸이 강성민
편집장 이은혜
일러스트 고은이
마케팅 정민호 박치우 한민아 이민경 박진희 정경주 정유선 김수인
브랜딩 함유지 함근아 박민재 김희숙 고보미 정승민 배진성
제작 강신은 김동욱 이순호

펴낸곳 (주)글항아리 | **출판등록** 2009년 1월 19일 제406-2009-000002호

주소 10881 경기도 파주시 심학산로 10 3층
전자우편 bookpot@hanmail.net
전화번호 031-941-5159(편집부) 031-955-8869(마케팅)
팩스 031-941-5163

ISBN 978-89-6735-296-7 03100

www.geulhangari.com